SOFFERENZE E TESI SUL PURGATORIO

AVVERTIMENTI PROFETICI
PER IL NOSTRO TEMPO

Come rivelato dalla Beata Vergine Maria a
IVETA *CLEOPHAS* FERNANDES

SOFFERENZE E TESI SUL PURGATORIO

Edizione originale in inglese: 2021
Traduzione italiana con note aggiornate: 2022

 La testimonianza scritta per questo libro è disponibile presso la Biblioteca Nazionale Australiana

ISBN: 978-0-6451071-4-2 (pbk)
ISBN: 978-0-6451071-5-9 (ebk)

Composizione e progettazione di Publicious Book Publishing
Pubblicato in collaborazione con Publicious Book Publishing
www.publicious.com.au

Copyright © 2022. Tutti i diritti riservati. È assolutamente vietato riprodurre o usare questo libro o qualsiasi parte di esso senza l'espressa autorizzazione scritta di uno degli editori.

Ai sensi delle direttive di Papa Urbano VIII, non abbiamo alcuna intenzione di anticipare il giudizio della Santa Sede Apostolica e della Chiesa riguardo alle Apparizioni da noi riportate, ma non ancora riconosciute; infatti, ci sottoponiamo, ed accettiamo la Sua decisione definitiva senza incertezza.

In azione di grazie alla Madonna della Salvezza

ed a San Michele Arcangelo

✝

Questo Libro è dedicato a Sua Santità Papa Francesco I,

e a Sua Santità il Papa Emerito Benedetto XVI

"Ora io sono lieto nelle sofferenze che sopporto per voi

e do compimento a ciò che, dei patimenti di Cristo,

manca nella mia carne,

a favore del suo corpo che è la Chiesa."

(Col 1,24)

Ecco le parole dell'apostolo Pietro dalla sua prima Lettera: «Voi sapete che non a prezzo di cose corruttibili, come l'argento e l'oro, foste liberati dalla vostra vuota condotta ereditata dai vostri padri, ma *col sangue prezioso di Cristo,* come di agnello senza difetti e senza macchia». E l'apostolo Paolo nella Lettera ai Galati dirà: «Ha dato sé stesso per i nostri peccati, per strapparci da questo mondo perverso», e nella prima Lettera ai Corinzi: «Infatti siete stati comprati a caro prezzo. Glorificate dunque Dio nel vostro corpo!».

Con queste ed altre simili parole i testimoni della Nuova Alleanza parlano della grandezza della redenzione, che si è compiuta mediante la sofferenza di Cristo. Il Redentore ha sofferto al posto dell'uomo e per l'uomo. Ogni uomo ha *una sua partecipazione alla redenzione.* Ognuno è anche *chiamato a partecipare a quella sofferenza,* mediante la quale si è compiuta la redenzione. È chiamato a partecipare a quella sofferenza, per mezzo della quale ogni umana sofferenza è stata anche redenta. Operando la redenzione mediante la sofferenza, Cristo *ha elevato* insieme *la sofferenza umana a livello di redenzione.* Quindi anche ogni uomo, nella sua sofferenza, può diventare partecipe della sofferenza redentiva di Cristo.

(Papa Giovanni Paolo II, Salvifici Doloris, n.19)

PREFAZIONE
Mons. Anthony Alwyn Barreto,

Vescovo di Sindhudurg

Quando concludiamo il nostro viaggio in questo mondo, torniamo a Dio; perché Dio ci creò affinché vivessimo con Lui. Il peccato suscitò un vuoto nella nostra relazione con Dio e portò distruzione nel bellissimo progetto di Dio per noi. La punizione per il peccato è la separazione da Dio (CCC 1035). Adamo ed Eva sperimentarono questa separazione quando commisero il peccato e vennero espulsi dal giardino.

La morte non è la fine della vita, ma l'inizio di una nuova vita con il nostro Dio. Il luogo in cui andiamo dopo la morte è stabilito per noi a seconda di come viviamo la nostra vita qui sulla Terra. Sappiamo che non possiamo aiutarci da soli dopo la morte. Una volta che una persona viene gettata all'Inferno, lui o lei non può redimersi. La Chiesa Cattolica dice che questo è uno stato di autoesclusione definitiva dalla comunione con Dio (CCC 1033). Dall'altra parte, una persona che raggiunge il Cielo è una persona che consegue lo scopo di Dio nella propria vita. Muoiono nella grazia e nell'amicizia di Dio, ed sono perfettamente purificati per vivere per sempre, perché vedono Lui per come è realmente, faccia a faccia (CCC 1023). Intercedono per noi affinché possiamo trovarci nella loro compagnia a glorificare il nostro Dio onnipotente.

La Chiesa sempre riflette sulla sorte di coloro che non sono stati perfetti agli occhi di Dio, o coloro che hanno fatto del bene ma hanno bisogno di essere purificati. La Chiesa crede che la misericordia e la compassione di Dio diano loro ancora un'altra opportunità di andare nella presenza Sua dopo la loro purificazione. Il luogo di purificazione è chiamato 'Purgatorio'. (cfr. CCC. 1030-1032)

Abbiamo una responsabilità verso di loro. Ci viene insegnato dalle nostre famiglie di pregare per le Anime del Purgatorio e siamo incoraggiati ad offrire messe ed a pregare il Rosario per le Anime del Purgatorio. Ci viene anche insegnato come fare sacrifici per loro. L'esempio di Giobbe nelle Sacre Scritture ci dice che i figli di Giobbe vennero purificati dal sacrificio del padre.

Le intuizioni personali di Iveta Fernandes raccolti sotto forma di *Tesi sul Purgatorio* ci aiuteranno a pregare e ad offrire sacrifici per le Anime del Purgatorio. È un compito nobile. Dobbiamo pregare per le Anime del Purgatorio perché esse non possono pregare per sé stesse. Le nostre preghiere per le Anime del Purgatorio sono fondate sulla misericordia e sulla compassione di Dio che non respingerà mai le nostre preghiere. A queste Anime manifestiamo la Sua misericordia attraverso le nostre preghiere.

Possano questi scritti sul tema del Purgatorio aiutare i lettori a tornare al nostro Dio misericordioso, che aspetta impazientemente come il padre del figliol prodigo. Possiamo noi camminare senza colpa agli occhi di Dio per vederlo faccia a faccia.

† Mons. Alwyn Barreto

Vescovo di Sindhudurg (India)

5 Gennaio 2021

INTRODUZIONE

"Ma furono date alla donna le due ali della grande aquila"
(Ap 12,14)

Questo libro è il frutto della vita di preghiera e di sofferenza di Iveta Fernandes. Sarà un regalo prezioso per chiunque ne riceverà il dono.

Felix Xavier e Iveta Fernandes, una coppia sposata, entrambi immigranti di origine Indiana nati in Africa, sono ora cittadini Canadesi. Da giovane, Iveta faceva la parrucchiera. Dopo una profonda conversione, ed a seguito di un decreto di riconoscimento di nullità del suo primo matrimonio, sposò Felix Xavier Fernandes. Vivono assieme una vita molto semplice e prevalentemente nascosta, dedicata a molta preghiera. Dedicano anche molto del loro tempo ad aiutare i poveri attraverso il *Saint Joseph Community Center* a Foymont, in Canada.

Felix Xavier ed Iveta sono entrambi Cattolici e sono profondamente legati al Papa ed al loro Vescovo. Hanno un grande amore per l'Eucarestia e nutrono una profonda devozione verso la Madonna e verso San Michele Arcangelo.

Da molti anni, Iveta, chiamata "Cleophas" in questo libro, racconta di aver ricevuto una vera educazione spirituale, conferitale in maniera soprannaturale, dalla Vergine Maria attraverso un insegnamento paziente – spesso ripetitivo – attraverso locuzioni e visioni intellettuali, per la maggior parte nella massima discrezione della loro modesta casa in Canada. Iveta descrive anche alcune apparizioni della Vergine Maria in un modo straordinario, e riferisce i Suoi messaggi, spesso pronunciati ad alta voce in presenza di altre persone, principalmente sul Monte Batim, nella Diocesi del Goa, in India – la loro terra d'origine.

Leggendo le trascrizioni delle registrazioni fatte da Felix Xavier durante queste locuzioni o visioni, ci si ricorda di Caterina da Siena o di Brigida di Svezia. Gli insegnamenti che Iveta condivide sono segnati da un immenso amore della Vergine Maria che si prende cura dei Suoi figli – ed ancora di più ai giorni nostri, in una maniera straordinaria. Sono molto simili a ciò che viene descritto da San Luigi Maria Grignon de Montfort nel "Trattato della Vera Devozione alla Santa Vergine".

Di grande importanza è il racconto che fa Iveta della sua partecipazione alla Passione di Nostro Signore, quando vive episodi di sofferenza fisica, psicologica e spirituale estrema. Questi atti di offerta spirituale le vengono richiesti in anticipo e sono conformi al suo volere, ed al volere di suo marito. La persona o la causa per la quale Iveta offrirà la sofferenza le viene sempre rivelata anticipatamente. I suoi momenti di sofferenza più significativi sono durante la Settimana Santa, nella quale Iveta vede, nella propria anima, momenti della Passione di Cristo e, mentre si unisce a Lui nella propria sofferenza, spesso Gesù le parla. Vede anche la continuazione della Passione di Gesù nell'attuale e futura persecuzione della Chiesa.

Questo libro consiste principalmente nei messaggi che Iveta ha ricevuto nella sofferenza durante il periodo del 2010-2021, e sono la continuazione del libro precedente: *"The Mercy of God and the call to return to the Harbour of Truth"*.

Questo nuovo Libro sottolinea come la cultura della morte nel nostro mondo moderno offende profondamente Dio, ed apre i nostri occhi alle inevitabili conseguenze delle nostre scelte.

Come continuazione dei messaggi di Fatima, questo Libro descrive come la Vergine Maria, *La Madonna della Salvezza*, ha ricevuto dalla Santissima Trinità una missione particolare ed essenziale per i nostri tempi. Qui, la Madonna appare come "Mediatrice di ogni Grazia, Co-Redentrice ed Avvocata." Il termine "Co-Redentrice", non ancora accettato dal Magistero della Chiesa Cattolica, è qui senza ambiguità: Nostro Signore Gesù è l'*unico* Redentore, e Maria è *Co-Redentrice* presso di Lui, che è anche Redentore di Lei. Questa missione di co-redenzione viene anche estesa a tutti coloro che acconsentono ad offrire la propria sofferenza, come *piccoli vasi di Co-Redenzione*, assieme alla Beata Vergine Maria. Come espresso in questo libro, la richiesta della Madonna che questi titoli siano proclamati Dogma dal Papa non è per il bene di Lei, bensì per il nostro bene. Il "sì" della Chiesa ad un simile dono permetterà un torrente di Grazia, di cui abbiamo molto bisogno!

Questo libro "Sofferenze e Tesi sul Purgatorio" mostra lo splendore della Misericordia di Dio che è inseparabile dalla Giustizia di Dio, e preannuncia il disastro che accadrà se non scegliamo la conversione e se continuiamo a "giocare a essere dio". Descrive anche il grande pericolo dello scisma della Chiesa Cattolica – che ha origine nel rifiuto di accettare il ministero di Papa Francesco – come anche l'estensione della persecuzione della Chiesa con tutti i suoi orrori!

I messaggi contenuti in questo libro ci forniscono anche una comprensione dei segni dei tempi, specialmente della pandemia di Covid-19, che appare come le *prime doglie* della *Grande Apostasia*.

Queste intuizioni ci chiamano ad una conversione più profonda, ci chiamano alla preghiera, ma ci chiamano pure a offrire le nostre sofferenze con la Madonna, unendoci alla Passione di Nostro Signore.

*

In numerose occasioni, particolarmente nel 2018, Iveta ha ricevuto preziose luci riguardo il mistero del Purgatorio.

Queste luci offerte a noi in questa "Tesi sul Purgatorio" sono presentate come profondamente necessarie per i nostri tempi – tempi in cui la fede nella realtà del Purgatorio è diventata debole.

Profondamente necessarie, perché la perdita della fede nel nostro mondo moderno è anche una conseguenza di una grande carenza di preghiera per le Anime del Purgatorio – perché non riceviamo aiuto da Anime che, se avessimo pregato per loro, sarebbero entrate in Cielo e starebbero intercedendo per noi.

In questa parte del libro, contempliamo il bellissimo progetto di Dio, il meraviglioso scambio di amore, che il Catechismo della Chiesa Cattolica spiega in questo modo: "Nella comunione dei santi, tra i fedeli, che già hanno raggiunto la patria celeste o che stanno espiando le loro colpe nel purgatorio, o che ancora sono pellegrini sulla terra, esiste certamente un vincolo perenne di carità ed un abbondante scambio di tutti i beni. In questo ammirabile scambio, la santità dell'uno giova agli altri, ben al di là del danno che il peccato dell'uno ha potuto causare agli altri. In tal modo, il ricorso alla comunione dei santi permette al peccatore contrito di essere in più breve tempo e più efficacemente purificato dalle pene del peccato." (CCC 1475)

Essa sottolinea anche con potenza il ministero co-redentivo della Beata Vergine Maria, come pure il ministero di San Michele Arcangelo.

Il nostro libro descrive con maggiore dettaglio ciò che Santa Caterina di Genova aveva descritto grazie alla sua esperienza spirituale personale. La presente edizione offre note a piè di pagina con numerosi estratti del "Trattato del Purgatorio" di Santa Caterina.

Per una comprensione proficua di tutte queste intuizioni, è importante capire che sono state date in occasione dei Sabati Santi, poche ore prima della Veglia Pasquale, svelando poi in modo impressionante l'immensa fecondità della celebrazione Eucaristica!

*

Questo libro così, come tutti gli scritti di Iveta, sono frutto della sua preghiera e sofferenza. Essi non hanno ancora ricevuto un'approvazione ecclesiastica formale: sarebbe troppo presto. Restano per uso privato.

Chi leggerà le pagine di questo libro, possa meravigliarsi rendendo grazie per la Misericordia e la Giustizia di Dio, e possa accettare l'invito a pregare ed offrire sé stesso per la conversione dei peccatori e per le Anime del Purgatorio!

Fr. Antoine E.
25 Dicembre 2020

PRESENTAZIONE DEL LIBRO

Questo libro nasce su richiesta della Santa Madre Nostra, la Beata Vergine Maria, la Madre del Nostro Dio.

La Madre di Dio rivela che stiamo entrando nella purificazione prima dell'era dei *Mille anni* di Pace.

Gesù disse: "Sarò con voi fino alla fine dei tempi." Possiamo ora camminare mano nella mano con la Madre di Dio, che le Scritture rivelano come "la Donna vestita di Sole", che ci porterà attraverso questi momenti di profonda oscurità di varie tipologie spirituali.

In questi messaggi, la Madre di Dio, la Nostra Santa Madre, rivela come e cosa dobbiamo fare: "FIDUCIA TOTALE", l'unica via. La via di Dio in questi tempi.

Qui, la Madre di Dio rivela anche il Suo supremo ruolo nella Salvezza, che Dio le ha affidato, come *Mediatrice di ogni Grazia*, *Co-Redentrice* (con Gesù Il Redentore) ed *Avvocata* dinanzi a Gesù il Suo Divin Figlio, il Divin Giudice.

A Lei è data tutta la Potenza, tutta la Grazia, tutti i Doni da conferire ai Suoi figli, i figli di Dio che consacreranno sé stessi a Lei e La chiameranno in ogni momento e decisione della propria vita.

Iveta *Cleophas* Fernandes

LA BEATA VERGINE MARIA RIVELA IL SUO RUOLO PER QUESTI TEMPI

Iveta Cleophas Fernandes, una donna semplice, sposata con Felix Xavier Fernandes è stata scelta dalla Divina Provvidenza per essere uno "strumento" per mezzo del quale Dio, attraverso il Cuore Immacolato di Maria, vuole far conoscere il Suo Piano Salvifico per il nostro Mondo in "questi tempi – in questo periodo della storia". Questo è nel contesto dei tempi predetti e del ruolo del Cuore Immacolato nel conseguimento della pace per il mondo, grazie al compimento del Messaggio di Fatima e della proclamazione del quinto Dogma Mariano.

Come Anima Vittima, Iveta è stata chiamata a soffrire, per co-redimere con la nostra Beata Madre, la Co-Redentrice, unita a Gesù il Redentore, per riportare le nostre Anime a Dio. In questa unione e per questa ragione, Iveta offre le sue preghiere e sofferenza per la Chiesa Domestica e Universale.

Questo libro racconta anche dettagliatamente la Sofferenza di Nostro Signore per i peccati del nostro mondo contemporaneo, per il quale Cristo Nostro Salvatore morì! Perché ha tracciato il sentiero della sofferenza, affinché noi potessimo comprendere che questo è un requisito della riconciliazione con Dio Padre: Per pagare il debito a\lla Giustizia Divina che il peccato richiede. *"Io ho pagato la maggior parte del vostro debito, ma a voi viene richiesto di riparare per alcune delle vostre offese in una piccola quantità conosciuta come Giustizia Divina."* (Messaggio del 7 Aprile 2017)

Mentre Cristo redime, Egli rivela in questo libro il ruolo co-redentore della Sua Beata Madre che 'percorre la via della croce' con il Suo Amato Figlio. *'Guardate come la Mia Beata Madre co-Redime per voi. Lei porta la Mia Croce per il vostro bene, per il vostro mondo di oggi.'* (Messaggio del 18 Aprile 2014)

Il libro *'Sofferenze e Tesi sul Purgatorio'* mette anche in risalto la comprensione del Purgatorio e la necessità di pregare per le

Sante Anime che stanno *'pagando i debiti alla Giustizia Divina.'* Attraverso le nostre preghiere ed una volta purificate, queste Anime vengono liberate per *'Lodare, Adorare e Glorificare Dio incessantemente per noi e quindi ottenere per noi la Grazie e la Fede necessaria tramite la preghiera.'* (31 Marzo 2018)

Tuttavia, pienamente consapevole della nostra condizione, la Nostra Beata Madre arriva con un piano d'azione per questi momenti critici; perché il Suo ruolo è quello di preparare i Suoi Figli per i tempi della Grande Persecuzione contro la Chiesa prima della seconda venuta di Cristo. *(30 Marzo 2018)*

La Madonna viene per chiederci di Consacrarci al Suo Cuore Immacolato, e per far sì che noi *'La invochiamo e consacriamo noi ed i nostri figli ogni mattino al Suo Cuore Immacolato, ed insegniamo ai nostri fratelli a fare lo stesso. Lei non ci abbandonerà e ci condurrà attraverso questi momenti di persecuzione che stanno sorgendo velocemente.'* (Messaggio del 13 Ottobre 2015) Questa Lotta Spirituale contro le forze dell'oscurità, Satana stesso, è Sua, Lei dice. La Madonna sarà Colei che lo distruggerà alla fine. Il nostro posto è quello di stare nascosti sotto il Suo Manto e sotto la sua protezione, assistendola con preghiere, sacrifici e con la pratica della Devozione del Primo Sabato resa nota dalla Madonna a Fatima, ossia: la Recitazione del Rosario, una buona Confessione, l'adorazione del Santo Sacramento, la Santa Messa, la Consacrazione e la Comunione di riparazione al Cuore Immacolato di Maria. Qui, l'intero obbiettivo e missione della Nostra Beata Madre è di portare le Anime all'unione con il Suo Figlio divino, Gesù. Quindi, quando noi ci consacriamo a Lei, il significato completo è 'a Gesù attraverso Maria'. È importante sottolineare che: *'La preghiera più efficace è il Santo Rosario; smantellerà l'oscurità della mente e del cuore, ripristinando la coscienza.'* (Messaggio del 13 Aprile 2017)

La Nostra Madre Beata ci ha anche dato i 'sacramentali' dello Scapolare e della Medaglia della *Mediatrice della Grazia* per assicurarci la salvaguardia da tutte le tentazioni, per fornirci le grazie per la protezione e per il martirio, ed una certezza per difendere la Chiesa, il Santo Padre, e per essere guidati verso un'era di Pace!

Perché *'Alla fine, il Mio Cuore Immacolato Trionferà e l'era della Pace discenderà sul Vostro Mondo ed il regno del Cuore Immacolato e del Sacro Cuore di Gesù fiorirà per mille anni di Pace.' (Messaggio del 6 Settembre 2018)*

Possa il lettore comprendere questi momenti, e possa lo Spirito Santo aprire il suo cuore per ricevere i Messaggi contenuti in questo libro!

Christopher Dias[1], 28 Dicembre 2020

---

[1] Christopher Dias è l'editore della rivista "Madre di Dio, Mediatrice della Grazia Magazine" pubblicata online su www.mediatrixofallgrace.com, ed ex-graphic designer del *Messaggero dell'Apostolato Mondiale di Fatima*, la rivista internazionale dell'*Apostolato Mondiale di Fatima*.

Indice

PREFAZIONE i

INTRODUZIONE iii

PRESENTAZIONE DEL LIBRO viii

LA BEATA VERGINE MARIA RIVELA IL SUO RUOLO PER QUESTI TEMPI ix

ANNO 2010: PRENDETE CORAGGIO, COME ALLORA SI DEVONO COMPIERE LE SCRITTURE? QUESTE SONO LE COSE CHE DEVONO ACCADERE

1. PADRE, SE VUOI, ALLONTANA DA ME QUESTO CALICE! TUTTAVIA NON SIA FATTA LA MIA, MA LA TUA VOLONTÀ 1
2. HA UNA SUPREMA GRAZIA 2
3. PRENDETE CORAGGIO, COME ALLORA SI DEVONO COMPIERE LE SCRITTURE? 4
4. LA FORZA CHE TUTTE LE MADRI DA LEI TRARRANNO 5
5. OGNI PECCATO SFILA DAVANTI AL SIGNORE! 6
6. SI VEDE L'ORRORE DELLE NAZIONI CHE HANNO LEGALIZZATO L'ABORTO. QUESTA È L'ADORAZIONE DELL'ANTICRISTO! 6
7. I FALSI RIFUGI 7
8. QUESTO SEGNA LA CASTITÀ DEL SACERDOZIO 8
9. LO SQUARCIO DEL VELO DEL TEMPIO, LA DIVISIONE DELLA CHIESA! 9
10. L'ORA È GIUNTA IN CUI INFLIGGERANNO ACCUSE INGIUSTE VERSO IL MIO PIETRO 10
11. ACCUSERANNO FALSAMENTE I SACERDOTI PER CRIMINI DI IMPURITÀ 11

12. GESÙ LE CONFERISCE LA PIENEZZA DELLA GRAZIA COME CO-REDENTRICE UNITA TOTALMENTE A LUI 12

13. LA MADONNA MOSTRA L'IMPORTANZA DELLA 'MEDAGLIA' DELLA MEDIATRICE DI OGNI GRAZIA 13

ANNO 2011: IN QUESTI TEMPI DI GRANDE PERSECUZIONE

14. TUTTA LA POTENZA, TUTTA LA GRAZIA, TUTTI I DONI SONO STATI AFFIDATI A ME 16

ANNO 2012: I MIEI FIGLI NON SONO PREPARATI, PERCHé NON SI SONO CONSACRATI AL MIO CUORE IMMACOLATO!

15. A COLORO CHE INDOSSERANNO LA MEDAGLIA 18

16. FIGLI DILETTI, PRESTO CESSERÀ LA COMUNICAZIONE 19

17. DESIDERO CHE TUTTI I MIEI FIGLI ABBIANO DELLE CANDELE BENEDETTE 20

18. COLORO CHE HANNO ACCOLTO IL PAGANESIMO E LA CULTURA DEL PAGANESIMO 21

19. QUANDO QUESTO MOMENTO SI ABBATTERÀ SU DI VOI, DOVRETE RIVOLGERVI ALLA PREGHIERA 23

ANNO 2013: FIGLI DILETTI, RENDETE NOTO LO SCAPOLARE E DIFFONDETE LA DEVOZIONE AL SANTO ROSARIO

20. LE ANIME CHE RIFIUTANO DI RICONOSCERE DIO COME IL LORO CREATORE 28

21. VI PORTERÒ ATTRAVERSO LE ORE DELLA PERSECUZIONE CONOSCIUTE COME IL DESERTO 28

22. DILETTI FIGLI, RENDETE NOTO LO SCAPOLARE, E DIFFONDETE LA DEVOZIONE AL SANTO ROSARIO PRESSO MOLTI FIGLI MIEI 29

23. IL MIRACOLO DELL'EUCARESTIA 30

ANNO 2014: NON ACCETTATE FACILI COMPROMESSI CON IL MONDO, TORNATE A DIO!

24. TANTE ANIME CADONO NELL'INFERNO 34

25. COME HANNO TRASCINATO ME, TRASCINERANNO ANCHE VOI...... 35

26. NON ACCETTATE FACILI COMPROMESSI CON IL MONDO: TORNATE A DIO! 36

27. IO SONO IL REDENTORE E TU SEI LA CO-REDENTRICE 37

28. ANDATE A DIRE A MIA MADRE CHE HO BISOGNO DI LEI. IO, IL REDENTORE, HO BISOGNO DI LEI PER CO-REDIMERE CON ME 38

29. LE HO CONFERITO QUESTE GRAZIE PER IL VOSTRO MONDO PER I TEMPI DI PERSECUZIONE 40

30. È PER QUESTA RAGIONE CHE DESIDERO CHE I MESSAGGI VENGANO DIFFUSI 41

31. SIETE ORA ALLA SOGLIA DELLA GRANDE APOSTASIA 42

ANNO 2015: È IL DESIDERIO DEL MIO SACRO CUORE DI PORTARVI SOLLIEVO; PROCLAMATE MIA MADRE COME MEDIATRICE DI OGNI GRAZIA, CO-REDENTRICE ED AVVOCATA

32. CERCANDO DI GIOCARE A FARSI DIO, HANNO ABBRACCIATO IL SATANISMO 45

33. PREGATE, PREGATE MOLTI ROSARI PER IL VOSTRO SANTO PADRE 46

34. PREPARATE LE MIE PECORE, I MIEI AGNELLI, PER QUESTA TERRIBILE PERSECUZIONE 47

35. VI TRASCINERANNO, COME ORA VENGO TRASCINATO 48

36. LA MADONNA VI AIUTERÀ NELLE ORE DELLA VOSTRA PERSECUZIONE 49

37. MADRE, PORTERAI LA MIA CHIESA COME CO-REDENTRICE? 50

38. CAMMINATE IN ARMONIA 51
39. IL MONDO VIVE LAVORANDO, IN DISOBBEDIENZA AL COMANDAMENTO DI DIO 52
40. OGNI VOLTA CHE IL ROSARIO VIENE RECITATO, POSSO LEGARE GLI SPIRITI 53
41. SIETE ALLE ULTIME ORE DELLE DOGLIE DI UN TRAVAGLIO PESANTE: LA PERSECUZIONE PRIMA DELLA GRANDE APOSTASIA 54

ANNO 2016: PIACE AL MIO CUORE IMMACOLATO VEDERE LA DEVOZIONE DEL PRIMO SABATO CHE HO RIVELATO A FATIMA

42. QUESTA ROTTA PUÒ ESSERE INVERTITA ATTRAVERSO LA POTENZA DEL SANTO ROSARIO! 57
43. PREPARATE IL MIO GREGGE, LE MIE PECORE! 59
44. GESÙ DI NAZARET CHE SOFFRE OGGI DAL PRIMO VENERDÌ SANTO, IN RIPETIZIONE 62
45. NON ACCETTATE UN COMPROMESSO FACILE CON IL MONDO 64
46. RINUNCIATE A QUESTO MODO DI VIVERE E ACCOGLIETE LA MIA MISERICORDIA 66
47. L'ULTIMO DOGMA 67
48. QUESTA È L'UNDICESIMA ORA DELLA MISERICORDIA 68
49. ORA, SAPPIATE E COMPRENDETE: QUANDO LA MISERICORDIA DIVINA FINIRÀ, LA FURIA DELLA GIUSTIZIA DIVINA SI MANIFESTERÀ 69
50. LA CONSACRAZIONE AL MIO CUORE IMMACOLATO: È SEMPLICE FIGLI MIEI, SEMPLICE! 71
51. SOLO LA PREGHIERA PUÒ CANCELLARE QUESTO TERRIBILE DISASTRO 71

52.	LO SPIRITO SANTO: NON LO TROVERETE DA NESSUNA PARTE SE NON NEL SILENZIO..	73
53.	IL VOSTRO SANTO PADRE SARÀ SEMPRE CON VOI, ANCHE NEI MOMENTI PIÙ BUI	74

ANNO 2017: VENGO PER INVITARTI A CO-REDIMERE CON ME, IO CHE SONO LA CO-REDENTRICE, UNITA A "GESÙ" IL REDENTORE

54.	IL SOCIALISMO È DIVENTATO IL MODO DI VIVERE	76
55.	ABORTIRE UN BAMBINO È UN CRIMINE TERRIBILE VERSO L'AUTORE DELLA VITA	77
56.	L'UNZIONE DELL'ANGELO SULLA FRONTE DEGLI ELETTI	79
57.	IL CUORE DI PAPA FRANCESCO È RADICATO NEL DIVIN SALVATORE	79
58.	IL MIO AVVERSARIO È ENTRATO NEI CONVENTI	80
59.	CO-REDENTRICE ED AVVOCATA...	82
60.	UNA TALE PUZZA DI IMPURITÀ SI INNALZA OGNI GIORNO!	83
61.	SONO I BAMBINI CHE IL MIO AVVERSARIO CERCA DI DISTRUGGERE, IL FUTURO DEL VOSTRO MONDO	85
62.	I PRIMI CINQUE SABATI SUL SANTO MONTE DI MONTE BATIM	86
63.	PER CALMARE LA COLLERA DI DIO CHE E ACCESA CONTRO IL VOSTRO MONDO	87
64.	RITORNATE A ME TRAMITE LA CONSACRAZIONE AL MIO CUORE IMMACOLATO OGNI MATTINO	88
65.	RIVELERAI UNA GRANDE LUCE SULLA SOFFERENZA NECESSARIA PER REDIMERE LE ANIME PERSE NEL PECCATO	90
66.	SATANA DICHIARERÀ GUERRA E COMBATTERÀ CONTRO DI ME, OVVERO CONTRO I MIEI FIGLI	91

67. SOLO POCHI SACERDOTI E SUORE SARANNO RISPARMIATI 94

68. C'È SPERANZA, ANCHE PER QUESTO! 96

69. È NECESSARIO CHE TUTTI I MIEI FIGLI OFFRANO LA LORO
    SOFFERENZA PER CO-REDIMERE OGNI GIORNO 98

70. VEGLIATE E FATE RIPARAZIONE PER TALI OFFESE! 101

71. VEDETE QUANTO VALORE HA LA SOFFERENZA? 102

72. IL SILENZIO È NECESSARIO PER ASCOLTARE IN OGNI
    MOMENTO IL MIO SPOSO, LO SPIRITO SANTO 104

73. TRE QUARTI DELLA TERRA SVANIRANNO! 106

74. RIPARATE DIGIUNANDO E PREGANDO PER CONSOLARE
    IL SACRO CUORE DI NOSTRO SIGNORE 108

75. I SUOI FIGLI VENUTI MENO ALLA FEDE 108

76. QUANTO SAREBBE DOLOROSO SENZA QUESTE PREGHIERE 109

77. IL VOSTRO MONDO È DIVENTATO UN
    MONDO DI OLOCAUSTO 113

ANNO 2018: SOLAMENTE LEI, COME MEDIATRICE E MADRE DI DIO, LA DONNA VESTITA DI SOLE, CHE ALLA FINE SCHIACCERÀ LA TESTA DI SATANA, PUÒ NASCONDERVI E SALVARVI

78. MOLTI STANNO CADENDO NELL'OSCURITÀ PERCHÉ NON
    COMPRENDONO QUESTI MOMENTI! 117

79. OGGI C'È COSÌ TANTA POVERTÀ PER
    MANCANZA DI PADRI! 119

80. LA VIA DEL "MONDO" È DIVENTATA LA DOTTRINA
    ED IL PRECETTO DELLE FAMIGLIE DI OGGI 122

81. IN MOLTI ORDINI SONO PENETRATI GLI INSEGNAMENTI
    DELLA RELIGIONE MONDIALE UNICA 125

82. MOLTI DEI SEMINARISTI SONO VENUTI DA SATANA
    COME SUOI SACERDOTI! 129

83. IL PECCATO PIÙ GRANDE ORA È L'ABORTO CHE SFILA DAVANTI AL SIGNORE 132

84. COSA DEVO FARVI? 134

85. QUANDO SCENDERÀ L'OSCURITÀ E SORGERÀ LA PERSECUZIONE 137

86. VI CHIEDO DI ABBRACCIARE IL SACRAMENTO DELLA RICONCILIAZIONE 138

87. SIETE PICCOLI VASI DI REDENZIONE 139

88. MOLTI DEI MIEI FEDELI MI HANNO LASCIATO PER UNA RELIGIONE CHIAMATA 'RELIGIONE MONDIALE UNICA' 140

89. UNO DEI SETTE CALICI DI CALAMITÀ SARÀ LA CALAMITÀ DEVASTANTE CHE SI ABBATTERÀ SU DI VOI! 143

90. MOLTI NON SEGUONO LA LEGGE DEI LORO FONDATORI E FONDATRICI! 145

91. DILETTI SACERDOTI MIEI: SE UNO DI VOI CADE E NON SI PENTE, MOLTE PECORE CADRANNO ED ABBANDONERANNO LA FEDE! 147

92. SOLO LA DONNA VESTITA DI SOLE VI PUÒ NASCONDERE E SALVARE! 149

93. MADRE... PRIMA PREPARERAI I MIEI FIGLI IN QUESTI TEMPI DI GRANDE PERSECUZIONE 150

94. A ME DIO HA DATO OGNI POTERE, OGNI GRAZIA 152

95. NON CI SONO MOLTE ANIME VITTIME 154

ANNO 2019: SONO IL MEDIATORE TRA VOI E MIO PADRE, MA MIA MADRE È LA MEDIATRICE TRA VOI E ME

96. SAN GIUSEPPE È COLUI CHE BISOGNA INVOCARE E PREGARE IN PUNTO DI MORTE 159

97. QUESTO IL PENSIERO UMANO: VOLER ESSERE COME DIO, IL VOLERE DEMONIACO 160

98. QUESTO È LO SCISMA, IL GRANDE SCISMA! 163

99. DOVETE ANDARE DA LEI, E POI DA ME: È LA VOLONTÀ
    DEL PADRE MIO! 164

100. QUESTO RIGUARDA COLORO CHE STANNO CHIEDENDO LE
     DIMISSIONI DEL MIO PIETRO, PER SPODESTARLO! 168

101. TUTTA L'IRRIVERENZA CON LA QUALE GESÙ
     VIENE RICEVUTO 169

102. LA CHIESA CLANDESTINA È PREPARATA PER
     IL RESTO FEDELE 170

103. ABBIATE CORAGGIO, HO GIÀ PERCORSO QUESTO CAMMINO! 172

104. QUESTA SANTA CHIESA SIA RICOSTRUITA E CONSACRATA
     A ME SOTTO IL TITOLO DI 'MARIA, MADRE DELLA CHIESA,
     MADONNA DEL MONTE GANXIM-BATIM' 173

105. "CAPISCI LA CHIESA NEL MIO CUORE IMMACOLATO?" 176

ANNO 2020: QUANDO VERRÀ PROCLAMATA TALE, APRIRÒ LE PORTE DELLA PIENA DEL CIELO COSÌ CHE TUTTI I DILETTI FIGLI MIEI POSSANO SOPPORTARE QUESTA SOFFERENZA DELLA PERSECUZIONE DELLA MIA CHIESA

106. UNA PIAGA ANCORA PIÙ DEVASTANTE CADRÀ SUL GOA
     PER PURIFICARLA 180

107. QUESTA SOFFERENZA ERA PER FORTIFICARLO COME
     PAPA REGNANTE 181

108. MOLTO PRESTO, LO SPIRITO SANTO VI SARÀ TOLTO E IL VOSTRO
     SPIRITO APPARIRÀ COME SE FOSSE LO SPIRITO SANTO! 183

109. QUESTE SONO LE PRIME DOGLIE DELLA GRANDE APOSTASIA 186

110. DOVETE PRENDERE LA MEDICINA CHE HA UN
     DUPLICE SIGNIFICATO 188

111. AFFIDATEGLI QUESTO SCIROPPO CHE HO RESO NOTO 191

112. QUESTO VIRUS È IL FRUTTO DI UNA GUERRA CHIMICA 193

113. L'AFFLIZIONE DI QUESTO VIRUS NON DEVE PORTARE MORTE, MA È PER LA GLORIA DI DIO ATTRAVERSO QUESTA MEDICINA 196

114. NON SANNO QUELLO CHE FANNO 198

115. DESIDERANO SEGUIRE DIO, MA HANNO CREATO LA LORO IMMAGINE PERSONALE DI DIO 200

116. QUESTA SOFFERENZA OGGI È PER CIÒ CHE ORA È CONOSCIUTO COME LE RADICI EBRAICHE DI GESÙ 203

117. PREGHERETE ANCHE PER CHI SE N'È GIÀ ANDATO DURANTE QUESTA TERRIBILE PIAGA CONOSCIUTA COME PANDEMIA 204

118. DURANTE QUESTA PANDEMIA, HO RISCATTATO MOLTI CHE HANNO IMPLORATO MISERICORDIA NEI LORO ULTIMI MOMENTI! 205

119. CONOSCETE E COMPRENDETE CHE QUESTI ORDINI, CHE SONO INFESTATI DA QUESTI MALI, HANNO UN VIRUS PIÙ GRANDE DEL CORONA VIRUS 208

120. QUANDO LEI SARÀ PROCLAMATA TALE, APRIRÒ LE CATARATTE DEL CIELO 213

121. RISORGERANNO ALLA MESSA DI RISURREZIONE DEL SANTO PADRE 215

122. LA GIUSTIZIA DI DIO DEVE SCENDERE 217

123. DIVENTATE COME QUESTO BAMBINO GESÙ TRA LE MIE BRACCIA 221

124. LA CONSACRAZIONE DI TRENTATRE GIORNI 222

125. COME SATANA COMPLOTTA ORA PER PORTARE CIÒ CHE SARÀ COME LA SANTA TRINITÀ 223

126. VERRETE SOTTO IL SUO REGNO E DIMORERETE NEL SUO SACRO CUORE 225

127. SATANA SI É FATTO IL 'CREATORE' 229

ANNO 2021: CONFIDATE IN DIO ATTRAVERSO DI ME!

128. DISTRUGGERÀ LA VOSTRA VITA EPPURE LA VOSTRA SALUTE 232
129. SOFFERENZA PER LA GERARCHIA CHE PRENDE DECISIONI CHE NON APPARTENGONO ALL'ORDINE DI DIO 233
130. IL POTERE SARÀ DATO ALL'AVVERSARIO PER TORMENTARE TUTTE LE PERSONE NELLE CITTÀ 234
131. LA CLONAZIONE UMANA DIVENTERÀ LA MODA DEL NUOVO UOMO, DEL NUOVO MONDO 236
132. LE VIE DI DIO NON POSSONO ESSERE CAMBIATE, LA VERITÀ DI DIO È VERITÀ! 238

TESI SUL PURGATORIO

133. LA STORIA DEL DISEGNO MISTICO 250
134. LA COMPRENSIONE DEI TRE STADI DEL PURGATORIO 252
135. QUESTO È IL SECONDO STADIO DEL PURGATORIO 253
136. COLORO CHE COMMETTONO E DANNO IL CONSENSO AL PECCATO CONOSCIUTO COME EUTANASIA 254
137. LA RIPARAZIONE CHE DEVE ESSERE RESA PRIMA CHE L'ANIMA GIUNGA AL PARADISO 259
138. GESÙ HA PAGATO IL PREZZO PER QUESTE ANIME, DAL PRIMO ALL'ULTIMO UOMO CHE SARÀ CREATO 264
139. ALLE ANIME IN PURGATORIO SONO CONCESSI I DONI DELLE LINGUE DEGLI ANGELI 266
140. LA CONFESSIONE DEVE ESSERE CAPITA COME ESORCISMO CONTRO IL PECCATO MORTALE 267
141. PREGATE, DILETTI FIGLI MIEI, MOLTI ROSARI PER LE ANIME DEI VOSTRI ANTENATI CHE HANNO SETE DELLE VOSTRE PREGHIERE: VI AIUTERANNO 268
142. È PIÙ PROFICUO ED EFFICACE RECITARE IL ROSARIO CON LA SUA MEDITAZIONE IN QUESTA MANIERA 269

143.	CI SONO TRE STADI NEL PURGATORIO, ED IN OGNUNO CI SONO TRE LIVELLI	270
144.	QUESTE ANIME GIUNGERANNO COME ANGELI CUSTODI PER AIUTARVI, AVVERTIRVI, PROTEGGERVI!	274
145.	COSA AVVIENE ALLA RISURREZIONE DI NOSTRO SIGNORE	276
146.	IL MODO IN CUI DOVETE PREGARE	278
147.	TANTE ANIME NELLA CHIESA LASCIANO LA CHIESA E NON CREDONO PIÙ NEL PURGATORIO!	281
148.	SOFFERENZA PER LE ANIME DEI RELIGIOSI IN PURGATORIO	284
149.	COME PROTEGGERÒ QUELLI CHE SONO SULLA TERRA ORA, E DARÒ SOLLIEVO ALLE ANIME NEL PURGATORIO	289
150.	SARANNO CONTATI TRA I SANTI ED ENTRERANNO NEL PARADISO DURANTE LA VEGLIA PASQUALE	290

Appendice 1: ADDENDUM ALLA TESI SUL PURGATORIO 295

151.	QUESTO MODO DI UCCIDERE PER PIETA	295
152.	LE ANIME CHE VIVONO NEL PECCATO, CHE PROFANANO IL TEMPIO DI DIO	296

Appendice 2: LA CORONCINA DI SAN MICHELE ARCANGELO 297

Appendice 3: ROSARIO PER LE ANIME SANTE DEL PURGATORIO 300

Appendice 4: UN RIMEDIO SPIRITUALE E NATURALE PER L'ATTUALE PANDEMIA 302

ANNO 2010: PRENDETE CORAGGIO, COME ALLORA SI DEVONO COMPIERE LE SCRITTURE? QUESTE SONO LE COSE CHE DEVONO ACCADERE

1. PADRE, SE VUOI, ALLONTANA DA ME QUESTO CALICE! TUTTAVIA NON SIA FATTA LA MIA, MA LA TUA VOLONTÀ

Una visione:

Vengono, marciando sempre più vicini. La porta di ogni Chiesa è chiusa. Hanno sbarrato le porte delle Chiese, ma comunque essi marciano. Hanno un mandato. Hanno un tipo di documento con il quale possono entrare. Ogni città del Mondo è in tumulto. L'esercito apre le porte con dei calci e trovano così tanti Sacerdoti. Non parlano neanche con loro, li prendono solamente e... Oh Mio Dio, Mio Dio, chiedono loro di rinnegare Gesù di Nazaret come Vero Dio in presenza della Santa Eucarestia.

Una bella visione:

Ognuno di questi Santi Sacerdoti guarda verso il Cielo, vedono il bellissimo Volto della Madonna Santa nell'Eucarestia, che tiene L'Ostensorio vicino al Suo Cuore, riguardano le guardie militari e non dicono una parola. Non rinnegheranno Gesù... Coloro che non apriranno le porte e coloro dei paesi del terzo mondo, le loro chiese verranno date alle fiamme! Vedo Statue Sacre ed articoli religiosi che vengono portati fuori e vengono maltrattati e rotti come per incutere paura ai fedeli. Si vede gioia nelle persone che stanno seguendo l'antipapa, l'anticristo. Essi urlano che gli 'dei sono scesi sulla terra e la pace e la prosperità sono nostre.'

Vedo Gesù che barcolla e Si aggrappa agli alberi. Pietro è seduto, in un sonno profondo contro un albero. Il Signore arriva e non trova consolazione da parte degli Apostoli. Pietro sente i Suoi passi ma non riesce ad aprire gli occhi o ad alzarsi. Gesù ritorna indietro e cade contro la roccia. Angoscia, angoscia nel Nostro Dio! Vedo un Angelo discendere con un calice, come per consolare Gesù. L'Angelo è l'Angelo della Nostra Madre Benedetta. Il Cielo si chiude completamente, totale silenzio! Tutto il Cielo sta piangendo... Gesù è appoggiato all'Angelo e tiene in mano il Calice. È disposto a bere il Calice. Si alza ed è pronto ad andare dagli

Apostoli. Questo è quel momento... in cui vedo il Santo Padre. Gesù prega per il nostro Santo Padre. Mentre Lui si avvicina, gli occhi di Pietro si aprono. Pietro dice: "Sei tu Signore?" Gesù dice: "Stai ancora dormendo?" Dice loro di alzarsi; "L'ora è alle porte in cui il Figlio dell'Uomo sarà tradito e consegnato nelle mani dei peccatori."

Questo è lo stesso tradimento che stiamo per affrontare ora. Anche i familiari si tradiranno tra loro. Fratello contro fratello, padre contro figlio, suocera contro nuora, questa è l'ultima ora, tristezza... tristezza!

Pietro prova ad alzarsi: "Che cosa succede Gesù, Ti senti bene, perché sei ricoperto di Sangue? È successo qualcosa?" Gesù dice: "Pietro, sveglia Giovanni e Giacomo, colui che Mi tradirà è alle porte." È buio, la luna splende, e loro hanno delle fiaccole, ma il posto da cui vengono è molto buio, come se fosse l'oscurità del peccato. La notte in sé è illuminata. Ombre, ombre... l'odore della morte... dell'Innocente, è nell'aria... Si strofinano gli occhi e domandano, "Cosa sta succedendo?" Il Signore dice: "È il momento." Giacomo chiede, "Il momento per cosa, Gesù?" Gesù - in tutta la Sua angoscia -: "Non avete idea di ciò che sta per accadere." (1-2 Aprile 2010)

2. HA UNA SUPREMA GRAZIA

Gesù viene preso per essere crocifisso; strappano le Sue Vesti...

Vedo la Nostra Beata Madre. Sta andando in quel luogo e vede il Suo Sangue. Lo asciuga con le Sue stesse Mani. Non Le permettono di avvicinarsi, ma Lei è nel Pretorio; è un posto abbastanza squallido! È come il giardino dietro la casa di un uomo ricco, con delle pietre; ed un unico sentiero... Gesù viene picchiato. Gli danno in mano una canna, gli mettono addosso questa Veste porpora. Lo schiaffeggiano e Gli tirano dei pugni in Faccia.

Ha un brutto livido sulla Sua guancia sinistra che sanguina, la guancia che Giuda baciò... piangendo... Gesù non fa una protesta! Non danno il permesso alla Madonna di avvicinarsi. Lei vede tutto il

Sangue. C'è una donna che assomiglia alla Madonna, è la moglie di Pilato. Questa arriva con dei panni nelle mani, molti piccoli stracci, e Le dice: "È Sua Madre?" La Madonna la guarda con le lacrime agli Occhi ed annuisce. Anche la donna ha gli occhi lucidi, e dà alla Madonna i panni. La Madonna le fa cenno che vuole andare dove si trova Gesù in quel momento e raccogliere Il Sangue da lì, ma non può. La donna dice: "Ti porto io lì." Si toglie il velo dalla testa e lo mette sulla Madonna. È di famiglia Reale!

Gesù viene condotto fuori e la Croce Lo aspetta. È come se Lo stessero portando su una rampa. E si vede Satana tra la folla che lo deride. La Madonna arriva ed inizia ad asciugare il Sangue velocemente perché vuole seguire Gesù. Giovanni e Maria di Magdala aspettano fuori. La Madonna asciuga velocemente le pietre del pavimento, raccogliendo tutto il Sangue. Lei ha una Grazia Suprema. Tutto il Sangue sembra essere tolto; le pietre rimangono. Si inchina, ringrazia la moglie di Pilato, ed esce per incontrare la folla. Passa i panni a Maria Maddalena, che li passa ad un'altra Maria, che li mette nel suo mantello e li tiene stretti. Maria Maddalena ha due veli. In uno, porta con sé erbe e spezie da porre sul Corpo di Gesù. Le ha preparate con la Madonna. Questo è in conformità con la Legge o la Tradizione ebraica. Queste spezie servono per profumare il Corpo e per far sì che si decomponga velocemente.

Vedo il Vaticano – Sangue, sangue, sangue e urli! I Cardinali si preparano per fare una votazione. C'è una maggioranza di fumo nero di Satana!

Gesù è arrivato sul fondo di questa lunga e tortuosa rampa. Lo trascinano e lo deridano. La Madonna è lontana, ma arriva in fretta. Le persone buone che sono con Gesù Le fanno strada. Queste persone vanno davanti ma vengono picchiate da alcuni. Vengono spinte via. Stanno dicendo ai fedeli – che stanno dicendo "No! No! Che cosa ha fatto?" –: "Non avete sentito, non avete visto che cosa ha testimoniato? Lui si fa chiamare il Figlio di Dio, è solo un mortale. Non è Lui il figlio di un falegname? E quella è Sua Madre, miserabile..." (1-2 Aprile 2010)

3. PRENDETE CORAGGIO! COME ALLORA SI DEVONO COMPIERE LE SCRITTURE?

La Madonna parla:

"Miei figli diletti, vedete quando sta soffrendo il vostro Salvatore? Ha pregato per questa ora che si abbatterà su di voi quando vi trascineranno e vi consegneranno alle autorità. Sarete picchiati e frustati, e molti saranno messi a morte. Prendete coraggio: come allora si devono compiere le Scritture? Queste sono le cose che devono accadere."

Hanno ricominciato a camminare. Sembra che la Madonna stia camminando davanti a Gesù. Non la lasciano camminare dietro di Lui, allora Giovanni e Maria di Magdala La prendono, spingendola tra la folla davanti a Lui. (Sono stanco...) Gesù non ha più i piedi: sono livadi, sanguinano e pezzi di pelle si staccano da essi, dal nostro Signore. Il piccolo Angelo che Lo stava consolando sta raccogliendo questi pezzettini di Pelle e Li sta mettendo in un grande Ciborio con il Suo Sangue. Lui stesso sorregge questo Calice, che è come un Ciborio.

Ora vedo Gesù camminare verso Sua Madre: "Oh! Mamma, Mamma "... *piangendo... Lei allunga le Sue braccia. Il soldato vicino a Gesù rimane indietro e Le permette di avvicinarsi, ma non Le è permesso di toccarlo. Gli altri non Le permettono di toccarlo. Lo spingono da parte e dicono:* 'Cosa stai facendo? Nessuno può avvicinarsi e niente donne qui!' 'Quella è Sua Madre, povera Donna!' 'Sì, pietà per Lei', *dice* 'Lei deve vedere quel Figlio Suo criminale che ha messo al mondo.' *Queste sono le parole crudeli che i soldati pronunciano al buon soldato che uno di loro spintona, il suo nome è Mel... Gesù La vede in tutta questa sofferenza. Le sorride mentre Lei ricambia il sorriso, il sorriso della consolazione.* "Va tutto bene" *le dice,* "Figlio Mio, non Ti preoccupare di Me, sto bene, dobbiamo fare la Volontà del Padre per la quale Noi siamo venuti in questo Mondo."

Ora, questi sono i momenti in cui vedo i figli e le figlie che verranno trascinati fuori dalle loro case - dei fedeli - e saranno messi a morte in presenza dei loro genitori. Dobbiamo trarre coraggio da questo momento. Questa è la ragione per la quale sono nati, per fare la Volontà del Padre. Nella fedeltà alla loro fede, la Fede Cattolica, rinunciano ora a sé stessi per produrre il frutto di questa sofferenza. La loro vita è come un seme che deve morire. Genitori... Oh! Che sofferenza...

La mia testa è tormentata dal dolore, non riesco a sopportarlo, Madre Beata... (1-2 Aprile 2010)

4. LA FORZA CHE TUTTE LE MADRI DA LEI TRARRANNO

Vedo Gesù. Pilato si lava le mani ed emette la sentenza di condanna di Gesù. Dice: "Voi siete responsabili del Suo Sangue"; Rilascia Barabba ed essi urlano, felici, i loro elogi. Questo fa Pilato per mantenere i suoi legami e la pace appena trovata con Erode e con il Re - per paura degli uomini. Ma Gesù lo guarda con occhi amorevoli, china la Testa e cammina. Getta uno sguardo alla folla ed il Suo Sguardo cade sulla Madonna. La guarda con amore. Lei alza le Braccia. Trae tutta la Sua forza dal Suo Sguardo.

Questa sarà la forza che tutte le madri trarranno da Lei, come Mediatrice[2] di ogni Grazia. Conferirà loro la Grazia di sopportare quel momento. Lei Stessa verrà. Loro vedranno il Figlio di Dio seduto alla destra di Dio Padre. Lui Stesso riceverà le loro Anime ed il loro sangue unito al Suo; il sangue per portare i frutti della Chiesa Rinnovata. (2 Aprile 2010, Venerdì Santo)

---

[2] Vedi "Trattato della Vera Devozione alla Santa Vergine" di San Luigi Maria Grignon de Montfort, nn. 83-86

5. OGNI PECCATO SFILA DAVANTI AL SIGNORE!

Gesù allunga le Braccia e prende la Croce. La mettono sulla Sua Spalla destra, già ferita. Alza la Mano sinistra per mantenerla. È già ricurvo sotto il suo peso, ma in realtà non è il peso della Croce, ma il peso dei nostri peccati. Ogni peccato sfila davanti al Signore!

Inizia il viaggio per Gesù. Trasporta la Croce ed è esausto... vede così tante persone attraverso i Suoi occhi pieni di Sangue, Sangue che cola dalla Testa coronata di spine, dalla Fronte ferita e dalle sopracciglia lacerate. Vede i loro volti. Prega per loro, nella Sua sofferenza, affinché si pentano e siano salvati!

Questa è l'ora: coloro che decideranno di seguire l'anticristo, o i fedeli, quelli che prenderanno il 'marchio della bestia.'[3] *Questi sono i nostri fratelli e sorelle, la nostra stirpe – stirpe di sangue o di spirito - è un momento orribile!* (2 Aprile 2010, Venerdì Santo)

6. SI VEDE L'ORRORE DELLE NAZIONI CHE HANNO LEGALIZZATO L'ABORTO. QUESTA È L'ADORAZIONE DELL'ANTICRISTO!

Vedo tanti bambini, tanti bambini piccoli uccisi... che piangono... piangono e soffrono... Gesù muore qui e soffre per coloro che commettono questi crimini. Prega per loro, affinché possano ritornare ed essere salvati!

Si vede l'orrore delle Nazioni che hanno legalizzato l'aborto. Questa è l'adorazione dell'anticristo! Questi bambini vengono sacrificati per lui! Madri incinte – questo è un momento di grande sofferenza per le madri incinte! Madri e figli nei loro grembi vengono presi per essere uccisi perché non vogliono accettare il "marchio della Bestia": vengono messi a morte! È illegale, ma è reso legale perché essi vengono dichiarati deformi e poi vengono uccisi! Questo è il sacrificio della profanazione del Santo dei Santi, Gesù nell'Eucarestia.

---

[3] Ap 13,17

Vedo la Russia che conduce tutto questo. È per questa ragione che, dice la Madonna, "Ho desiderato che la Russia fosse consacrata al Mio Cuore Immacolato. La Russia ha diffuso i suoi errori, e l'aborto è stato legalizzato in altre Nazioni, ma la Russia verrà comunque convertita e consacrata al Mio Cuore Immacolato; però sarà tardi, tardi perché ha diffuso i suoi sbagli! Piccola Mia, capisci cosa sto dicendo? "(2 Aprile 2010, Venerdì Santo)

7. I FALSI RIFUGI

Gesù Si trascina. Vedo nostro Signore. Non riesce a portare la Croce. Simone stesso non è lì. È stanco! Giovanni prova a fare in fretta sostenendo la Madonna mentre Lei si sbriga per dare forza a Gesù, come se volesse portarla Lei la Croce, ma i soldati li spingono indietro. Non cadono, ma quasi! La folla è così numerosa che ci si può a malapena muovere. Gesù barcolla... barcolla e barcolla con il peso del peccato e pensa a tutta la sofferenza che deve ancora sopportare, e cade... piangendo... soffrendo... può muoversi a stento. Come se fosse morto. I soldati hanno paura. Provano ad aprire i Suoi Occhi: "respira ancora", dice uno di loro, "Dategli un po' di tempo e Lo tireremo su."

Questo è quel po' di tempo, questa è la caduta che Gesù vive mentre prega per i Suoi Sacerdoti che dovranno sopportare grandi sofferenze, anche per quegli Eletti che dovranno andare in esilio! Essi soffriranno la paura di questo momento e conosceranno quella dei loro fratelli, morenti per l'amore di Dio.

C'è gioia nei campi dei malvagi, nei falsi rifugi sotto il nome di Dio. Si vedono persone che mangiano e bevono perché pensano di essere già salvate. Hanno ucciso il vitello grasso, uccidono agnelli e li arrostiscono, e gioiscono per essere stati salvati, ma guai a loro! Vedranno l'orrore di questo momento; non ci vorrà molto!

Ci sono quelli, anche tra gli Eletti, che si lasciano portare fuori strada. Loro l'hanno scelto, per loro volontà personale. Non si sono abbandonati a Lui! Anche se Dio li ha scelti, hanno scelto di non ascoltare lo Spirito Divino. La loro ragione umana li ha condotti in questi campi. Questi sono quei rifugi di origine umana, ed ora i loro capi, per paura, si arrenderanno al nemico e verranno uccisi tutti. Terribile martirio! Alcuni accetteranno il "marchio della Bestia", come loro capo che li ha guidati. Alcuni realizzeranno di aver fatto la scelta sbagliata e cercheranno di scappare, ma saranno uccisi!

Ed in onore di coloro che non avranno accettato il "marchio della Bestia", durante i mille anni di regno[4], in questi luoghi in cui i fedeli che vivranno giungeranno in pellegrinaggio, sarà collocata una piccola Croce e sarà eretta una piccola Cappella in memoria di coloro che morirono e, nonostante la loro debolezza umana, non accettarono il "marchio della Bestia". Bruceranno le immagini dell'anticristo e scaveranno una fossa dove metteranno i corpi di quelli che accettarono il "marchio della Bestia" – quelli che vennero uccisi, massacrati, perché accettarono il "marchio della Bestia"! (2 Aprile 2010, Venerdì Santo)

8. QUESTO SEGNA LA CASTITÀ DEL SACERDOZIO

Gesù sale sulla collina. Loro prendono la Croce. Vedo anche altri due che hanno ricevuto la stessa sentenza di Gesù. Lo hanno messo al centro come se fosse il più grande di tutti i criminali! Gettano la Croce a terra e spogliano gli altri due criminali che urlano e piangono, gridando, imprecando e bestemmiando contro le guardie, e sputano e scalciano! Stanno legando i loro piedi. Gesù non protesta mentre Gli tolgono le Vesti. Piangendo... piangendo... la Madonna arriva in fretta. "No" dice, mentre stanno per scoprire le Sue parti intime. Lo ricoprono. Loro Le obbediscono. Lei ringrazia e torna di nuovo dietro. Dice Maria di Magdala: "Madre, ti avrebbero uccisa, perché lo hai fatto?"

Questo segna la castità del Sacerdozio, sacra per Dio e sacra per tutti gli Uomini. Gesù morì per loro e sopportò la sofferenza anche per gli ambiti per i quali manterranno i voti. Vedo che sono molti quelli che sono caduti, e non sanno come alzarsi.

---

[4] Ap 20,3

"Semplicemente pentitevi, pentitevi e confessate i vostri peccati al vostro confessore, ai vostri Padri Spirituali, non peccate più in questo modo, perché cosa ci guadagnate nel farlo? *(2 Aprile 2010, Venerdì Santo)*

9. LO SQUARCIO DEL VELO DEL TEMPIO, LA DIVISIONE DELLA CHIESA!

Gesù sussurra nel Suo Cuore

"Madre, Madre..."

La Madonna...da spirito a spirito: "Sono qui Figlio Mio, sono qui."... *piangendo...*

Vedo Roma ed il nostro Santo Padre che dichiara cosa significherà tutto questo. La divisione della Chiesa, lo squarcio del Velo del Tempio quando Gesù spira! È quel momento ora, la dichiarazione della Madonna come Mediatrice di ogni Grazia, Co-Redentrice, lo squarcio del Velo del Tempio, la divisione della Chiesa! Gesù è morto per questo momento!

Vedo i soldati che hanno preso i Suoi indumenti. Sono seduti e stanno tirando a sorte e scommettendo sulla Sua Veste. Gesù li guarda dall'alto e loro smettono. Lui guarda in su verso i Cieli. "Padre, perdona loro, perché non sanno quello che fanno."[5]

Questi sono coloro che scommettono la loro fede. Gesù prega per loro, che si pentano e ritornino!

Vedo solo colui che vince la Veste di Gesù. "Cosa dovrei farne?" *dice.* "Beh, tienila come portafortuna. Loro sostengono che Lui sia un Re, non è vero?" *dice un altro.*

Questo è colui che si pentirà e sarà salvato – colui che vince la Veste.

---
[5] Lc 23,24

Questa è la Veste del Martirio, che è lavata nel Sangue del Signore[6], l'Agnello più puro, il Sangue dell'Agnello su questo mantello - e su tutti i Sacerdoti, che si laveranno nel Sangue del Martirio.

Il soldato prende il mantello e scappa via. C'è un uomo lì... Domiscuus?... Demetrius?... i miei occhi sono stanchi... glielo lancia e dice, "tienilo per me!"

"Non sono il tuo servo, sono il servo dell'Uomo che sta morendo. Quello è il mio Padrone." (Sembra che una volta fosse stato il suo servo) "Ne parleremo più tardi." dice questo soldato. Il servo guarda la Veste e realizza... Questa è La Veste del suo Signore, il suo vero Signore.

Guarda in alto verso Gesù e dice "Grazie Signore, Tu mi hai dato un regalo, sono libero! Il Tuo Sangue è su questa Veste: io La proteggerò a costo della mia stessa vita." E scappa via per nasconderla. (2 Aprile 2010, Venerdì Santo)

10. L'ORA È GIUNTA IN CUI INFLIGGERANNO ACCUSE INGIUSTE VERSO IL MIO PIETRO

Hanno raggiunto il Tribunale. Gesù viene gettato a terra... mentre aspetta il Suo incontro privato con Pilato...

Gesù parla alla mia Anima:

"Sappi che l'ora sta per arrivare in cui infliggeranno accuse ingiuste verso il Mio Pietro, il Mio Pietro che soffre così tanto per la mia Chiesa, il Mio Pietro che porta la Mia pesante Croce! Lui non accetterà compromessi e così gli infliggeranno accuse terribili. Gli ordineranno e comanderanno di lasciare il trono di Pietro. Loro sono quelli dell'anti-cristo che supporteranno l'antipapa che sta già tra voi... Lo vedrai, non avere paura, non è ancora l'ora ma queste sono le doglie che precedono l'ora.

---
[6] Ap 7,14

Pregate, figli Miei, pregate, pregate che il Mio Pietro proclami la Mia Beata Madre come vostra *Mediatrice di ogni Grazia*: a Lei ho conferito tutte le Grazie e tutta la Potenza[7], *Co-Redentrice*, che ha sofferto questa Notte Santa con Me e continua a soffrire fortemente specialmente in questi giorni che segnano la vicinanza della Mia Chiesa clandestina. Lei guiderà il Mio *Resto* in queste ore, e continuerà ad intercedere come vostra *Avvocata* per coloro che ritorneranno e per coloro che moriranno, per i quali dovete pregare molto! Pregate nel modo che Lei vi ha fatto conoscere..."... *(e Gesù cade)*.

Gesù continua: "Io, Gesù di Nazaret, come Uomo-Dio, nella vostra ansia ho preso questa caduta, e come Dio-Uomo risorgo affinché voi risorgiate! Gesù di Nazaret, Io sono con voi, Mio gregge, Mie pecore e Miei agnelli. Amen. Amen." *(Giovedì Santo, 1-2 Aprile 2010)*

11. ACCUSERANNO FALSAMENTE I SACERDOTI PER CRIMINI DI IMPURITÀ

Gesù porta la Sua Croce e vacilla... improvvisamente Maria di Magdala lascia la Madonna, e Maria di Cleofa le dice: "Cosa stai facendo? Non La puoi lasciare!" Maria di Magdala risponde: "Prenditi cura di Lei, prenditi cura di Lei, devo andare, devo andare." Si muove con grande amore e si affretta tra la folla che la spinge. "Donna, torna indietro!" dicono i soldati, "Verrai uccisa!" Non ha paura e corre da Gesù. Trova uno spiraglio sotto le guardie e corre da Gesù sotto le Sue Braccia. Si toglie il velo e lo preme sul volto del Signore che ha la Sua testa china, poi lo rimuove. La tirano frettolosamente e le chiedono cosa stia facendo. "Vai via da qui, strega malvagia!" La deridono dicendo: "Non è proprio lei, la prostituta che Lui

---

[7] Vedi il "Trattato della Vera Devozione alla Santa Vergine" di San Luigi Maria Grignon de Montfort, n.76.

ha salvato? Guardate quanto amore prova per Lui! Che ha a che fare con Lui se Lui dice di essere il Figlio di Dio?"

È come coloro che accuseranno falsamente i Sacerdoti per crimini di impurità.

Maria di Magdala guarda il Suo Velo e lo bacia. Vede i tratti del Nostro Dio su di Esso e lo posa vicino al suo cuore. Lo nasconde e corre di nuovo dalla Madonna. "Cosa fai? Saresti potuta rimanere uccisa", dice Maria di Cleofa. "Sei preoccupata?" risponde Maria di Magdala, "Non vedi cosa stanno facendo al Nostro Signore? Che cosa sono le nostre vite? Se moriamo, ci meritiamo la morte!"

Vedremo i peccatori e le prostitute[8] tornare a Dio quando vedranno la grande illuminazione che si abbatterà su tutti gli uomini come un'elargizione della Grazia finale di Dio. (Giovedì Santo, Venerdì Santo, 1-2 Aprile 2010)

12. GESÙ LE CONFERISCE LA PIENEZZA DELLA GRAZIA COME CO-REDENTRICE UNITA TOTALMENTE A LUI

La Madonna è vicina alla Croce ora. Con quale Amore Guarda in alto verso Gesù... Dalla Madre Gesù coglie tutta la Sua forza. Prova una grande tristezza in questo momento. Sussurra Anima ad Anima: "Madre, Madre se potessi risparmiarti tutto questo, Tu sai che lo farei." Lei Lo guarda, la Sua Anima Gli parla: "Figlio, non preoccuparti di Me" ... piangendo... quale Amore, Sacrificio incondizionato!...

Poi Gesù guarda il Suo Apostolo, il Suo Apostolo preferito, Giovanni: "Figlio, ecco tua Madre"[9]. Giovanni Lo guarda e piange. "Sì Signore - bisbiglia – mi prenderò cura di Lei, dammi la forza!" 'Ho pregato anche per te' dice Gesù, Anima ad Anima.

---

[8] Mt 21,31
[9] Gv 19,27

Gesù guarda la Madre con tanto Amore – è lo svuotamento di tutto Sé Stesso ed anche della Madre per noi ora. Le dice:" Donna, ecco Tuo figlio.[10]*" Lei Lo guarda con lacrime di Gioia che scorrono dagli Occhi – con un calore senza malizia della Sua Mente. Ci prende tutti nel Suo Cuore Immacolato: l'intera razza umana. Sì, è veramente la Mediatrice di ogni Grazia. Gesù Le conferisce la pienezza della Grazia come Co-Redentrice totalmente unita a Lui. Le sussurra*: "Ora il Figlio dell'Uomo è Glorificato, e Dio è Glorificato in Lui![11] Amen."

Parla di quello che è nascosto: "Io sono nel Padre ed Il Padre è in Me." In questo momento, sembra che il Padre L'abbia abbandonato, ma Lui trae la forza dalla Volontà del Padre Suo; lo Spirito della Prima Persona risiede in Lui per sopportare questo momento! È un Mistero... sofferenza... (2 Aprile 2010, Venerdì Santo)

13. LA MADONNA MOSTRA L'IMPORTANZA DELLA 'MEDAGLIA' DELLA MEDIATRICE DI OGNI GRAZIA

La Madonna mostra l'importanza della 'Medaglia' della Mediatrice di ogni Grazia[12]. *Ci fa queste promesse*: dopo che queste 'Medaglie' hanno ricevuto la Benedizione di un Sacerdote consacrato obbediente al Santo Padre ed una comprensione di questi tempi, esse porteranno:

1. La Grazia di essere preservati da tutte le tentazioni, tentazioni di impurità che sorgeranno nella Chiesa e nelle strade, a cui nessun uomo può resistere, se non con la Grazia dell'Immacolata Concezione in loro.

2. Come *Maria Mediatrice di ogni Grazia*, esse porteranno la Grazia della protezione per gli Eletti, e la protezione del Riparo

---

[10] Gv 19,26
[11] Gv 13,31-32
[12] La Rivelazione della Medaglia ebbe luogo il 14 Ottobre 2016 a Ganxim-Batim, Goa

del Suo Mantello, Il Mantello Blu dell'Immacolata Concezione per guidarli verso i posti sicuri.

3. Porteranno la Grazia a coloro che soffriranno il Martirio. Ci sarà Gioia sul loro volti e non proveranno alcuna paura!

4. Questi sono coloro che si alzeranno a testimoniare che il Santo Padre vive ancora, e che la Chiesa di Dio è ancora viva! Saranno messi a morte mentre gli uomini impazziranno! Un'ulteriore promessa di questa "Medaglia": i fedeli prenderanno coraggio e vedranno il Vero Papa, se crederanno. Agli Eletti scelti per quei tempi che rimarranno fedeli, Lei darà tutto ciò di cui avranno bisogno.

5. E la promessa finale: questa 'Medaglia', in quanto Madre di Dio, l'Immacolata Concezione di Maria che concepì senza peccato, Mediatrice di ogni Grazia, guiderà la Chiesa verso l'era della Pace --- Il Trionfo del Cuore Immacolato.

Queste sono le sue cinque promesse. *(Venerdì Santo, 2 Aprile 2010)*

ANNO 2011: IN QUESTI TEMPI DI GRANDE PERSECUZIONE

14. TUTTA LA POTENZA, TUTTA LA GRAZIA, TUTTI I DONI SONO STATI AFFIDATI A ME

Parla la Madonna:

"... Io desidero con forte volontà che in ogni ora voi manteniate l'invocazione di ciò che il Mio Gesù ha reso noto alla Sua serva Faustina "Gesù, confido in Te. Amen." Ora aggiungete: "Maria, confido in Te. Amen."

Con questa invocazione manterrete lontana la tentazione dai pensieri della vostra mente."... *"Io sono la Madre di Dio, la Madonna della Grazia, Mediatrice di ogni Grazia.* Tutta la Potenza, tutta la Grazia, tutti i Doni sono stati affidati a Me, che ne dispongo a seconda del Mio Volere, che è il Volere di Dio per il Suo progetto sulla terra in questi tempi di grande persecuzione. Io sono la vostra Madre che vi ama profondamente. *(Domenica 15 Giugno 2011)*

ANNO 2012: I MIEI FIGLI NON SONO PREPARATI, PERCHÉ NON SI SONO CONSACRATI AL MIO CUORE IMMACOLATO!

15. A COLORO CHE INDOSSERANNO LA MEDAGLIA

La Madonna Parla:

"Diletti figli Miei, vi ringrazio d'essere venuti ad onorare la Mia richiesta di venire oggi in occasione della Festa della Divina Misericordia. È molto appropriato che la Santa Madre, la Chiesa, celebri questa Santa Festa della Misericordia di Dio per il vostro mondo, un mondo che si deteriora mentre il peccato cresce! Nonostante ciò, Io sono la Donna Vestita di Sole.[13] Io sono la Madre di Dio, Io Sono *l'Immacolata Concezione...* Gesù, Mio Figlio Divino, il Redentore. Io sono la *Co-Redentrice,* La *Mediatrice di ogni Grazia.*

Vengo oggi a rivelarvi ciò che ho affidato a questa piccola Mia e del Mio Gesù, Cleophas, la vostra amata sorella, conosciuto come la Medaglia della *Mediatrice di ogni Grazia.* Io Sono la Madonna, Mediatrice di ogni Grazia. Dove comprenderete la pienezza della Verità, la Chiesa Cattolica, la Sposa di Cristo.

Gioite figli miei, perché oggi, prima che Io sia proclamata *Mediatrice di ogni Grazia,* coloro che indosseranno questa Medaglia - dopo che sarà stata benedetta da un Sacerdote, Mio diletto figlio di predilezione, un Sacerdote Cattolico - riceveranno il privilegio prima del tempo come a Cana[14]: il privilegio della conversione, il privilegio di pregare per chi ha bisogno di una conversione e la promessa del condottiere celeste dell'esercito di Dio, Michele, il Principe, per affidare la vostra Anima nelle ultime ore di agonia in modo sicuro a Dio. Amen.

Vi amo profondamente, sono la *Madre di Dio,* sono vostra Madre. Desidero che preghiate il Rosario assieme alla coroncina

---
[13] Ap 12,1
[14] Gv 2,4

della Divina Misericordia ogni giorno, per volontà del Mio Cuore Immacolato, affinché il Vescovo di Roma, Sua Santità, il vostro Santo Padre, Pietro la Roccia, il Papa del Mio Gesù, Papa Benedetto XVI mi proclami *Mediatrice di ogni Grazia*. In quel giorno, le cataratte del Cielo si apriranno per rilasciare la Grazia che sta aspettando con la promessa di compiere la speranza di questa Medaglia.

Basta per ora, cari figli Miei. Ora molti di voi avranno il privilegio di vedermi. Sono la *Mediatrice di ogni Grazia*, vostra Madre che vi ama profondamente. Amen." *(15 Aprile 2012, Ora della Misericordia, Domenica, Visitazione della Madonna, Batim, Goa, India)*

16. FIGLI DILETTI, PRESTO CESSERÀ LA COMUNICAZIONE

Parla la Madonna:

"Figli Miei diletti, vi ringrazio di aver risposto alla Mia richiesta di pregare in quest'ora per i bisogni del vostro mondo mediante il *Saint Joseph Community Center di* Foymont, attraverso il Piano Salvifico di Dio: Carità e Misericordia con Giustizia per il vostro mondo!

Il vostro mondo si deteriora terribilmente, figli Miei, e la preghiera ha cessato di elevarsi per il bisogno di salvare le Anime! Il Mio cuore è addolorato, perché sono molti i Miei figli che precipitano nell'oscurità: molti camminano lungo il sentiero dell'oscurità eterna!

La preghiera ha preso un'altra strada, una strada egoista in cui sembra che tutti vogliano ricoprirsi di bisogni materiali. Fate loro conoscere, figli diletti, che quando recitano la preghiera insegnata da Gesù, il *Padre Nostro*, niente in più può essere concesso, perché il Padre che vede tutto conferirà loro tutto ciò di cui hanno bisogno ogni giorno, ogni minuto, ogni ora! Non necessiterete di nient'altro, eccetto di vivere la Santa Volontà del Padre!"

..."Figli diletti, è il desiderio della vostra Madre Celeste che iniziate a fare piccoli passi nella preghiera insieme per ogni proposito e di ricevere un "Sì" o un "No" dal Mio Spirito Divino, dal Mio Sposo lo Spirito Santo, dal Santo Spirito di Dio.

Figli diletti, presto la comunicazione cesserà, ed inizierà una grande angoscia! Vi ho già fatto conoscere come dovrete comunicare attraverso i vostri Angeli Custodi. Avete conosciuto questo modo, ma ora vi siete tirati indietro! Incominciate a praticarlo ogni momento l'uno con l'altro, e fate conoscere questo modo attraverso gli Angeli ed i Santi per raggiungere tutti i vostri cari.

Io vi aiuterò, Amen. Pregate, figli Miei, per il compimento della Mia 'Medaglia' come *Mediatrice di ogni Grazia*, che i Miei figli possano riceverla ed iniziare a pregare per il suo compimento. Vi amo profondamente, vi ringrazio per avere risposto alla Mia richiesta. Obbedite solamente, e tutto sarà chiaro! Sono la *Madre di Dio*, Sono la *Mediatrice di ogni Grazia*, Sono l'*Immacolata Concezione*, vi amo profondamente, Sono vostra Madre, Amen." *(1° agosto 2012)*

17. DESIDERO CHE TUTTI I MIEI FIGLI ABBIANO DELLE CANDELE BENEDETTE

Parla la Madonna:

"Miei figli diletti, pregate, pregate molte preghiere per il Santo Padre, affinché possa proclamarmi *Mediatrice di ogni Grazia*. Solo allora sarò in grado di aprire le cataratte del Cielo e di far cadere su tutti i Miei figli le Grazie di cui hanno bisogno per sopportare questi momenti di tribolazione.

Aumenteranno le calamità della terra. La natura muterà ad una velocità ancora più allarmante. Non abbiate paura, in quest'ora desidero che tutti i Miei figli abbiano delle candele benedette, candele che dovete accendere quando una tempesta della natura si presenta nel luogo in cui dimorate.

A tutti i Miei figli sulla terra, questo è per voi: non prestate attenzione a nient'altro fuorché mantenere i vostri occhi sul Santo Padre. Lui farà conoscere tutte le cose. Basta per ora. Tornerò il quattordicesimo giorno del nono mese dell'anno duemila dodici nell'ora della Divina Misericordia per affidarvi ciò che Dio desidera. Pregate, figli Miei, pregate! Amen.

Sono la Madre di Dio, sono l'*Immacolata Concezione*, sono Maria Vergine di Nazaret, sono la *Mediatrice di ogni Grazia, Co-Redentrice* ed *Avvocata* dinnanzi al trono di Dio, dinnanzi al Divin Giudice; vi amo profondamente, sono vostra Madre, Amen." *(12 Settembre 2012)*

18. COLORO CHE HANNO ACCOLTO IL PAGANESIMO E LA CULTURA DEL PAGANESIMO

Parla la Madonna:

"Figli diletti Miei, vi ringrazio per avere risposto alla Mia richiesta di venire dinanzi a Me oggi nell'ora della Grande Misericordia conosciuta come Divina Misericordia...

Ora, cari figli, questo desidero farvi conoscere oggi, che è ciò che ho fatto conoscere a questa Mia piccola molti giorni fa, conosciuti come i quindici giorni richiesti[1] (Nota di chiusura): una preparazione per tutti i Miei figli, perché molto sta accadendo sotto forma di persecuzione, calamità e sofferenza che saranno inflitte dal Mio avversario ai Miei figli. Queste non sono altro che le cose che ho già fatto conoscere. Ora succederanno. Sappiate e comprendete, preparatevi solo come vi ho chiesto Amen."...

..."Figli diletti, in questo giorno molto peserà su di voi. Ho già posto una pesante sofferenza, nelle prime ore del mattino, su questa piccola Mia e del Mio Gesù, la Mia diletta figlia Cleophas. È per coloro che hanno accolto il paganesimo e la cultura del paganesimo in questo giorno. Essi accolgono queste maniere, alcuni nell'ignoranza, alcuni che si sono venduti per essere gli avvocati di Satana. Pregate per loro, figli diletti! Pregate per loro, perché stanno assumendo molti comportamenti peccaminosi conosciuti come peccati mortali, peccati di impurità, peccati che conducono addirittura alla cultura della morte! Pregate soltanto!

Questo[15] è il giorno in cui i vostri antenati si preparavano alla Santità nel senso della Resurrezione, pregando per coloro che stanno servendo la Giustizia Divina, che servono in Purgatorio. Oggi non viene più rispettato; è solo un ossequio di passaggio se uno vuole. Fate conoscere che questo è il desiderio della vostra Madre Celeste: che tutti i Suoi figli devono capire che questo giorno è una preparazione per i due giorni della Grande Festa, la Festa della Risurrezione: pregare per coloro che servono la Giustizia Divina, che accederanno alla Risurrezione per tutta l'Eternità in Paradiso dinanzi a Dio per pregare per voi - se ora voi pregate per loro.

E la preparazione in memoria di tutti coloro che se ne sono andati prima di voi, conosciuti come Santi, che la Chiesa ha proclamato, affinché voi seguiate coloro che hanno già spianato la strada per voi. Questo è per ricordare e per capire

---

[15] 31 Ottobre, Vigilia di Tutti Santi, ed il 2 Novembre, commemorazione di tutti i fedeli defunti.

la riflessione sulla vostra chiamata alla santificazione ed alla santità! Amen."...

"Ringrazio i vostri Padri Spirituali, i Miei cari figli diletti che pregano per voi - li amo profondamente: Reverendo Padre James Duffy ed il Mio amato Vescovo, il Mio Figlio di predilezione, Sua Grazia il Vescovo Alwyn Barreto che prega sempre per voi e ha bisogno delle vostre preghiere per lui.

Pregate per il vostro Santo Padre, che ha bisogno di tanta preghiera in queste ore! Un grande peso grava sulle sue spalle, una grande decisione grava sul suo cuore. Basta per ora. Vi amo profondamente.

Io Sono la *Madre di Dio*, Sono la *Mediatrice di ogni Grazia*, Pregate a questo proposito, che i Miei figli ricevano la Medaglia. Sono la vostra Madre Celeste che vi ama profondamente. Ricordate solamente di affidare ogni cosa al Mio Cuore Immacolato[16]. Amen." *(31 Ottobre 2012)*

19. QUANDO QUESTO MOMENTO SI ABBATTERÀ SU DI VOI, DOVRETE RIVOLGERVI ALLA PREGHIERA

Parla la Madonna:

"Miei figli diletti, con grande gioia, con grande amore e con grande desiderio, voglio ringraziarvi per la vostra fedeltà nel

---

[16] *La Misericordia di Dio e la chiamata a ritornare al Porto della Verità*, pp.70-71.
"Miei figli diletti, quanto spesso vi ho fatto conoscere la vostra ansia. Come una buona Madre desidero aiutarvi a percorrere il cammino alla santità, ma la prima regola del nostro camminare verso il sentiero di santità e verso la santità nei confronti di Dio è quella di affidare tutto al Mio Cuore Immacolato. È lì che tutta l'oscurità verrà separata, e vedrete il sentiero più chiaramente. Non abbiate paura, Io Sono qui. Vi chiedo, per favore Miei figli diletti, affidate tutto IN FRETTA al Mio Cuore Immacolato." 25 Gennaio 2012

digiuno e nella preghiera, nell'astenervi e nell'essere presenti qui dinnanzi a Me per i tre giorni consecutivi, che ho reso a voi noti.

Al Padre Eterno piace vedere una tale fedeltà. Anche se voi siete creature in uno stato caduto, la Mia Grazia in voi vi aiuta a sollevarvi quando affidate tutto al Mio Cuore Immacolato. Di massima importanza è la vostra consacrazione a Me nelle prime ore del mattino, la preghiera d'inizio del vostro giorno; e di camminare con Me ogni giorno in questo modo. Fate conoscere a tutti i Miei figli questa modalità.

In questo giorno, Dio Padre è molto compiaciuto e molto contento del vostro servizio come servi di Maria per Gesù Eucaristico. Che Gesù vivente in voi ed attraverso voi con Me sia reso noto a tutti i vostri fratelli che incontrerete. Amen.

Ora figli diletti, questa cosa è di grande importanza e desidero farvela sapere: verrà una confusione - ciò che già vi è stato detto - sui tre giorni di oscurità. Non è così. È il Mio avversario al quale è stato concesso il potere, perfino sulla Natura, di portare l'oscurità sulla terra, un'oscurità che spaventerà molti, un'oscurità per la quale molti dei Miei figli non sono preparati, perché non si sono consacrati al Mio Cuore Immacolato – tra questi, coloro che furono battezzati nella Fede e si sono allontanati! Sappiate e comprendete che Io sono la Regina della Natura!

Anche in questo, se Mi pregate, solo Io posso prevenire tale miseria. Non c'è molta preghiera che si innalza, se non una grande confusione. Io ve lo sto dicendo ora prima che accada, così che, se coloro ai quali l'ho detto si preparano per i quindici giorni, trarranno molto da questo momento. Si abbatterà su tutto il genere umano perché Dio permetterà che accada. Sappiate e comprendete che questa è la preparazione! Se la preghiera non si innalzerà, in modo da non rendermi possibile la prevenzione di questo momento, segnerà la preparazione per il *Governo Mondiale*, l'ordine che porterà grande angoscia a tutti i Miei figli!

Sappiate e comprendete, figli diletti, che molti sono confusi riguardo alla legna. Non capite che, quando il sole non darà luce, non ci sarà calore, e quando non ce ne sarà, da dove verrà il vostro calore?

Ora conoscete e capite che i Miei figli dovranno riunirsi, e coloro che possono rifornirvi, perché quando questo momento si abbatterà su di voi, dovrete rivolgervi alla preghiera. Pregate, figli diletti, pregate! La candela sarà il vostro calore, la Candela Benedetta, che Io vi ho richiesto. Questo è solo una consapevolezza della prima doglia di ciò che ancora dovrà accadere. Non siate ansiosi, non siate turbati! Consacrate voi stessi al Mio Cuore Immacolato: Io vi vestirò con il Mio Mantello per portarvi il Calore Materno di cui avrete bisogno.

Figli diletti, quelli che hanno bisogno di molte medicine, dovete metterle da parte ora per prepararvi per quei giorni; quindici ne ho richiesti. È solo una consapevolezza di quando accadrà. Amen."...

"Io vi amo profondamente. Sono la Madre di Dio, sono la vostra Madre Celeste, che vi riveste con l'Immacolato Mantello. Sono la *Mediatrice di ogni Grazia, Co-Redentrice* ed *Avvocata*. Vi amo profondamente! Andate nella pace del Mio Gesù attraverso Me. Amen." *(18 Dicembre 2012)*

Nota di chiusura

1. PREPARAZIONE DEI QUINDICI GIORNI: Mentre ero in preghiera, io (serva di Mamma Maria per GESÙ Eucaristico) ho chiesto al Nostro Signore GESÙ di aiutarmi a scrivere questa lettera di preparazione affinché voi non perdiate di vista ciò che è più importante. Amen.

Questo riguarda ciò che viene richiesto a noi fedeli – preparazione del cibo, sale, candele, vestiti caldi, legna, batterie, più una fornitura per 15 giorni – per il castigo che sta per abbattersi sul genere umano e su tutte le creature viventi sulla Terra e nelle Acque.

"Fate attenzione ed aspirate alle cose di lassù, alla vostra Anima, alla Parola di GESÙ: "Guardatevi e tenetevi lontano da ogni cupidigia, perché anche se uno è nell'abbondanza la sua vita non dipende dai suoi beni", (Lc: 12- 15).

Perciò, mantenete i vostri cuori e le vostre Anime aperte in modo da preparare per il prossimo come per sé stessi, tenendo a mente che potremmo essere solamente i seminatori affinché altri possano raccogliere. Chiedete che la nostra Celeste Madre Maria ci aiuti in questa preparazione, che vi guidi lungo il cammino, affinché nessun tipo di avidità entri dentro di voi portando condanna a voi stessi ed ai vostri cari, alla vostra gente. Amen.

E che nessuno di voi venga colto nell'avidità durante questa preparazione, per poi sentire il Signore GESÙ dire: "Stolto! Questa notte stessa ti sarà richiesta la vita. E quello che hai preparato di chi sarà?"

Siate sempre ricchi verso Dio, nella carità dell'Amore, perdonando come CRISTO GESÙ, persino in punto di morte. Quanta felicità avrà l'Anima che vedrà questa via ed accetterà la propria croce per una vita perfetta in CRISTO GESÙ. Amen."

Nota: Questo messaggio fu dato il 15 Agosto 1998. Il 31 Ottobre 2012, la Madonna rivelò che questo messaggio si sta verificando ora e che ciò che era stato richiesto per 7 giorni lo è ora per 15 giorni, in riferimento alla fornitura di qualsiasi medicina che qualcuno abbia bisogno di prendere. Ecc. Amen. Vedi parte del messaggio del 31 Ottobre 2010 per comprendere questo messaggio. Amen

ANNO 2013: FIGLI DILETTI, RENDETE NOTO LO SCAPOLARE, E DIFFONDETE LA DEVOZIONE AL SANTO ROSARIO

20. LE ANIME CHE RIFIUTANO DI RICONOSCERE DIO COME IL LORO CREATORE

Parla la Madonna:

"Figli diletti, oggi desidero farvi conoscere che la sofferenza che sopporta questa piccola, Mia e del Mio "Gesù", Cleophas, è un'offerta di riparazione nei confronti di Dio come Creatore dal principio dei tempi, perché l'Umanità è cresciuta male, e la negligenza nel ringraziare e riconoscere il Creatore ha portato oscurità nelle Anime che si rifiutano di riconoscere Dio come Creatore e che hanno accolto il modo di pensare di Satana, conosciuto come la teoria della 'creazione'[18] - scientificamente un'ingenuità proveniente dal complotto malvagio dell'Uomo contro Dio, Amen." *(26 Marzo 2013)*

21. VI PORTERÒ ATTRAVERSO LE ORE DELLA PERSECUZIONE CONOSCIUTE COME IL DESERTO

"Pregate, figli diletti, pregate che Io venga proclamata *Mediatrice di ogni Grazia, Co-Redendrice* ed *Avvocata*. È in questo modo che vi porterò attraverso le ore della persecuzione conosciute come il 'deserto'[19], il deserto che è stato rivelato nel libro dell'Apocalisse. Sono la Donna vestita di Sole[20]. A Me sono state affidate dalla Santissima Trinità tutte le Potenze, tutte le Grazie per il vostro bene. Il Mio desiderio è quello di farvi conoscere il Redentore, che vive con voi nella Santa Eucarestia, il Mio Figlio Divino Gesù.

---

[18] Una teoria che "rifiuta di riconoscere Dio come Creatore"
[19] Ap 12,14
[20] Ap 12,1

Pregate, pregate, pregate per la conversione di tutti i figli di Dio, perché tanti perdono la via e questo rattrista il Mio Cuore Immacolato. Amen.

Vi amo profondamente. Sono la *Madre di Dio*. Sono la *Madonna di Fatima*. Sono l'*Immacolata Concezione*. Sono la vostra Madre Celeste, la *Mediatrice di ogni Grazia*. Vi amo profondamente! Amen." *(13 Maggio 2013, Batim, Goa, India)*

22. DILETTI FIGLI, RENDETE NOTO LO SCAPOLARE, E DIFFONDETE LA DEVOZIONE AL SANTO ROSARIO PRESSO MOLTI FIGLI MIEI

Parla la Madonna:

"Figli Miei diletti, quanto piace al Mio Cuore Immacolato vedere una tale fedeltà. Quanto desidero che molti dei Miei figli diventino così! Fate conoscere questo modo di pregare - il vostro amore per Me - a coloro che vi chiedono come pregare. È semplice, affidate tutto al Mio Cuore Immacolato ed Io farò il resto. Solo Io posso aiutarvi!

Figli diletti, rendete noto lo Scapolare e diffondete la devozione al Santo Rosario presso molti figli Miei. È di massima importanza, in queste ore di battaglia che gravano sui fedeli!

Preparati, piccola Mia, preparati! Sii sempre gioiosa nel portare la tua Croce - la Croce di Gesù - sulle tue spalle.

Desidero con tutto il cuore ringraziare il vostro Padre Spirituale, il Mio amato Figlio di predilezione, il Reverendo Padre James Duffy, che continua a compiacermi molto e prega per le Mie intenzioni anche nei suoi momenti di sofferenza, affidando tutto al Mio Cuore Immacolato, affinché solo Io sia glorificata e che, attraverso Me, Dio sia Glorificato, Onorato ed Adorato su tutta la terra. Amen.

Figli di predilezione, ora siate in pace, Io vi sono vicina. Affidate tutto al Mio Cuore Immacolato e fate come vi ho chiesto. Io vi amo profondamente, vi ringrazio per aver risposto alla Mia richiesta di pregare in questa ora per i bisogni del vostro mondo attraverso il *Saint Joseph Community Center* di Foymont - il Piano Salvifico di Dio si capirà a tempo debito.

Sono l'*Immacolata Concezione, Mediatrice di ogni Grazia, Co-Redentrice* ed *Avvocata*, la vostra Madre Celeste che vi ama profondamente, Amen." *(26 Settembre 2013)*

23. IL MIRACOLO DELL'EUCARESTIA

Mentre Iveta è nella sofferenza, Gesù parla:

"Mia Chiesa, parlo a Te come Vero Dio e Vero Uomo, presente in mezzo a Voi nella Santa Eucarestia, nel Pane Consacrato e nel Sangue nelle mani dei Miei Sacerdoti nella linea di Melchidesech[21], dei quali Io sono il Sommo Sacerdote, Gesù, Vero Dio e Vero Uomo.

Se non mangiate la Mia Carne e non bevete il Mio Sangue, non avete Comunione con Me[22], ho già detto questo. Ora grazie a questa Mia piccola, Io rivelo ciò che è venuto alla luce come il *Miracolo dell'Eucarestia* - Carne e Sangue presenti - Io che Sono Dio nella Seconda Persona della Santa Trinità, nella Santa Eucarestia.

Grazie a questa piccola Mia, ho rivelato la Mia Carne ed il Mio Sangue. Proprio come il corpo consiste in carne bianca

---

[21] Sal 110,4 – Eb 5,6 e 7,17
[22] Gv 6,53

e carne rossa, Io ho rivelato Me Stesso in questa maniera in ciò che è conosciuto come il *Miracolo dell'Eucarestia* nel compimento della Mia Parola espressa nelle Sacre Scritture.

Se non mangiate la Mia Carne e non bevete il Mio Sangue, non avete Comunione con Me.[23] Sono Gesù di Nazaret, Vero Dio e Vero Uomo presente in mezzo a voi, desideroso di venire ad abitare dentro di voi[24], affinché voi possiate avere Comunione con Me ed attraverso Me con il Padre Mio - perché siamo Uno, Il Padre in Me ed Io nel Padre.[25]

Ho fatto conoscere tutte le cose chiaramente attraverso la Mia Madre Benedetta, Maria, Vergine di Nazaret.

Desidero, come ultimo e definitivo dogma, come è stato conosciuto, che Mia Madre venga proclamata *Mediatrice di ogni Grazia*, perché ho conferito a Lei tutte le Grazie per il vostro mondo in questi tempi di persecuzione della Mia Chiesa, la Sposa Mia conosciuta come la Sposa di Cristo, Io Che Sono il Redentore e Giudice. La mia Santa e Beata Madre, *Co-Redentrice* ed *Avvocata*, prega dinnanzi a Me, per ognuno di voi, figli Miei, che vi siete persi per le vie del Mondo e, con il padre di questo mondo, nell'oscurità eterna.

Attraverso la sofferenza delle Anime Vittime - unite alla Mia Sofferenza come Redentore e rispondendo alla chiamata della Mia Beata Madre a servire in questo modo - quelle Anime sono redente e riportate a Dio dalla *Co-Redentrice* ed *Avvocata*, la Mia Madre Santa, l'*Immacolata Concezione*.

Io Sono Gesù, Vero Dio e Vero Uomo di Nazaret. Amen, Amen."

---

[23] Idem
[24] Gv 6,56
[25] Gv 10,38 – 14,10 – 14,20

C'è silenzio e Gesù parla ancora:

"Sono presente ora in questa piccola Mia attraverso la Mia Carne ed il Mio Sangue, la Santa Eucarestia - che parla a tutti voi Miei figli amati, figli di Dio, figli della Luce.[26] Amen. Amen." *(Iveta aveva appena ricevuto la Santa Comunione precedentemente a questo messaggio) (27 Settembre 2013)*

---

[26] 1Ts 5,5

ANNO 2014: NON ACCETTATE FACILI COMPROMESSI CON IL MONDO, TORNATE A DIO!

24. TANTE ANIME CADONO NELL'INFERNO

"Ve lo farò sapere... voi date conforto al Mio Cuore Immacolato trafitto da tante spine da uomini ingrati che continuano a bestemmiare contro Dio e gettano molti dei figli di Dio nella dannazione. Conoscete e capite: perfino molti tra i fedeli camminano lungo la via della dannazione![27] Essi hanno abbandonato il loro amore per Dio e stanno seguendo una falsa concezione di Dio.

Figli diletti, vengo da voi oggi per chiamare tutti i fedeli a ritornare alla preghiera. Pregate, pregate, pregate molti Santi Rosari! – è di grande importanza in questi momenti! Gli uomini continuano ad offendere Dio ed il pianto di molti Anime innocenti e oppresse è arrivato a Dio, Nostro Padre. Se non pregate, non potrò più trattenere la Mano di Dio dal far cadere la Sua ira per annientare le Nazioni!

C'è confusione e turbamento su tutta la terra. Le creature e la creazione si lamentano nel dolore come si lamenta e piange una madre quando sta per partorire. Sappiate e comprendete che la minaccia della terza guerra mondiale non è lontana. Pregate, figli amati, pregate, pregate che questo non accada!"

Visione: ...Ora, Lei apre la Sua Veste con la Sua mano destra e la tende, e una parte della terra si apre e molte Anime cadono all'Inferno... Oh!... (Cleophas)... piangendo, Oh!... è terrificante... piangendo..."

La Madonna continua a parlare: "Solo la preghiera può essere sufficiente per riportare le Anime a Dio. Queste Anime sono perse per sempre, ma ce ne sono molte che cadranno se voi non pregate!"

---

[27] Mt 7,13

Visione: la Madonna Santa guarda verso il Cielo e dice:

"Dovete pregare per le Anime Sante del Purgatorio. Molti non pregano per i propri cari. Pregate figli Miei, pregate! Loro hanno bisogno delle vostre preghiere per salire per tutta l'Eternità e nel Paradiso con Dio. Pagano i debiti della Divina Giustizia. Le vostre preghiere sono importanti. Essi poi verranno giù come Anime in vostro aiuto, come Angeli..." *(25 Marzo 2014)*

25. COME HANNO TRASCINATO ME, TRASCINERANNO ANCHE VOI

Mattino del Venerdì Santo: Gesù sta soffrendo: legato e trascinato, Lo portano.

"È nella stessa maniera che legheranno i Miei Sacerdoti e li trascineranno come criminali. Sappiate, Sacerdoti Miei - prendete coraggio! -, che Io ho già sofferto tutto ciò. È necessario per la Mia Chiesa. Questa vostra sofferenza vi porterà la Corona in Paradiso, con Me. Amen, Amen."

Gesù parla all'Anima mia: ... Ah... Ah... "In verità Io vi dico, questa generazione è diventata una generazione perversa ed ora ve lo dico prima che succeda: vi infliggeranno tutte le leggi anti-dio, e gli uomini diventeranno come corpi deteriorati; la puzza del peccato sarà in tutte le vostre strade, ma ricordate, Mio *Resto* fedele, che Io ho pregato per voi in questi momenti di Mia grande Sofferenza. Abbiate fiducia, Io sono con voi attraverso tutto questo. come hanno trascinato Me, trascineranno voi quando difenderete la Verità! Abbiate fiducia e non diventate ansiosi! Sottoponetevi per poter guadagnare la vostra vita per tutta l'Eternità con la Corona della Gloria, con la quale vi Incoronerò. Non arrendetevi a ciò che vi imporranno. Proteggetevi da ogni iniquità che arriverà. Piango per voi, per coloro che si perderanno, piango per voi, e anche ora vi imploro di avere fiducia e di cambiare il vostro comportamento. Ho Sofferto anche per voi: tornate a Me!

Io Sono Gesù di Nazaret, Vero Dio e Vero Uomo. Amen, Amen."

"Sacerdoti Miei e Suore Mie, tutti i Religiosi e molti dei fedeli che difendono la Verità, così sarete derisi e spinti, come delle bestie. Abbiate coraggio! Chi tra voi sfuggirà a tutto questo sappia che sono stato Io a permetterlo! Pregate, pregate, pregate che possiate non essere sovrastati dal dolore e dalla paura tanto da condannarMi e da cadere nelle mani di Satana. Lui farà tutto ciò che potrà per chiedervi di condannare voi stessi e servire lui. Ho Sofferto e pregato per voi... Vi amo..."
(*Venerdì Santo, 18 Aprile 2014*)

26. NON ACCETTATE FACILI COMPROMESSI CON IL MONDO: TORNATE A DIO!

Parla la Madonna:

"La guerra è imminente, solo la preghiera può trattenere questo momento. Pregate, figli Miei, pregate, pregate che il Santo Padre Mi proclami *Mediatrice di ogni Grazia, Co-Redentrice* ed *Avvocata*. Solo allora potrò aiutarvi, perché ogni Grazia, ogni Potenza è stata affidata a Me da Dio Padre, Dio Figlio e Dio Spirito Santo – il Mio Sposo, che Mi aiuta in questi momenti! Non accettate facili compromessi con il mondo, tornate a Dio! Sono impaziente di accarezzarvi nel Mio Cuore Immacolato come una Madre riporta i propri figli in salute. Quanti di voi sono ammalati! Tornate a Dio pentendovi delle offese che avete commesso e siate riconciliati attraverso la Santa Confessione: il Sacramento che Dio ha lasciato per voi.

Molti di voi fedeli hanno abbandonato la pratica del ricevere la Carne Vivente ed il Sangue del Mio Figlio Divino "Gesù" nella Santa Eucarestia. Diletti figli, tornate, perché sennò come farete a sostenere voi stessi contro queste forze? Non siete soli, perché sono con voi durante queste ore!"

Si ferma... poi continua a parlare:

"Non cercate facili compromessi con il mondo. Sappiate che il Governo Mondiale è alle porte. Non cercate di assumere alcun debito, perché questo vi farebbe precipitare nell'oscurità. State in guardia contro ogni iniquità ed ogni eresia che si svelerà.

Vi amo profondamente. Il mio desiderio è quello di riportarvi a Dio affinché possiamo essere felici per tutta l'Eternità come Famiglia di Dio.

Sono l'*Immacolata Concezione*. Sono la *Madre di Dio*. In questo giorno la Chiesa onora la Divina Presenza nel Mio Grembo Immacolato, l'Annunciazione: la Presenza di Dio fatto Carne. Il Primo Tabernacolo Sono Io! Sono la *Mediatrice di ogni Grazia, Co-Redentrice* ed *Avvocata*. Vi amo profondamente, sappiate che quando Mi chiamerete, sarò lì con voi in ogni cosa. Non vi abbandonerò! Vi amo! Amen... *(25 Marzo 2014)*

27. IO SONO IL REDENTORE E TU SEI LA CO-REDENTRICE

Gesù parla alla Sua Beata Madre:

"Madre, quanto desidererei che Tu non subissi questa sofferenza con Me."

Lei solleva la Mano e parla:

"Avvenga per Me secondo la Tua Parola. Amen."

Gesù rivela:

"Sono il Redentore e Tu, O Beata, Madre Mia tra tutte le madri, sei la *Co-Redentrice*! Questa notte soffrirai con Me. Questo giorno soffrirai fortemente con Me, ma la tua sofferenza non sarà finita. La Mia finirà e la Tua inizierà come *Co-Redentrice*, per portare tutti i figli persi che falliscono nel vedere il Mio Amore per loro. Mi aiuterai Madre? Sei Benedetta per un tale Amore! Amen. Amen."

La Madonna guarda in alto e ripete ancora: "Avvenga per Me secondo la Tua Parola. Amen." *(17 Aprile 2014)*

28. ANDATE A DIRE A MIA MADRE CHE HO BISOGNO DI LEI. IO, IL REDENTORE, HO BISOGNO DI LEI PER CO-REDIMERE CON ME

Parla, Anima alla mia Anima:

"La Madre Mia, la Mia Beata Madre Addolorata, come *Co–Redentrice* intercederà per voi. Invocatela: è la Sua Ora di Proteggere i Suoi figli! Pregate, pregate, pregate che il Mio Pietro La proclami *Mediatrice di ogni Grazia*, perché Io, che Sono Gesù di Nazaret, Vero Dio e Vero Uomo, Le ho conferito ogni Grazia e ogni Potenza del Padre Mio per il vostro bene. Solo Lei può aiutarvi a prepararvi per questi momenti. Amen. Amen."...

Gesù guarda Giovanni e la Sua Anima gli parla:

"Vai! Dì a Mia Madre che ho bisogno di Lei. Io, Il *Redentore*, ho bisogno di Lei per Co-Redimere con Me. Vai, Mio amato Giovanni. Gesù di Nazaret."

Giovanni: "Sì, Signore Gesù."

Gesù: "Amen. Amen."

Corre. Gesù viene portato davanti a Pilato in quella stanza e Pilato interroga 'Gesù'. Lui non protesta e non risponde.

'Gesù' mi parla, Anima ad Anima:

"Figli di Dio, voi che siete i Miei fedeli, iniziate a portare le croci di coloro che cercano compassione.

Vedete come la Mia Beata Madre Co-Redime per voi. Porta la Mia Croce in silenzio per il vostro bene, per il vostro mondo oggi. Pregate, pregate, pregate che venga proclamata *Mediatrice di ogni Grazia, Co-Redentrice*, dal vostro Santo Padre, dal Mio Pietro, oggi chiamato da Me, Papa Francesco I. Amen. Amen."

Gesù mi guarda – Anima ad Anima, parla:

"Figlia, figlia, Cleophas Mia benedetta: Fa conoscere la vostra Santa Madre in tutti gli angoli della Terra. Falla conoscere, perché attraverso di Lei, conosceranno il Mio Amore e la Mia Compassione. Falla conoscere come Colei che co-Redime con Me, che ora sta soffrendo e che continuerà a soffrire anche dopo che sarò spirato per la Salvezza dei Miei figli, i Suoi figli"...

Lui guarda Sua Madre di nuovo. Anima ad Anima:

"Io Il Redentore, Tu Sei la *Co-Redentrice, Madre di Salvezza*. Ti supplico di Redimere le Anime che non sono ancora consapevoli della Mia Misericordia."

La Madonna non dice una parola, annuisce solamente.

"Amen, Amen." *Gesù risponde.*

Agonizza in questo momento, solleva la Sua Testa e guarda Giovanni il Discepolo: "Figlio, ecco Tua Madre, Madre, ecco Tuo Figlio![28] Da quest'ora in poi Tu sei La Madre di tutti i Redenti come *Mediatrice di ogni Grazia*. Ho conferito a Te Ogni Potenza e ogni Grazia. Sei l'Avvocata dei figli non ancora redenti che si

---

[28] Gv 19, 25-27

rivolgeranno a Te! Solo Tu puoi portarli a Me! Ti affido questa Missione, Madre Mia Beata. A Te li affido, Madre Mia Benedetta!"

La Madonna non ha nessuna parola da dire, Gli sorride solamente.

E l'Anima Sua Gli parla: "Avvenga per Me, serva nata da Te, secondo la Tua Parola. Amen. Amen. Amen." *(Venerdì Santo, 18 Aprile 2014)*

29. LE HO CONFERITO QUESTE GRAZIE PER IL VOSTRO MONDO PER I TEMPI DI PERSECUZIONE

Gesù mi guarda ora, e parla Anima ad Anima:

"Figlia Mia diletta, Cleophas, fa conoscere il Mio desiderio di salvezza delle Anime, affinché Mia Madre, la Mia Madre Beata, venga proclamata *Mediatrice di ogni Grazia, Co-Redentrice ed Avvocata*. Le ho conferito queste Grazie per il vostro Mondo per questi tempi di Persecuzione che sono contro di voi. Li vedrete aumentare.

Sappiate che il Piano nel quale avevo posto i segreti negli anni passati si sta compiendo ora. Non è necessario che lo sappiate: semplicemente pregate; è tutto a posto!

Solo nel giorno in cui il Mio Pietro proclamerà la Mia Santa Madre *Mediatrice di ogni Grazia, Madre di tutta l'Umanità, Co-Redentrice* ed *Avvocata* dinanzi a Me, che sono il Giudice Divino segnerà... coloro che sono nelle città - come in Giudea - dovranno fuggire verso le Montagne.[29] La Mia Chiesa dovrà ricorrere alla clandestinità. Mia Madre ed Io saremo con voi attraverso di Lei. Amen, Amen." *(Venerdì Santo, 18 Aprile 2014)*

---
[29] Mt 24,16 – Lc 21,21

30. È PER QUESTA RAGIONE CHE DESIDERO CHE I MESSAGGI VENGANO DIFFUSI

Parla la Madonna:

"Diletti figli Miei, Oh quale grande gioia Mi avete dato in questo giorno nel vedere il vostro amore e la vostra fedeltà! Nonostante la vostra debolezza, desiderate seguire il Divin Volere di Dio. È una grande gioia nel Cielo e lo sarà sulla Terra se continuerete in questo modo. Porterete frutto; ora fate solo come vi ho chiesto!

Specialmente di grande importanza sono i Messaggi! Di tutto ciò che avete chiesto ne vedrete i frutti quando i Messaggi inizieranno ad essere svelati e verranno resi noti ai Miei figli che attendono la Mia Parola. C'è molta confusione, c'è molta oscurità, e molti stanno seguendo falsi dei - sì, perfino i fedeli sono stati sviati! È per questa ragione che desidero che i Messaggi vengano diffusi. Vi Amo profondamente."

"Continuate in questo modo. Pregate, pregate molti Rosari! Pregate insieme, formate dei cenacoli che glorificheranno Dio, e la preghiera salirà a Dio. Non accettate compromessi, dite solo il vero!

Sono la Madre di Dio. Sono la vostra Madre Celeste, che vi Ama profondamente, l'*Immacolata Concezione*, la *Mediatrice di ogni Grazia*, *Co-Redentrice* ed *Avvocata* in Cielo.

Io aspetto il giorno in cui sarò proclamata tale dal vostro Santo Papa Francesco I, Sua Santità, affinché Io possa far cadere piogge di Grazie necessarie per il vostro mondo. Andate nella Pace del Mio Gesù.

Vi amo profondamente, ricordate solo di affidare tutto al Mio Cuore Immacolato. Amen." *(25 Giugno 2014)*

31. SIETE ORA ALLA SOGLIA DELLA GRANDE APOSTASIA

Parla la Madonna:

"Diletti figli Miei, sono scesa dai Cieli... Io desidero fortemente farvi conoscere la Volontà del Padre Nostro.

Diletti figli, desidero tantissimo ringraziare i Miei figli di predilezione qui presenti per ricevere le Mie Grazie. È grazie a voi che le Mie Grazie scorreranno lungo la Mia Veste, la Veste della Grazia, mentre oggi rilascio e svelo la Veste della Grazia, lo Scapolare sotto il nome di *Mediatrice di ogni Grazia* - sono Io.

Diletti figli, desidero anche ringraziare le Mie amate figlie qui presenti, scelte per guidare tutti i figli di Dio verso la Santità con Dio, verso le virtù della conoscenza che Dio Vi affiderà.

Sappiate e comprendete ora che desidero rendere noto il Volere di Dio ed il Piano Salvifico di Dio. Siete ora alla soglia della grande apostasia. Desidero che vi affidiate interamente a Me.

Benvenuti nella dimora del Mio Cuore Immacolato, qui vi salverò dalla crudele schiavitù del diavolo, che si è diffusa perché non sono stata proclamata *(Mediatrice di ogni Grazia, Co-Redentrice ed Avvocata)*, come la Russia non è stata consacrata al Mio Cuore Immacolato. Alla fine lo sarà, ed il Mio Cuore Immacolato trionferà nei giorni di persecuzione.

Sappiate e comprendete che sarò con voi solo se vi consacrerete al Mio Cuore Immacolato.

Dio desidera portare il Suo Piano Salvifico per il Mondo attraverso di Me. Sono La *Mediatrice di ogni Grazia, Co-Redentrice ed Avvocata*, la vostra Avvocata che si appella al Giudice Divino, il Mio Figlio Divino "Gesù" presente con voi nella

Santa Eucarestia, che sopporta molta sofferenza a causa della profanazione e delle messe nere che si innalzano ovunque.

Conoscete e comprendete questi tempi! Un grande dissenso discenderà su Pietro, la Roccia. Ci sarà divisione, e lo accuseranno ingiustamente di tutte le iniquità! Pregate, pregate, diletti figli Miei, pregate per il vostro Santo Padre, il successore di Pietro, la Roccia sulla quale Gesù, il Mio Figlio Divino, ha promesso di edificare Sua Chiesa, e le porte degli inferi non prevarranno.[30] Tuttavia l'ora sta giungendo ora - dovete comprendere questi momenti!

Desidero fortemente far saper a tutti i Miei figli di predilezione[31] qui presenti di rimanere in solidarietà con il Santo Padre, con i vostri Vescovi ed in comunione gli uni con gli altri. È grazie a voi che il Piano di Dio verrà svelato.

Desidero profondamente ringraziare il Mio diletto figlio di predilezione, il Vescovo di questa Diocesi, che Mi onora e Mi ha fatto conoscere nella terra di Fatima, Lo ringrazio immensamente.

Desidero far conoscere, come ho fatto conoscere nei giorni passati, che Batim, questo Santo Monte Ganxim, si trova *nell'ombra di Fatima*. È precursore del futuro. Ora potete comprendere: è la continuazione di Fatima dopo la persecuzione, verso l'era della Pace. Io che sono la Madre di Dio vi guiderò attraverso questi momenti. Amen."... *(13 Ottobre 2014)*

---

[30] Mt 16,18
[31] I Sacerdoti

ANNO 2015: È IL DESIDERIO
DEL MIO SACRO CUORE
DI PORTARVI SOLLIEVO;
PROCLAMATE MIA MADRE COME
MEDIATRICE DI OGNI GRAZIA,
CO-REDENTRICE ED AVVOCATA

32. CERCANDO DI GIOCARE A FARSI DIO, HANNO ABBRACCIATO IL SATANISMO

Parla Gesù:

"Pietro Mio, coraggio, sono con te, sono con te! Nei momenti in cui ti senti vuoto, rivolgiti alla Madre Beata: ti consolerà. È l'ora di persecuzione della Mia Chiesa, la Sposa Mia. Come vorrei che non fosse così! L'iniquità del genere umano ha raggiunto il climax e la preghiera è troppo carente per riportare tutto in ordine. È imminente che questa sofferenza si abbatta sui buoni e sui cattivi, su tutto il genere umano!

È il desiderio del Mio Sacro Cuore che tu prepari la Mia Chiesa, i Miei Agnelli, le Mie Pecore, delle quali tu sei il Pastore, perché in questi momenti comprendano, affinché rimangano fedeli.

Non è ancora il momento che tu abbandoni il Trono di Pietro, comunque l'ora arriva. Non avere paura, è il Signore, Gesù di Nazaret, ad averti dato le due Chiavi come successore del Primo Pietro.

È il desiderio del Mio Sacro Cuore che voi sveliate l'ultimo Dogma per Incoronare Il Cuore Immacolato di Mia Madre, la Mia Madre Santa, secondo la proclamazione nella quale sarà proclamata *Mediatrice di ogni Grazia, Co-Redentrice* ed *Avvocata*, perché così è in Cielo.

Io, Seconda Persona della Santissima Trinità in unione con La Prima Persona, il Padre Mio, e Lo Spirito Divino *(La Terza Persona)*, L'ho già incoronata in Cielo.

È l'ora del Suo potere per proteggere i Suoi figli, il *Resto*, anche se loro verranno sparpagliati come pecore;[32] tuttavia sarò con loro in ciò che è stato conosciuto come la *Chiesa clandestina*.

---

[32] Mt 26,31

Questa persecuzione non è come le altre che l'hanno preceduta e non ce ne saranno altre come questa, perché questa è l'iniquità e la malvagità del genere umano! Nel loro cammino in cui cercano di giocare a farsi dio, hanno abbracciato il Satanismo!

Pietro, Mio Pietro, Mio Papa che porta la Croce della Mia Chiesa, in unione con il Mio Pietro conosciuto come Papa Emerito Benedetto XVI, tu che sei Papa Francesco I, sono con te, sono Gesù di Nazaret, il Signore, in unione con il Padre Mio e lo Spirito Mio. La Mia Chiesa non sarà orfana e le porte degli inferi non prevarranno su di essa[33], perché Io Stesso dimorerò con essa in unione con lo Spirito di Mio Padre ed il Mio Spirito Santo, la Terza Persona della Santissima Trinità che dimorerà con essa sempre, per sempre. Amen." *(Primo Venerdì di Quaresima, 27 Febbraio 2015)*

33. PREGATE, PREGATE MOLTI ROSARI PER IL VOSTRO SANTO PADRE

Parla la Madonna:

"Ora sono giunta dinanzi a voi con grande gioia per ringraziare voi e tutti i Miei figli che hanno continuato a pregare i *'Tremila Ave Maria'* - questa devozione - per portare frutto affinché Io venga proclamata *Mediatrice di ogni Grazia, Co-Redentrice* ed *Avvocata* dal vostro Santo Padre, oggi Papa Francesco I; Sua Santità è anche bisognoso di molte preghiere!"

... e Lei si ferma... ed il Suo Cuore è come silenzioso: "Oh! Che sofferenza, Oh! Che sofferenza che il Mio diletto figlio di predilezione, Sua Santità, il vostro Santo Padre Papa Francesco, sopporta! Oh! Come lo caricano di accuse false! Pregate, figli Miei diletti, pregate, pregate molti Rosari per Lui; in questo modo la Sua forza continuerà. Amen." *(25 Marzo 2015)*

---

[33] Mt 16,18

34. PREPARATE LE MIE PECORE, I MIEI AGNELLI, PER QUESTA TERRIBILE PERSECUZIONE

Parla Gesù: "Piccola Mia, Cleophas, fa conoscere ciò che sto per farti conoscere.

Fallo conoscere ai Miei Pastori, fallo conoscere al vostro Santo Padre, il Mio Pietro conosciuto da voi come Papa Francesco I, fallo conoscere al Mio Pietro conosciuto da voi come *Papa Emerito* Benedetto XVI, il Mio *Pietro che prega* per il vostro mondo, per questi momenti, quando inizieranno. Sono Gesù di Nazaret. In questo giorno comprenderai dal primo momento in cui te lo rivelerò - Io Che Sono Il Sommo Sacerdote. voi che siete i Miei Sacerdoti che seguono i Miei passi: Seguitemi!

Voi che siete pescatori di uomini[34], dovete comprendere questi momenti ora - i segni dei vostri tempi! Dovete comprendere di preparare le Mie pecore, i Miei agnelli[35], per questa terribile persecuzione che si innalza e si abbatterà sulle nazioni! Nemmeno uno sfuggirà, perché questa persecuzione è il peccato dell'uomo ed il pianto degli innocenti che è giunto a Mio Padre ed a Me, Il Giudice Divino.

Preparate, preparate, preparate le vostre pecore, i vostri agnelli per questi momenti! Non abbiate paura, sono con voi, perfino nel Martirio. Coloro che stanno con voi dovranno soffrire! Non abbiate paura! Le vostre Chiese non staranno più in piedi come edifici. Vi verranno sottratte...

Non abbiate paura di non piacere agli uomini, perché sì, Io vi avverto e ve lo faccio sapere prima che accada: molti scapperanno, coloro che sono e parlano di sé stessi come fedeli.

---
[34] Mt 4,19
[35] Gv 21, 15-19

E l'ho fatto sapere a voi che le prostitute ed i pubblicani[36], quando sentiranno queste Parole, torneranno a Me!

Salva i Miei figli, coloro che ti ho affidato, ovunque tu sia, Mio Pastore. Non temere! Sono con te nonostante tutto fino alla fine[37] e la Mia Beata Madre che co-Redime con Me sarà con te così come Lei è con Me fino alla fine. Vi amo, Pastori Miei; sosterrò ognuno di voi.

Gesù di Nazaret, il Sommo Sacerdote[38] che voi Celebrerete in questo giorno nella Comunione con Me: Io Lo Sposo, voi le Mie Spose! Amen. Amen." *(Giovedì Santo, Venerdì Santo, 2-3 Aprile 2015)*

35. VI TRASCINERANNO, COME ORA VENGO TRASCINATO

Parla Gesù: "Miei Sacerdoti, ho sofferto profondamente questa notte per voi. Miei Apostoli, com'è pesante la Croce che grava su di voi ora! Non accettate compromessi, sappiate che ho sofferto per voi questa notte.

Vi trascineranno, come vengo trascinato ora, per le strade. Vi trascineranno e derideranno il vostro Sacerdozio. Tale sofferenza e tale Sangue purificheranno la Mia Chiesa dai peccati terribili di immoralità e sacrilegio e profanazione. Abbiate coraggio, sono con voi! Io, Il Sommo Sacerdote, ho sofferto per voi e per le Mie Pecore e per i Miei Agnelli[39]. Voi, Sacerdoti Miei, dovete fare lo stesso. Alcuni sfuggiranno questa notte come il Mio *Resto*. Pregate, pregate, pregate sempre. Amen. Amen." *(2-3 Aprile 2015)*

---

[36] Mt 21,31
[37] Mt 28,30
[38] Eb 4,14
[39] Gv 21, 15-19

36. LA MADONNA VI AIUTERÀ NELLE ORE DELLA VOSTRA PERSECUZIONE

Parla Gesù:

"Figlia, fa conoscere questo: sei così turbata, sei tanto perplessa, non c'è nessuno che ti aiuta? Non c'è nessuno con cui pregare eccetto il Mio diletto, che è appesantito da così tante preoccupazioni? Avete bisogno di molta preghiera.

Questo desidero farvi conoscere: "Mio Pietro, Mio diletto Pietro, ha adottato il nome di Papa Francesco I, ed è giusto, perché questo è il Mio desiderio per la Mia Chiesa. Sono Gesù di Nazaret, il Sommo Sacerdote che vuole farti conoscere che il Tuo viaggio verso il Calvario è iniziato, il Mio Spirito è con Te.

È a Te che ho affidato le due Chiavi della Mia Chiesa. È la Mia Madre Beata che aiuterà Te e le Mie pecore ed i Miei agnelli. È il desiderio del Mio Sacro Cuore che Tu La proclami *Mediatrice di ogni Grazia, Co-Redentrice* ed *Avvocata* per questi tempi. È grazie a Lei che molte Anime perdute torneranno all'ovile - delle quali Tu sei il Pastore.[40] Ti aiuterà nelle ore della Tua persecuzione. Non si abbatterà su di Te nessuna sofferenza che sia più grande della Mia Grazia in Te, Mio Pietro, che Amo."

"Sacerdoti Miei, Pastori Miei, apostoli Miei, è per voi: incarico le vostre Anime di accogliere la Divina Misericordia, Divina perché Mia, di Me che sono tutto Misericordia; e la rivelo ai Miei figli senza compromessi affinché loro possano ritornare e pentirsi dei loro peccati. Anche ora, il più indurito dei cuori può tornare, se solo lo renderete noto a loro. Sono con Voi. Amen. Amen." (*Giovedì Santo, Venerdì Santo, 2-3 Aprile 2015*)

---

[40] Gv 21, 15-17

37. MADRE, PORTERAI LA MIA CHIESA COME CO-REDENTRICE?

Gesù apre gli occhi, guarda i ladri e guarda giù. Si stanno dividendo i Suoi vestiti, facendo scommesse. A loro non importa di niente e di nessuno. Tirano a sorte per il Suo mantello. Gesù li guarda. "Padre, perdona loro, perché non sanno quello che fanno[41]", *dice, e china il capo.*

Guarda la Madre: "Madre, Madre" – *Anima ad Anima, Redentore a Co-Redentrice:* "Donna, ecco Tuo Figlio." *Guarda il Suo Apostolo preferito, Giovanni.* "Figlio – *Anima ad Anima:* Ecco Tua Madre.[42]"

Anima ad Anima, Gesù parla alla Madre: "La Mia Chiesa, la Mia Sposa... il Mio Pietro soffre immensamente per Me! Il Mio Pietro visibile, il Mio Pietro invisibile! Madre, porterai la Mia Chiesa come Co-Redentrice?" *La Madonna non esita:* "Avvenga per Me secondo la Tua Parola.[43]. Sì, Figlio Mio Divino." *Si china.*

Gesù parla alla Mia Anima: (Visione: Io sono sotto il Mantello della Madonna)

"Figlia, piccola Mia, Cleophas, ti ringrazio per aver dato te stessa alla sofferenza in questo modo per la Mia Sposa, la Chiesa, la Chiesa Cattolica ed il Mio Pietro, Papa Francesco I.

Fa sapere questo al Mio Pietro, il Mio Pietro che porta la Mia Croce in queste ore e cammina verso il Calvario con Me: 'Il desiderio del Mio Sacro Cuore è quello di darti sollievo, affinché proclami Mia Madre come Mediatrice di ogni Grazia, Co-Redentrice ed Avvocata'. La Santissima Trinità Le ha conferito questo. Vedrai sollievo giungere rapidamente ai fedeli ai quali tieni tanto, Mio Pietro. Ti amo. Gesù di Nazaret, il Sommo Sacerdote. Amen, Amen." *(Giovedì Santo, Venerdì Santo, 2-3 Aprile 2015)*

---

[41] Lc 23,34
[42] Gv 19,25-27
[43] Lc 1,38

38. CAMMINATE IN ARMONIA

Parla San Michele:

"Figli di predilezione di Dio, con la gioia di Dio vengo dinanzi a voi per complimentarmi con voi per il vostro diligente e zelante sforzo nel rimediare a tutto ciò che mancava in voi nei confronti della Grazia e dei Doni che la Nostra Beata Madre continua a conferirvi - queste Grazie e questi Doni - quando li aspettate da Lei, quando Glieli chiedete e quando La chiamate per finire quello che voi non avete finito.

Suo desiderio è ancora una volta quello di parlarvi, tuttavia devo farvi conoscere questo, affinché vi prepariate anche per la vostra Missione nella terra dei vostri antenati, chiedendo in ogni momento allo Spirito Divino del Nostro Dio di illuminarvi ed invocando la Mia presenza, per far sì che niente che non appartenga a Dio si infiltri nella Missione di Dio: sarò con voi costantemente e quando il pericolo sarà in agguato attorno a voi, quando lo percepirete - lo Spirito di Dio vi illuminerà in ogni momento - dovete invocare la Mia presenza recitando la Mia preghiera, la preghiera per invocarmi. Amen.

Sono San Michele, l'Arcangelo che sta dinanzi a Dio, alla Sua Destra, sempre alla Sua Presenza, ora dinanzi a voi sotto il comando e come Servo della *Mediatrice di ogni Grazia*, la *Madre del Nostro Dio*, la *Co-Redentrice* di tutti gli uomini che hanno bisogno della Sua intercessione ed *Avvocata* davanti al Trono Dio, il Giudice Divino, così che Dio veda in Lei una Madre amorevole che intercede per tutti i Suoi figli che invocano la Sua presenza con questo titolo! È anche con piacere e gioia della Sua Anima che vi faccio conoscere la Sua gioia, grazie a tutte le preghiere che si innalzano per questo proposito. Amen."

*

Parla la Madonna:

"Figli Miei diletti, vi ringrazio per aver risposto alla Mia richiesta di pregare per i bisogni del vostro mondo che ha disperatamente bisogno di preghiera, disperatamente bisogno di armonia e disperatamente bisogno di pace! Solo Io posso aiutarvi! Fate come vi ho chiesto e camminate in armonia.

È l'armonia che il Mio avversario odia, ed è in armonia che potete fare tutte le cose come le farei Io" ... "Vi amo profondamente. Sono la Madre di Dio. Sono la vostra Madre Celeste, sempre al vostro fianco, la *Mediatrice di ogni Grazia, Co-Redentrice* ed *Avvocata*, che attende quel momento del Mio essere proclamata tale sulla terra, affinché Io possa erogare la Mia Grazia sui figli di Dio che tanto ne hanno bisogno. Questo caos che si eleva in tutti gli angoli del mondo aumenterà ancora più frequentemente! L'uomo si innalzerà contro l'uomo e nazioni contro nazioni. Ci sarà molto spargimento di sangue..."
(13 Maggio 2015)

39. IL MONDO VIVE LAVORANDO, IN DISOBBEDIENZA AL COMANDAMENTO DI DIO

Parla San Michele:

Figli Miei diletti, per il saluto da parte della *Regina del Cielo*, la *Madre di Dio*, la Nostra Regina, Nostra Madre, sono San Michele, qui dinanzi a voi per ordine Suo, il Suo servo. Vengo oggi per portarvi il messaggio che Lei desidera farvi conoscere.

"Figli diletti, siete molto perplessi, molto stanchi, molto ansiosi! Non comprendete ancora che dovete affidare ogni cosa velocemente al Mio Cuore Immacolato quando vi avvengono; è per questa ragione che siete appesantiti! Molti sono gli atti per i quali vi darei il Mio consenso, ma le indicazioni sarebbero diverse dal vostro modo di pensare.

Figli diletti, occorre che voi sappiate e comprendiate di osservare il Santo Giorno del Sabato, eccetto per un situazione di malattia in cui dovete assistere un fratello o una sorella, e per le situazioni in cui i vostri fratelli, più vicini ad entrare alla Resurrezione, si trovano in punto di morte. Tutte le altre cose devono essere rimandate al giorno seguente. Riposatevi il Sabato! Insegnate agli altri a farlo, perché in che altro modo potrebbero saperlo? Il mondo vive lavorando, in disobbedienza al comandamento del riposo di Dio: perché Dio si riposò, quindi anche voi dovete farlo! Amen." *(17 Giugno 2015)*

40. OGNI VOLTA CHE IL ROSARIO VIENE RECITATO, POSSO LEGARE GLI SPIRITI

Parla San Michele:

"Diletti figli di Dio, quanto piace alla Nostra Madre Immacolata vedere oggi che il mondo La onora sotto il titolo di *Madonna del Santo Rosario*.[44]

Il Rosario è questa catena che sto tenendo. Con questo, ogni volta che il Rosario viene recitato, posso legare gli spiriti che sono gli avvocati di Satana e gettarli nel pozzo dell'abisso. È in vostro potere invocare la Nostra Santa Madre, la *Madre del Nostro Dio,* e Me, il Suo servo, per incatenare queste forze dell'oscurità, che spesso voi stessi invitate quando non affidate tutto al Suo Cuore Immacolato.

Vengo da voi in questo giorno a Sua richiesta per darvi una Parola di amore della Nostra Madre Celeste, per voi, i Suoi

---

[44] Festa della Madonna del Santo Rosario, 7 Ottobre

figli, figli di Dio. Sono San Michele, che sto alla Presenza di Dio, qui dinnanzi a voi sotto il comando della Madre di Dio. Amen." *(7 Ottobre 2015)*

41. SIETE ALLE ULTIME ORE DELLE DOGLIE DI UN TRAVAGLIO PESANTE: LA PERSECUZIONE PRIMA DELLA GRANDE APOSTASIA

Parla la Madonna:

"Figlia, ora fa sapere questo: diletti figli Miei, sono scesa dal Cielo ancora una volta e vi ringrazio per aver risposto alla Mia richiesta di presentarvi qui dinanzi a me nella Consacrazione al Mio Cuore Immacolato. Non vi abbandonerò! Vi assicuro del Mio amore Materno. Oggi vengo per farvi conoscere il Mio amore Materno, con il quale desidero riportare tutti i Miei figli a Dio. Dovete aiutarmi! Oggi vengo dinanzi a voi per assicurarvi che dovete invocarmi e Consacrarvi ogni mattino al Mio Cuore Immacolato, ed insegnare ai vostri fratelli questo modo - non vi abbandonerò! Vi guiderò attraverso questi momenti di persecuzione che si scatenano velocemente!

Figli di predilezione, siete alle ultime ore delle doglie di un pesante travaglio, la persecuzione prima della grande apostasia. Non siate turbati, non abbiate ansia, non abbiate paura! Sono con voi nonostante tutto!

Vi ringrazio, diletti figli Miei di predilezione, per essere venuti dinanzi a Me oggi. È grazie a Voi che i Miei diletti figli verranno a conoscenza della Misericordia di Dio - così sarà proclamato quest'anno da Sua Santità, il vostro Santo Padre, il Mio amato figlio Prediletto Papa Francesco I, in unione con il Papa Emerito Benedetto XVI, il Papa nascosto che prega per questo vostro mondo. Senza le Sue preghiere non potreste sopportare la sofferenza.

Figli diletti vengo dinanzi a voi per chiedervi, specialmente ora, voi, figli Miei di predilezione[45], di rimanere in solidarietà con i vostri Vescovi in tutte le Diocesi nelle quali Dio vi ha posto. E voi, cari figli Miei, siate obbedienti ai vostri Pastori. Fate attenzione a ciò che dicono, tornate ai Sacramenti, soprattutto alla Riconciliazione con Dio - è di maggior importanza -, e ricevete la Santa Eucarestia. Passate tanti momenti con il Figlio Mio Divino che vi aspetta.

Diletti figli, chiedo, particolarmente a voi Miei figli di predilezione ed a tutti i Religiosi, di rimanere in solidarietà con il Santo Padre. Lui vi guiderà durante questi momenti."

Visione: Oh! La Madonna sta aprendo l'Inferno. Ah! Oh... così tante Anime stanno morendo... Ah!

"Figli di predilezione, desidero che voi preghiate per i peccatori; tanti stanno cadendo nel pozzo dell'abisso, ed Io non posso salvarli. Aiutatemi, carissimi figli, e vi prometto la Mia fedeltà per assicurarvi felicità eterna con Dio.

Il Mio unico desiderio è di riportarvi al Mio Amato e Divino Figlio, Io che, come *Mediatrice di ogni Grazia, Co-Redentrice* ed *Avvocata* in Cielo, sto supplicando per voi e per il vostro mondo. Presto diventerà una proclamazione sulla terra, e vedrete allora la Potenza di Dio scendere su coloro che Mi sono fedeli. *(13 Ottobre 2015)*

---

[45] I Sacerdoti

ANNO 2016: PIACE AL MIO CUORE IMMACOLATO VEDERE LA DEVOZIONE DEL PRIMO SABATO CHE HO RIVELATO A FATIMA

42. QUESTA ROTTA PUÒ ESSERE INVERTITA ATTRAVERSO LA POTENZA DEL SANTO ROSARIO!

Parla La Madonna:

"Ho tanto desiderato questo momento. Come vorrei che tutti i Miei figli fossero fedeli in questo modo, ma non è così!

Desidero profondamente rivelare l'angoscia del Mio Cuore, il Mio Cuore Materno è preoccupato, preoccupato per così tanti dei Miei figli che non ascoltano la Mia richiesta, e che camminano lungo il sentiero della dannazione.[46]

Non è troppo tardi, figli Miei diletti. Abbandonate quel sentiero e tornate a Dio attraverso di Me, consacrando voi stessi al Mio Cuore Immacolato. Siete in grande pericolo! Non c'è più tempo per tali assurdità e tale malizia che state perseguendo come se aveste tutta l'eternità sulla terra. Non siete lontani dal vedere il pesante fardello sulle spalle del vostro Santo Padre, perché la grande apostasia è alle porte! L'abominio della desolazione[47] avverrà molto, molto presto!

Pregate, diletti figli, pregate! Molti di voi trascurano la preghiera. Pregate il Santo Rosario: conoscete la sua potenza! Vi posso aiutare in ogni cosa se solo recitate il Santo Rosario, fedeli a Me.

Figli diletti, siete alla soglia della terza guerra mondiale. Tuttavia vi posso aiutare se pregate il Santo Rosario. Persino questa rotta può essere invertita attraverso la potenza del Santo Rosario! Non è la via di Dio. La scelta è vostra. Dovete scegliere Dio ora! Quanto piango per voi e come desidero abbracciarvi, anche nella vostra miseria, anche quando Mi disonorate! Ho

---

[46] Mt 7,13
[47] Mc 13,14

tanta voglia di amarvi con il Mio Amore Materno e dolce. Non troverete questo Amore da nessun'altra parte, solo Io posso darvelo; perché Dio Mi ha dato ogni potere, ogni Grazia e tutti i Doni da conferire a voi. Non c'è pace nei vostri cuori, non c'è pace nelle vostre famiglie, non c'è pace nel mondo perché non c'è preghiera e non c'è Adorazione né Riverenza verso Gesù nel Santissimo Sacramento.

Le vostre Chiese sono vuote. Gesù è solo, che vi aspetta, per rispondere a voi e alle vostre richieste. Quanto desidera versare il Suo Amore su di voi, ma voi cercate altre vie per le quali non Lo troverete.

Pregate, diletti figli, pregate molto per il vostro Santo Padre. Oh! Quanto pesa su di Lui! Se solo sapeste quanto Amore ha per voi! Ha un tale Amore! Come il Salvatore Divino pronto a sacrificare la Sua Vita per voi, ognuno di voi che formate la Chiesa, la Sposa di Cristo, la Santa Madre, la Chiesa Cattolica.

Oggi vi invito entrambi, Cattolici e non-Cattolici, a venire ed a bere dalla Fontana della Misericordia di Dio; è per tutti i figli di Dio. Accoglietela e vedrete il suo frutto. Amen." *(1° gennaio 2016)*

*

Parla la Madonna:

"Piace al Mio Cuore Immacolato vedere la devozione del Primo Sabato che ho rivelato a Fatima, la devozione che Mio Figlio Divino Gesù ha rivelato per Me, a Me ed in Me - in cui troverete il vostro Salvatore. Vi porterò a Lui perfettamente e porterò molti figli a questa conoscenza. Questa devozione è di grande importanza in questi tempi per voi stessi, per le vostre famiglie e per il mondo. Amen.

Vi Amo profondamente, sono la Madre di Dio. Oggi la vostra Madre Santa, la Chiesa Cattolica Mi onora e Mi Venera come la *Madre di Dio* - sono Io - l'*Immacolata Concezione*, Maria Vergine di Nazaret, la *Mediatrice di ogni Grazia, Co-Redentrice* ed *Avvocata* nel Cielo, che attendo quell'ora sulla Terra in cui potrò distribuire tutti i Doni, la Grazia e la Potenza per resistere alla tentazione e combattere la lotta Spirituale contro le forze dell'oscurità - Satana stesso.

Io che lo distruggerò alla fine! Il Mio Cuore Immacolato Trionferà! Amen." *(1° gennaio 2016)*

43. PREPARATE IL MIO GREGGE, LE MIE PECORE!

Mentre soffre nella Sua Passione, Gesù parla agli Apostoli tutti:

"Diletti Sacerdoti Miei, proprio come ho parlato agli Apostoli - quando ho preannunziato la Mia Pasqua, l'Istituzione della Santa Eucarestia, la Mia Vera Carne ed il Mio Vero Sangue - quel giorno dei falsi profeti verranno in Mio Nome[48]: perché ne siano a conoscenza! Eppure ho già preannunziato della vostra preparazione!" *(Mentre gli Apostoli Gli chiedevano: quando avverrà tutto ciò?)*

Ve l'ho detto e l'ho detto chiaramente.

Questi giorni stanno sicuramente arrivando, e si avvicinano in fretta! A tutti gli Apostoli conosciuti come gli Apostoli Rossi Scarlatti[49] e a coloro conosciuti come quelli che indossano la Veste Porpora[50]: Preparate il Mio gregge, le Mie pecore, i Miei

---

[48] Mt 24,11
[49] I Cardinali. Il rosso scarlatto significa "la vostra prontezza ad agire con coraggio, fino allo spargimento del vostro sangue, per la crescita della fede Cristiana, per la pace e la tranquillità del popolo di Dio e per la libertà e la crescita della Sacra Chiesa Romana". (Papa Francesco ai nuovi Cardinali, 28.06.2018)
[50] I Vescovi

Agnelli[51], perché questi giorni si avvicinano e arrivano - come avete visto per le condizioni atmosferiche - ad una velocità allarmante! Non abbiate paura, Sono con voi nonostante tutto! La Mia Santa Madre vi porterà attraverso questi momenti. Fatela conoscere come la *Madre di Dio*, la *Mediatrice di tutta la Mia Grazia* che darà quello che viene da Me, da Me attraverso di Lei, come *Co-Redentrice* per intercedere per tutti i peccatori induriti.

La Sua sofferenza è ora[52] immensa, e come *Avvocata* pregherà dinanzi a Me per tutti i vostri bisogni e dinanzi al Padre Mio – Redentore e Co-Redentrice – Ora la Sua Missione inizia! Amen, Amen." *(25 Marzo 2016, Venerdì Santo)*

*

Mentre soffre per la Sua Passione, Gesù parla ai Suoi Sacerdoti:

"Sacerdoti Miei, Io, il Sommo Sacerdote nella linea di Melchidesech,[53] Vero Dio e Vero Uomo, Gesù di Nazaret, sappiatelo: vi avverto dei falsi profeti! Molti di voi hanno preso un via così spaventosa per tradire il Santo Padre, come falso Papa: non è così! Tornate al *porto della Verità*, lui è il Mio Pietro. La vostra fedeltà ed obbedienza verso di lui è necessaria perché diventiate Santi Strumenti, e perché portiate le vostre pecore alla santità. Ho già tracciato questo sentiero per voi!

A voi Seminaristi Miei, Decani Miei, chiedo lo stesso. Siate attenti: vi ho avvertito riguardo ai falsi profeti. Li riconoscerete dai loro frutti. L'obbedienza alla Santa Madre, alla Chiesa Cattolica, è necessaria! L'obbedienza al Santo Padre è necessaria, l'obbedienza ai vostri Superiori, ai vostri Vescovi ai quali sono affidate le Diocesi in cui vi trovate - Sono il Sommo Sacerdote.

---

[51] Gv 21, 15-19
[52] Ap 12,2
[53] Sal 110,4 – Eb 5,6 e 7,17

Voi che seguite i Miei passi, tornate, tornate alla Verità! È la Verità che vi renderà liberi[54], perché ora siete nella schiavitù e nell'ansia, perché la vostra strada è annebbiata da molte falsità!

Ho tracciato il sentiero per voi, seguite Me, Gesù di Nazaret, il Sommo Sacerdote. Oggi vi ricorderete del primo giorno, quando vi ho concesso la Mia Alleanza nel Mio Sangue e la Mia Vera Carne. Amen, Amen." *(25 Marzo 2016, Venerdì Santo)*

*

Vedo arrivare le guardie. Marciano. Passano lungo il Cenacolo. Gli Apostoli si alzano e guardano dalla finestra, e sono terrorizzati. Si assicurano che tutte le porte siano chiuse. Il Cuore della Nostra Beata Madre si spezza. Conosce questo momento, sa chi sono. Sa dove vanno.

Gli Apostoli arrivano da Lei correndo, e dicono, "Cosa facciamo?" La Madonna sorride nonostante tutta la paura, l'angoscia ed il dolore. "Non abbiate paura", risponde e dice loro di tornare indietro e riposare.

Lo Spirito Divino mi illumina ora in Parole scritte davanti a me...

Il ruolo della Madre di Dio, Mediatrice di ogni Grazia, Co-Redentrice ed Avvocata inizia, e loro non verranno a prendere i Suoi figli. Questa è l'interpretazione di come Lei proteggerà i Suoi figli e rafforzerà coloro che dovranno soffrire per la purificazione della Madre Santa, la Chiesa Cattolica.

La Visione si conclude. *(25 Marzo 2016, Venerdì Santo)*

*

---

[54] Gv 8,32

Gesù li guarda e parla loro:

"Siete venuti per arrestare il Figlio dell'Uomo come se fosse un bandito, un ladro?[55] Sappiate ora che questa è l'ora, e per questa ragione vi è concesso il potere di fare ciò."

Ora Gesù parla alla Mia Anima:

"Mio Papa, Mio Pietro, Francesco, Benedetto, Miei Cardinali, Miei Sacerdoti, Miei Apostoli, sappiate che state raggiungendo questo momento! Preparate le Mie pecore, preparatevi l'un l'altro perché molti di voi pagheranno il prezzo, sappiate che ho percorso questo sentiero!

Siete coloro che laveranno le proprie vesti con il Mio Sangue come Martiri[56] - il vostro sangue unito al Mio per la purificazione della Mia Sposa, la Mia Chiesa, la Chiesa Cattolica. Amen, Amen."

"Sacerdoti Miei, diletti Sacerdoti Miei, quest'ora si abbatterà su di voi! Preparatevi, preparatevi ed invocate la Mia Beata Madre affinché sia con voi in questi momenti, dato che ora Lei co-redime con Me nella preghiera. Abbiate coraggio, Io Sono con voi attraverso di Lei. Amen, Amen." *(25 Marzo 2016, Venerdì Santo)*

44. GESÙ DI NAZARET CHE SOFFRE OGGI DAL PRIMO VENERDÌ SANTO, IN RIPETIZIONE

Gesù, Anima alla mia Anima:

"In questo giorno, figlia, fa conoscere questo, piccola Mia, perché oggi venni concepito nel grembo di Mia Madre: sappiate e comprendete che questo è il modo in cui il Mio fedele *Resto*

---
[55] Mc 14,48
[56] Ap 7,14

sopporterà molte persecuzioni, sì, il *Resto*[57]. Loro Mi cercheranno e solo coloro che sono stati scelti dal Padre Mio rimarranno per portare avanti la Chiesa Domestica e la Chiesa Universale. Vi tratteranno come criminali, tanta sarà la durezza dei loro cuori, tanta sarà l'iniquità; persino il cuore del Faraone[58] era molto più morbido di quello di questi criminali.

Parlo a te, Mia *Chiesa clandestina*: sappiate e comprendete che Mia Madre sarà con voi, la Mia Madre Benedetta che ora co-redime con Me, anche in questa sofferenza. Sta soffrendo con Me. Prega per voi. Abbiate coraggio! Attraverso di Lei sarò con voi, e attraverso i Miei Sacerdoti sarò con voi nell'Eucarestia: la Mia Vera Carne ed il Mio Vero Sangue. Vi sosterrò, non vi lascerò orfani!

Abbiate coraggio! Pregate, recitate molte preghiere, recitate la preghiera che Mia Madre vi ha insegnato, conosciuta da voi come il Santo Rosario. È un'arma contro gli assalti dell'Inferno, perché sì, tutto l'Inferno si scatenerà nei prossimi giorni. Sappiate che vi ho detto queste cose prima che accadessero. Sono Gesù di Nazaret che soffre oggi[59] dal primo Venerdì Santo in ripetizione, per i crimini commessi in questo giorno, fino a questo giorno e fino alla fine dei tempi.

Sarò con voi, Gesù di Nazaret, il Sommo Sacerdote che soffre per la Sua Chiesa mentre Ella sopporta la purificazione da tutte le iniquità in cui è caduta. Amen. Amen."...

*

Iveta: Madonna, non lasciare che lui[60] *prenda la mia, queste Anime.*

---

[57] Ap 12,17
[58] Es 7,13
[59] Vedi Blaise Pascal: "Gesù sarà in agonia fino alla fine del mondo, non dobbiamo dormire durante quel periodo." (Pensees, Penguin books, 1966, p.313).
[60] Satana

Madonna: "Lui non lo farà, figlia, non lo farà. Sono qui. Tu le hai conquistate[61]. Ora esse sono Mie, la sua battaglia è contro Me, non contro te! Sei sotto il Mio Mantello e sotto la Mia protezione! Nessun male potrà avvicinarsi a te! È nello stesso modo che nessun male potrà avvicinarsi a nessuno dei Miei figli in quei giorni e nei giorni della *Chiesa clandestina,* se si consacreranno a Me. Io Stessa li difenderò - Gesù in Me ed attraverso Me in quei momenti!" *(Venerdì Santo, 25 Marzo 2016)*

45. NON ACCETTATE UN COMPROMESSO FACILE CON IL MONDO

Gesù parla, Anima ad Anima, mentre lo innalzano:

"Vedete, Mio diletto popolo, Mio *Resto* fedele, quanto Ho sofferto per voi? Accogliete la Mia Misericordia, pentitevi per le molte offese che avete commesso, sì, Sacerdoti Miei, Religiosi Miei; e tornate al porto della Verità! Non accettate un compromesso facile con il mondo. Entrate sempre per la via stretta[62]: questa è la strada che conduce alla Salvezza. È la strada dove la Mia Misericordia vi attende per abbracciarvi. E la Mia Madre, Che co-redime con Me oggi come nel Primo Venerdì Santo, aspetta alla porta, al cancello che conduce alla via stretta. Non entrate per la strada larga – la porta larga non appartiene a Me! Appartiene al padre della menzogna[63], ai falsi profeti che vi ingannerannno! Alzatevi anche se siete caduti, alzatevi ora ed accogliete la Mia Misericordia!

La vostra Consacrazione ogni mattino è di vitale importanza per voi, e di grande rilievo per comprendere il vostro commino verso la Santità, per portare la vostra Croce e seguirmi. Sono

---

[61] Le Anime per le quali Iveta stava pregando.
[62] Mt 7,14
[63] Gv 8,44

Gesù di Nazaret, Uomo-Dio che soffre come Dio-Uomo per le Mie Pecore, per i Miei Agnelli, Amen. Amen." ...

*

Gesù parla alle donne:

"Donne, non piangete per Me, piangete per voi stesse e per i vostri figli.[64]"

Ora Lo guardano come se non capissero cosa dice.

Anima ad Anima, Gesù mi parla:

"Diletta figlia che ora soffre con Me come Redentore, e con Mia Madre come *Co-Redentrice*, fa conoscere a tutti i Miei figli amati, le Mie madri, le Mie sorelle, che se loro non si pentono di tutte le loro offese e non accolgono la Mia Misericordia, non possono entrare nel Regno dei Cieli. Raddrizzate, figlie di Gerusalemme, figlie di Dio, le vostre vie! Pentitevi di tutto ciò in cui avete fallito e.... piangete per i vostri figli affinché possano accogliere la Mia Misericordia."...

*

Gesù mi parla ora, Anima ad Anima:

"Figlia, conosco le tue debolezze, ma la Mia Grazia è sufficiente. Portala con Me attraverso la Mia Madre Santa. Innumerevoli Anime sono state redente oggi[65], e molte torneranno quando capiranno quanto hai sofferto, ovvero, Io in te e Mia Madre in te, e tu in Noi. È la nostra sofferenza che porti per amore dei tuoi fratelli.

---

[64] Lc 23,28
[65] Iveta sta sopportando pesanti sofferenze. Vedi Col 1,24

Fa conoscere ora che è in questo stesso modo che molti di voi devono portare gli altri per proteggerli, e perché possano essere il *Resto*, e voi – Sacerdoti Miei, fedeli Miei– sarete gli Agnelli Sacrificali. Amen, Amen.

Gesù di Nazaret, Uomo-Dio, Dio-Uomo. Amen. Amen."
(*Venerdì Santo, 25 Marzo 2016*)

46. RINUNCIATE A QUESTO MODO DI VIVERE E ACCOGLIETE LA MIA MISERICORDIA

Anima ad Anima, Gesù parla:

"Diletti figli di Dio, molti di voi sono caduti in uno stato di immoralità e vivono nell'impurità, profanando il Tempio di Dio. Sappiate che ho sofferto[66] tutto ciò per voi ed ho abbracciato la vostra vergogna. Rinunciate a questo modo di vivere, e accogliete la Mia Misericordia venendo in Confessione per essere riconciliati a Me attraverso i Miei Sacerdoti. La Mia Madre Benedetta che co-redime vi coprirà con il Suo Mantello Immacolato e vi aiuterà a rialzarvi dalla vostra vergogna. Non è il tempo di continuare a vivere in questo modo.

Vi amo e soffro per voi! Accogliete la Mia Misericordia. Il vostro Santo Padre, il Mio Pietro in unione con il Mio Pietro nascosto, Papa Francesco e il Papa Emerito Benedetto, come li conoscete, hanno dichiarato quest'anno come *l'Anno della Misericordia*. Comprendono l'importanza di questo momento. Non sprecate questa opportunità, diletti figli di Dio. Tornate figli, tutti voi, di varie fedi, accogliete la Mia Misericordia e vivete in santità. Nemmeno ora è troppo tardi! Amen, Amen."

-----*Gesù si ferma*-----

---

[66] L'Agonia del Nostro Signore Gesù

Anima ad Anima, parla di nuovo:

"Mio *Resto*, fedeli Miei, non cercate facili compromessi con il mondo. Vi avverto: non lasciatevi ingannare dal fascino e dalla vita facile che il mondo sfoggia davanti a voi. Il Mio avversario ha convinto molti dei Miei figli di accogliere tale vita come mezzo di felicità! È una falsità, ed una falsa felicità! Non ci vorrà molto prima che vengano tutti gettati sul ciglio della strada! Pregate per queste Anime e non guardate loro come modelli da seguire, ma possano loro vedere voi come modello per abbracciare la verità.

Gesù di Nazaret, Io che accetto ora il momento travolgente della Mia Agonia, Vero Dio, Vero Uomo. Amen, Amen." *(Venerdì Santo, 25 Marzo 2016)*

47. L'ULTIMO DOGMA

Gesù parla Anima ad Anima:

"Mio Pietro di oggi, e anche tu Mio Pietro nascosto - Papa Francesco e *Papa Emerito* Benedetto XVI, come siete stati conosciuti sulla Terra e nei Cieli - abbiate coraggio quando vedete la situazione che non sapete come risolvere. Sono con voi nonostante tutto. Vi preparo per i momenti incombenti, per la *Chiesa clandestina* e per la continuazione della costruzione della Mia Città, conosciuta come *Città di Dio*.

Sono Gesù di Nazaret, il Sommo Sacerdote; Ho nominato te come Mio Pietro attraverso il Mio Spirito. La Mia Madre Santa continua a sostenerti: come è qui con Me, ti è sempre così vicina!

Chiedo sinceramente che venga proclamato l'*ultimo Dogma*, come è stato fatto conoscere, che sia proclamata *Mediatrice di ogni Grazia, Co-Redentrice* ed *Avvocata,* affinché possa erogare le Grazie a tutti i Miei figli per sopportare questi momenti con facilità. Amen, Amen."

Gesù parla, Anima ad Anima, con la Madre:

"Madre... Ah! Ah! Ti avrei risparmiato questo momento, ma devi portare il Mio *Resto*. Devi portare i Miei figli nel deserto[67] e prepararli... e camminare con loro verso di Me; tu capisci tutto ciò."

Annuisce e Gli chiede di non parlare. "Avvenga per Me secondo il Tuo Volere." *(Venerdì Santo, 25 Marzo 2016)*

48. QUESTA È L'UNDICESIMA ORA DELLA MISERICORDIA

Improvvisamente il ladro di destra rimprovera il ladro di sinistra per farlo stare in silenzio, dicendogli: "Ce lo meritiamo per i nostri crimini - questo Uomo è innocente.[68]

Guarda la Madonna, ne trae la sua forza, e guarda Gesù. Questa è la Misericordia: lo capisce. "Gesù, ricordati di me quando entri nel Tuo regno."

Gesù sorride:

"Oggi, sarai con Me in Paradiso."

Agonia... e Gesù parla, Anima ad Anima:

"Figlia, piccola Mia, fa conoscere la Mia Misericordia attraverso la Mia Madre Beata come *Co-Redentrice*. Come il buon ladrone – così è conosciuto -, molti abbraccino (la Mia

---
[67] Ap 12,14
[68] Lc 23,41

misericordia) e ritornino per essere riconciliati a Me, e saranno con Me in Paradiso un giorno, presto. Questa è l'undicesima ora della Misericordia.[69] È l'unica via per tornare. Mia Madre li aiuterà come ne ha aiutato tanti, perfino te."

Ti amo Gesù, Ti ringrazio, Ti ringrazio Signore.

"Amen, Amen"

Tutto il male sta avvenendo ovunque e una grande oscurità si abbatte[70]... L'ora di Gesù è alle porte e Lui lo sa.

"Madre!" *dice, Anima ad Anima.*

"Affido tutti i Miei Sacerdoti e tutto il *Resto* fedele a Te: prenditi cura di loro, la Mia ora si sta compiendo[71], ma la Tua è appena iniziata."

La Madonna lo guarda e dice:

"Avvenga per Me secondo il Tuo Volere.[72] Eccomi, dalla nascita serva Tua. Amen, Amen, Amen." (*25 Marzo 2016, Venerdì Santo*)

49. ORA, SAPPIATE E COMPRENDETE: QUANDO LA MISERICORDIA DIVINA FINIRÀ, LA FURIA DELLA GIUSTIZIA DIVINA SI MANIFESTERÀ

"Sono Colui che Sono, il Padre Eterno, conosciuto da voi attraverso il Mio Amato Figlio Gesù, nel Quale Mi sono compiaciuto[73] e che vi riconcilia a Me. Se seguirete questa

---

[69] Mt 20, 1-16
[70] Mt 27,45
[71] Gv 17,1
[72] Lc 1,38
[73] Mt 3,17

via, verrò con l'Amore dei Cieli – mentre vi aspetto, così che potremo condividere la Gloria Eterna.

Diletti figli Miei, sappiate e comprendete che Sono il Padre Eterno, Vero Dio nella Prima Persona, Tutto Luce, rivelando solamente Me Stesso."

Iveta ha una Visione: ed ora i Cieli si aprono... Ahhh!... e tutto ciò che vedo è la Luce Intensa ed il Trono di Dio. Ahhh!... Sono degna di vedere questo? Ahhh!...

"Qui è dove accolgo voi tutti, Miei figli. Andate e portate le pecore perdute![74] Chiamo soprattutto i Miei di predilezione[75], amati nel Vigneto[76], perché preparino tutti i Miei figli per questi momenti.

Voi tutti qui presenti, vi ringrazio, vi ringrazio con Amore Paterno, e desidero profondamente che preghiate per il compimento della proclamazione di questa Figlia che Mi ha compiaciuto" (*Lui indica ora la Beata Madre attraverso l'Arcangelo Michele*) "come *Mediatrice di ogni Grazia, Co-Redentrice* ed *Avvocata* per il vostro bene, affinché possa erogare le Grazie di cui avete bisogno in questi momenti.

Ora, sappiate e comprendete: quando la Misericordia Divina finirà[77], la furia della Giustizia Divina manifesterà. Le vostre preghiere sono di massima importanza per comprendere, per riconciliare i vostri fratelli con Me.

SONO COLUI CHE SONO, Il Padre Vostro Celeste, fatto conoscere a voi dal Mio Diletto Figlio Gesù. Amen." (*13 Ottobre 2016, Monte Batim, Goa, India*)

---

[74] Lc 15, 3-7
[75] I Sacerdoti
[76] Gv 15
[77] Mt 25, 1-12 ecc

50. LA CONSACRAZIONE AL MIO CUORE IMMACOLATO: È SEMPLICE FIGLI MIEI, SEMPLICE!

Parla la Madonna:

Diletti figli Miei, sono discesa ancora una volta, in questo giorno, per essere con voi, e desidero profondamente rimanere con voi mentre consacrate voi stessi, ognuno di voi, al Mio Cuore Immacolato. Ci sono molti qui che non capiscono la consacrazione al Mio Cuore Immacolato: è semplice, figli Miei, semplice! Semplicemente datemi il vostro cuore e ditemi di fare tutto ciò che Dio desidera per voi, ciò per cui siete stati creati, scambiando la vostra volontà per la Volontà Divina - e vi conformerò nell'Ordine e nella Grazia di Dio, e vi guiderò alla Santità, nella quale ognuno di voi è chiamato ad essere.
(14 Ottobre 2016, Monte Batim, Goa, India)

51. SOLO LA PREGHIERA PUÒ CANCELLARE QUESTO TERRIBILE DISASTRO

"Diletti figli, figli di Dio, Io Che Sono Gesù di Nazaret, che sacrificai la Mia Vita per ognuno di voi qui presenti e per tutti coloro che sentiranno queste Parole e le ascolteranno, coloro che accetteranno la Croce:

Ora comprendete che entrate in pesanti momenti di grande dolore, dolore perché l'uomo continua ad offendere il suo Dio – Io lo sono.

Siete sulla soglia della terza guerra mondiale: solo la preghiera può cancellare questo terribile disastro - perché vi moriranno buoni e cattivi.

Ai Miei amati figli di predilezione, i Miei Sacerdoti: sono il Diletto del Padre e voi siete i Suoi diletti attraverso di Me.

Se solo capiste il Potere che vi ho affidato! Non abbiate paura, siate coraggiosi, andate là fuori e conquistate Anime, e la vostra ricompensa vi aspetta in Cielo!

Ora la Grande Apostasia emergerà, il Governo Mondiale Unico emergerà; non abbiate paura! Mia Madre, la Mia Santa e Benedetta Madre, si prenderà cura di ognuno di voi se vi fidate e se vi affidate al Suo Cuore Immacolato, e se vi coprirete ogni giorno con il Suo Mantello Immacolato. Molti di voi affronteranno il *Martirio*: questo sarà il Sangue che dovrà essere versato per purificare la Mia Chiesa, la Sposa Mia!

Spose Mie, conosciute come Suore, Io vi amo. Rimanete obbedienti e sappiate che sono con voi; e guidate tutti i bambini a Me quando vengono da voi. Sono Gesù di Nazaret, la Seconda Persona del Dio Trinità - la Santa Trinità -: qui vi faccio conoscere la Mia Parola e presto Mi riceverete sotto le sembianze di Pane e Vino: la Mia Vera Carne e il Mio Vero Sangue, dati a voi per fortificarvi in questi momenti!

Ora voglio farvi conoscere il Mio desiderio: che preghiate e vi appelliate al vostro Santo Padre, il Mio diletto figlio di predilezione, Pietro, il Mio Pietro la Roccia sulla quale la Chiesa è fondata oggi[78], Sua Santità Papa Francesco I, in unione con il *Papa Emerito* Benedetto XVI, il Papa nascosto, affinché proclami la Mia Madre Benedetta come *Mediatrice di ogni Grazia, Co-Redentrice* ed *Avvocata*. Allora il Cielo si aprirà ed erogherà le Grazie necessarie per tutti i figli di Dio, per fortificarvi in questi momenti. Sono Gesù di Nazaret, il Sommo Sacerdote, Vero Dio e Vero Uomo. Vi amo tutti, fratelli Miei. Amen. Amen." *(14 Ottobre 2016, Monte Batim, Goa, India)*

---

[78] Mt 16,18

52. LO SPIRITO SANTO: NON LO TROVERETE DA NESSUNA PARTE SE NON NEL SILENZIO

Parla la Madonna:

"Diletti figli, ora desidero farvi conoscere il messaggio di Dio, dello Spirito Santo, Mio Sposo. Non lo troverete da nessuna parte se non nel silenzio. Lui è L'Autore della Fontana di Grazia e d'Amor di Dio. Lo riceverete attraverso le mani consacrate dei Miei diletti figli di predilezione, i Miei Sacerdoti, molti dei quali sono qui presenti oggi. Loro sono strumenti di guarigione per le vostre infermità.

Comprendetelo: attraverso la riconciliazione ha inizio la prima guarigione, viene poi l'unzione attraverso le loro Sante mani consacrate per rendere Gesù presente qui - affinché possiate essere fortificati con questa Grazia.

Lo Spirito Santo è l'Autore di questi tempi: vi farà conoscere ogni cosa chiaramente. Sappiate e comprendete che desidera solo il vostro silenzio: lì darà ogni conoscenza, ogni saggezza e comprensione che possiate desiderare, e lì comprenderete il bene ed il male.

Ora, diletti figli, preparatevi per ricevere lo Spirito Santo, mentre benedico un'altra Immagine - la 'Medaglia' - che è stata affidata al Mio diletto figlio di predilezione Padre Reverendo Conceição - Conceição per il Mio Nome, Immacolata Concezione. Lo amo profondamente e ora benedico la 'Medaglia'.

"IN NOMINE PATRIS ET FILII

ET SPIRITUS SANCTI. AMEN."

Questa 'Medaglia' ora andrà in tutto il Mondo attraverso di lui per la Venerazione. Amen." *(15 Ottobre 2016, Monte Batim, Goa, India)*

53. IL VOSTRO SANTO PADRE SARÀ SEMPRE CON VOI, ANCHE NEI MOMENTI PIÙ BUI

Parla la Madonna:

"Desidero profondamente che preghiate per il vostro Santo Padre, il Mio diletto figlio di predilezione, il Vescovo di Roma, Sua Santità Papa Francesco I, e anche il *Papa Emerito* Benedetto XVI, il Papa nascosto. Ci vuole molta preghiera: il nemico si alza, ma non sarà in grado di vincere fin quando non arriverà l'ora di Dio. Con ciò comprendete che il vostro Santo Padre sarà sempre con voi, anche nei momenti più bui della Santa Madre, la Chiesa Cattolica. Questo è tutto ciò che avete bisogno di sapere.

Non abbiate paura, non siate ansiosi! Semplicemente affidate tutto al Mio Cuore Immacolato e pregate, pregate, pregate, diletti figli, il Santo Rosario nelle vostre famiglie! Riunitevi nelle vostre comunità. Riunitevi su questo Santo Monte - perché attraverso di esso si può ottenere molto e Satana sarà tenuto lontano!

Diletti figli, sappiate e comprendete ora che entrate in un momento molto pesante sulla terra. La furia di Dio è sciolta, tuttavia grazie alle vostre preghiere posso acquistare questo momento, perché ci sia più tempo per la conversione di molti Miei figli che si sono perduti. È su di voi che metto questo giogo, perché preghiate per tutti i vostri fratelli e sorelle. Non venite meno! C'è sempre speranza in Dio. Vi amo profondamente.

Sono la *Madre di Dio*, la *Mediatrice di ogni Grazia, Co- Redentrice* ed *Avvocata* in Cielo, l'*Immacolata Concezione*: con questo potere schiaccerò Satana. Amen." *(15 Ottobre 2016, Monte Batim, Goa, India)*

ANNO 2017: VENGO PER INVITARTI A CO-REDIMERE CON ME, IO CHE SONO LA CO-REDENTRICE, UNITA A "GESÙ" IL REDENTORE

54. IL SOCIALISMO È DIVENTATO IL MODO DI VIVERE

Parla la Madonna:

"Diletta figlia, piccola, Mia e del Mio Gesù, desidero profondamente che questo Primo Venerdì di Quaresima dell'anno duemila diciassette, questo giorno, dal secondo giorno del terzo mese dell'anno duemila diciassette, alle ore 23:00, fino al terzo giorno del terzo mese dell'anno duemila diciassette alle ore 23, tu soffra per i feti non nati e per il terribile olocausto di bambini che vengono sacrificati[79].

Perché il socialismo[80] è diventato il modo di vivere e porta a questa terribile distruzione di famiglie e della Chiesa Domestica a opera del maligno, Satana stesso! State in guardia! Avvertite i Miei figli, che mi sono cari – io sono la loro Madre Celeste, che piange per loro!

Mi aiuterai, piccola Mia, Cleophas?" *(Mercoledì delle Ceneri, 1° marzo 2017)*

*

Parla la Madonna:

"Mia diletta figlia, piccola, Mia e del Mio Gesù, Cleophas, ancora una volta, vengo per invitarti a co-redimere con Me - Io, che sono la *Co-Redentrice*, unita a Gesù il *Redentore*.

Ti invito a soffrire come *Anima Vittima* per la Chiesa Universale, per il vostro Pietro regnante, il Mio diletto figlio di predilezione, il Vescovo di Roma, Sua Santità Papa Francesco I,

---

[79] Aborto
[80] Il socialismo può essere inteso qui come un'ideologia che pretende di portare giustizia e felicità in pienezza senza la grazia di Dio.

intendendo anche il *Papa Emerito* Benedetto XVI, il Papa nascosto, per le offese commesse dal clero e dai religiosi contro la Santa Virtù della Purezza, contro la nuova dottrina che vuole cambiare la Santa Virtù e le Verità degli insegnamenti della Sposa di Cristo, la Chiesa Cattolica, fatte conoscere a Lei ed attraverso Lei a tutti i suoi figli da Gesù Cristo, attraverso il Suo Spirito Santo.

Dovrai sopportare questo a partire dall'ora della Divina Misericordia, il sedicesimo giorno del terzo mese dell'anno duemila diciassette, fino alle ore 00:00 del diciottesimo giorno del terzo mese dell'anno duemila diciassette.

Sappiate e comprendete che questo sarà il modo in cui soffrire con questo scopo e per la riparazione alle offese commesse dai Sacerdoti e dalle Suore Religiose - per disobbedienza. Ed un grande peso di ansia è caduto sul vostro Santo Padre, oggi Papa Francesco I, Sua Santità, ed anche momenti di ansia sul Papa nascosto. Il Mio avversario li sta affliggendo in questo modo.

Così dovrà essere la prossima settimana e quella che segue. Mi aiuterai?" (*Mercoledì delle Ceneri, 1° marzo 2017*)

55. ABORTIRE UN BAMBINO È UN CRIMINE TERRIBILE VERSO L'AUTORE DELLA VITA

Abortire un bambino è un crimine terribile verso l'Autore della Vita. È un insulto verso Dio il fatto che una creatura uccida una creatura, specialmente che una madre uccida il suo stesso figlio per paura dell'uomo e per mancanza di Amore per Dio. Perfino questo Dio lo perdona se si pentono; tuttavia il riscatto deve essere pagato. Dio chiederà loro dei conti. Nessuno sfugge al giudizio di Dio.

La Madonna - quanto soffre! - ora parla:

"Come *Co-Redentrice*, per redimere così tante Anime che sono perse nel terribile inseguimento del Socialismo per compiacere i mortali e per paura dell'uomo, e che commettono una tale offesa, perse nei desideri della gratificazione della carne: questo crimine è così terribile, terribile ed in crescita ogni giorno! Se solo sapeste che dolore si è abbattuto sul genere umano a causa di questo peccato, e l'ira di Dio è sciolta![81] Attende solo la Mio rinunciare, nel senso che Io Stessa non riuscirò più a sopportare la sofferenza[82] del pianto del bambino innocente, ora completamente nel Mio Corpo che rimedia a questa sofferenza per ottenere da Dio il tempo, affinché le Anime si possano pentire. Non per molto tempo potrò sopportare ciò e lasciare che questo peccato si manifesti a questi livelli.

Pregate, figli, pregate, pregate tanti Rosari contro questo peccato che continua ad offendere Dio, l'Autore della Vita, al massimo livello. Satana li sta rapendo, ma attraverso la sofferenza di questa Mia piccola e di pochissime altre Anime che rispondono alla Mia chiamata ad essere vittime che co-redimono con Me, posso riscattare alcuni di loro. Tuttavia molti stanno cadendo nel fuoco dell'Inferno, perché la preghiera è carente! Sì, sì, Miei diletti figli, carente!

Desidero ringraziare tutti coloro che pregano. Sappiate che siete di grande importanza e che le vostre preghiere si innalzano per calmare l'ira di Dio e per far scendere la Sua Misericordia, anche su tali creature. Posso aprire i cuori di così tante madri che ora si pentono per ciò che hanno già commesso, ed oggi molte smetteranno di commettere tali crimini, lasciando che Dio sia l'Autore ed il Padre di questi bambini, come realmente Lui è. *(Venerdì dopo il Mercoledì delle Ceneri, 3 Marzo 2017)*

---

[81] Rm 2,5
[82] Ap 12,1

56. L'UNZIONE DELL'ANGELO SULLA FRONTE DEGLI ELETTI

Parla la Madonna:

"Questi sono coloro di cui si parla nelle Scritture come figli delle tenebre.[83] Vi farò conoscere, non temete! Sono con voi! A tutti coloro che hanno consacrato sé stessi al Mio Cuore Immacolato ed al Sacro Cuore di Gesù, il Mio Figlio Divino: Noi verremo a risiedere in voi, e vi aiuteremo contro queste forze.

Arriva il momento dell'unzione dell'Angelo che conferirà la croce sulla fronte degli Eletti.[84] Rimanete fedeli e non temete, anche se dovrete... subire la morte: la vostra Corona vi attende in Cielo.

Sono la *Madre di Dio*, la Vostra Madre Celeste, che soffre con voi, che co-redime con Gesù il Redentore, il Mio Divino Figlio. Amen." (*Venerdì dopo il Mercoledì delle Ceneri, 3 Marzo 2017*)

57. IL CUORE DI PAPA FRANCESCO È RADICATO NEL DIVIN SALVATORE

La Madonna parla:

"Diletta figlia Mia, piccola, Mia e del Mio Gesù, Cleophas, che ora co-redimi con Me, la *Co-Redentrice* unita a Gesù, il Mio Figlio Divino, il *Redentore*, che soffre per il vostro Santo Padre.

È con grande desiderio che voglio che facciate conoscere che tanta preghiera è necessaria per il Santo Padre, il Mio amato figlio, Sua Santità il Vescovo di Roma, Papa Francesco

---

[83] Ef 5,8 e 1 Ts 5,5
[84] Ap 7,3 e Ez 9, 4-6

I, in unione con *Papa Emerito* Benedetto XVI, il Papa nascosto. La sofferenza di oggi gli conferirà la Grazia della Forza d'Animo contro gli assalti dei fedeli che chiamano sé stessi 'fedeli', ma invece sono disobbedienti al suo Magistero. Lui è un Papa semplice. Il suo cuore è radicato nel Divin Salvatore, il suo Signore, Gesù il *Redentore,* come Salvatore Misericordioso. Lui giunge davanti a voi tutti in questo modo, Miei cari figli, per prepararvi prima che la Giustizia Divina si abbatta su di voi.

Quanto vi ama, anche fino a morirne. Se solo capiste ed accettaste il fatto che le vie di Dio non sono le vostre vie! Siate aperti a ricevere il suo messaggio d'Amore e Misericordia mentre prepara il gregge per la terribile persecuzione che si abbatterà su tutto il genere umano!

Vi amo profondamente! Pregate, pregate, pregate diletti figli! Pregate il Santo Rosario il più possibile, e non trascurate questa preghiera di molta importanza ora. Sono la *Madre di Dio,* la Vostra Madre Celeste che vi ama profondamente, la *Mediatrice di ogni Grazia, Co-Redentrice* che redime ora con questa piccola, Mia e del Mio Gesù per il vostro mondo. Amen." *(Primi Giovedì e Venerdì di Quaresima, 9-10 Marzo 2017)*

58. IL MIO AVVERSARIO È ENTRATO NEI CONVENTI

Parla Gesù:

"Mia Chiesa, cosa sei divenuta? Mie Spose, voi che siete conosciute come Suore, che siete fedeli a Me nella vostra virtù d'obbedienza a questa vocazione alla quale Io vi ho chiamate, e la vostra obbedienza alla virtù di purezza come Mie Spose, la vostra Purezza Verginale, pregate, Mie amate Spose, e sappiate che vi amo. Pregate per coloro che Mi hanno abbandonato e che cercano di essere ciò che era Maria di Magdala.

Loro si sono sottoposte a crimini ancora più grandi. Desiderano praticare abominio l'una con l'altra, riducendo sé stesse a tale schiavitù verso il Mio avversario, che è entrato nei conventi dove dimorate.

Spose Mie, rimanete fedeli a Me, anche se vedete quelle che causano scompiglio. Pregate per loro, non rimanete in silenzio! Riportate queste cose ai vostri Padri Spirituali ed al Vescovo della Diocesi nella quale ognuna di voi si trova. Questo crimine deve essere messo in luce, perché stanno conducendo molte che vengono per consolazione e consiglio a ciò, e presto sarà un'epidemia diffusa tra voi, questo abominio, e voi sarete cacciate da quelli che vi avevano supportato! E voi che avrete abusato di Me in questa maniera, sappiate che vi amo ancora, ma questo abominio vi costerà.[85]

Avete incatenato voi stesse come avete incatenato Me ora[86], ed avete dato l'estremità della catena al Mio avversario! Tuttavia la Mia Santa e Beata Madre, attraverso questa piccola Anima, prega per voi, affinché la vostra Anima sia salvata.

I vostri corpi saranno devastati come quelli dei teatri, degli anfiteatri dove si veniva gettati alle bestie selvagge nel passato. Ora quelli siete voi, ma se rinunciate a questo genere di abominio e Mi riconoscete come vostro Dio, salverò le vostre Anime a prezzo del Mio Sangue.

Sono Gesù di Nazaret che vi ama, che agonizza per voi in unione con la Mia Beata Madre che co-redime con Me, il *Redentore* - Lei la *Co-Redentrice*, e questa piccola co-redime con Lei per le vostre Anime.

Vi amo! Vi amo, Spose Mie. Amen. Amen." *(Terzo Venerdì di Quaresima, 24 Marzo 2017)*

---

[85] Mt 18, 6-9
[86] Gesù sta vivendo la Sua passione.

59. CO-REDENTRICE ED AVVOCATA

La Saggezza Divina è più grande di tutte le filosofie di questo mondo. Secondo questa, dobbiamo comprendere il ruolo della Madonna come *Mediatrice di ogni Grazia, Co-Redentrice* ed *Avvocata*.

Ora vediamo questa Saggezza, quando l'Angelo Gabriele venne e Le annunciò che Lei sarebbe diventata la Madre di Dio. Fu solo allora, mentre prima Lei non aveva conoscenza riguardo a chi Lei fosse o chi sarebbe diventata!

Questa *Porta Orientale*[87] venne progettata da Dio con Tutta la Grazia perché iniziasse il ruolo di *Mediatrice di ogni Grazia*. È attraverso di Lei che la Parola di Dio, che esisteva al principio[88] e che Si abbassò, entrò e fu concepita nel Suo Grembo[89]. Ora Lei Lo nutre di Tutta la Grazia per prepararlo al Ruolo di *Redentore* - il Salvatore del genere umano! Nel Suo Grembo, il Salvatore, il Dio *Redentore*, volle restare per nove mesi. Così Lei diventò la *Co-Redentrice*: intraprese il ruolo di sofferente e preparò il Divin Salvatore con Amore e Forza d'Animo per proseguire.

Poi La vediamo ai piedi della Croce, quando diventa Madre Nostra. Gesù Le affida San Giovanni, conosciuto come l'Evangelista, ai piedi della Croce[90], perché La prendesse come Madre, rendendola quindi la Madre di tutta l'umanità! Qui comprendiamo il Suo ruolo come *Avvocata* dinanzi a Lui.

Ora sul Monte dell'Ascensione[91], dove sta e Gesù ascende al Padre, mentre il Padre Lo riceve e Gli conferisce ciò che era Suo

---

[87] La Beata Vergine Maria è la "Porta Orientale" attraverso la quale la Parola di Dio viene a noi. Vedi Ez 43,4 e 47,2
[88] Gv 1, 1-2
[89] Lc 1, 31-42
[90] Gv 19, 25-27
[91] Lc 24, 50-51 ed At 1, 9-11

dal Principio⁹², prende ora il Suo posto come Re di Eterna Gloria e Giudice Divino⁹³: qui, ora, La vediamo come l'*Avvocata* di tutti noi figli di Dio, che intercederà davanti al Giudice Divino, un ruolo solenne che Lei ricopre e che ricoprirà nei giorni futuri. Amen."... (*Quarto Giovedì di Quaresima, 30 Marzo 2017*)

60. UNA TALE PUZZA DI IMPURITÀ SI INNALZA OGNI GIORNO!

Parla la Madonna:

"Diletti figli Miei, guardate quanto Dio vi ama! Attraverso questa piccola, la Misericordia di Dio vi viene rivelata ancora una volta. Quanto sta soffrendo la vostra Madre Celeste, soffrendo per voi con tutto il Mio Amore, affinché ritorniate a Dio!

Non lasciate che questi inganni vi inducano ad abbandonare la vostra eredità Celeste⁹⁴. Sì, questo peccato che avete commesso e quelli che pensate di commettere: Io vi prego con tutto il Mio Cuore Materno, non credete a questi inganni e suggerimenti di Satana di commettere questo atto di uccisione di un innocente nel vostro grembo. Non date consenso a tale abominio ed al paganesimo. Eppure, se lo avete fatto, implorate la Misericordia e tornate all'ordine della verità, confessandovi e pentendovi! E sì, cari figli Miei, voi che avete commesso questo crimine dovrete portarne la croce tutti i giorni della vostra vita, ma Io vi aiuterò a portarla! Io la porterò con voi, così grave è quest'offesa!

Sappiate che a causa dei pianti di questi bambini, i pianti degli innocenti, l'ira di Dio brucia... perché una tale puzza di impurità si innalza ogni giorno!

---

⁹² Gv 17, 5
⁹³ Mt 25, 31
⁹⁴ Mt 5,12 e Mc 10,21

Sappiate e comprendete, diletti figli Miei e tutti i Miei fedeli che pregano per la terribile offesa di questo peccato di impurità: la puzza del crimine è sia tra i fedeli sia tra gli infedeli; i fedeli per paura dell'uomo, e gli infedeli perché la loro coscienza è diventata così sbiadita che non capiscono ciò che fanno. Come per i pagani che seguono dèi pagani, è diventato uno stile di vita!

Oh! Come piango perché abbandoniate tale offesa contro Dio il Creatore. Qui, questa piccola co-redime con Me - la *Co-Redentrice* presso il *Redentore* - unite, offrendo Noi Stesse al *Redentore*, dinanzi a Dio Nostro Padre che vi ama così tanto! Riconoscete questo amore pentendovi!

Questo crimine si sta estendendo pure tra i Religiosi, ed alcuni dei Miei diletti figli di predilezione sono caduti nell'infedeltà davanti a Dio commettendo i peccati della carne ed arrendendosi a tale offesa davanti a Dio!

Pentitevi figli! Pentitevi! Pentitevi prima che sia troppo tardi![95] Sono la Vostra Madre Celeste che vi Ama profondamente, *Mediatrice di ogni Grazia*, conferitami dal Mio Figlio Divino il *Redentore*, Grazia e Verità in persona, *Co-Redentrice* unita al *Redentore*, *Avvocata* dinanzi all'Avvocato dinanzi a Dio Padre, il Giudice Divino: Sono la vostra *Avvocata* dinanzi al Giudice Gesù, il Giudice Divino e Supremo, che Giudica il pentimento del cuore!

Vi amo profondamente, soffro e prego per voi, attendendo il momento di essere proclamata *(Mediatrice di ogni Grazia, Co-Redentrice ed Avvocata)* sulla terra dal vostro Santo Padre, oggi Papa Francesco I, che soffre fortemente per ricondurvi a Dio, in unione col Papa nascosto, il Mio amato figlio di predilezione, il Papa Emerito Benedetto XVI. Amen." *(Quinto Venerdì di Quaresima, 7 Aprile 2017)*

---

[95] Mt 25, 1-13, ecc

61. SONO I BAMBINI CHE IL MIO AVVERSARIO CERCA DI DISTRUGGERE, IL FUTURO DEL VOSTRO MONDO

"Cari figli di Dio, Sono Dio nella Terza Persona della Santa Trinità, conosciuto da voi come Lo Spirito Santo. Sono lo Sposo dell'*Immacolata Concezione*. L'Amata Mia Sposa piange, il Suo Cuore Immacolato è lacerato dal dolore, perché così tanti figli Suoi L'hanno abbandonata ed hanno inventato insulti e scherni contro di Lei, e le spine dell'ingratitudine sono conficcate nel Suo Cuore Immacolato!

È il desiderio di Dio che vi impegniate molto per riscattare queste Anime, che aumentano sempre di più in numero!

Diffondete la devozione che vi è stata fatta conoscere dalla Seconda Persona della Santa Trinità, conosciuta come i *Primi Cinque Sabati* in riparazione per i peccati commessi contro il Cuore Immacolato di Maria, la Madre di Dio. Questa devozione porterà frutto se obbedirete, come vi è stato detto. Il riscatto di così tanti bambini, persi nel peccato, figli dei fedeli – bambini Cattolici – porterà anche alla conversione dei non-Cattolici, se pregherete per loro. È di grande importanza oggi nel vostro mondo, in cui il peccato devasta la vita familiare e getta nelle tenebre sempre più bambini. Il Cuore Immacolato della Mia Sposa sopporta le spine della corona che fu messa sulla testa della Seconda Persona della Santa Trinità[96], Gesù, Vero Dio, Vero Uomo, il *Redentore*; e Lei come *Co-Redentrice* sopporta questa sofferenza! Il Suo dolore è come quello di una donna in travaglio,[97] ma nel silenzio e attraverso le Anime Vittime conosciute da voi, come questa piccola che sta soffrendo con Lei in riparazione per la sofferenza del Cuore Immacolato di Maria, la *Madre di Dio*."

Che dolore!...

---

[96] Gv 19,2
[97] Ap 12,1 e Gv 16,21

"Questo dolore è come quello di una madre amorevole che piange in silenzio per i suoi bambini, alcuni dei quali, a causa della carenza di preghiera, non sono più; come il pianto di Rachele[98] conosciuto da voi prima della nascita e della sofferenza di Gesù, Vero Dio e Vero Uomo. Ora la *Nuova Eva*[99] piange per i Suoi bambini in unione con le vostre preghiere dei *'Primi Cinque Sabati'*, che sono di grande importanza per il vostro mondo.

Aumentate l'Adorazione dinanzi a Gesù! Consolerà il Cuore Immacolato[100] insieme al Sacro Cuore di Gesù, e le Anime saranno riscattate, specialmente quelle dei bambini. Sono i bambini che il Mio avversario cerca di distruggere, che sono il futuro del vostro mondo. Amen, Amen, Amen." *(Mercoledì della Settimana Santa, 12 Aprile 2017)*

62. I PRIMI CINQUE SABATI SUL SANTO MONTE DI MONTE BATIM

Parla la Madonna:

"Fa conoscere questo al Mio diletto figlio di predilezione, il Vescovo della tua Terra Ancestrale, Sua Grazia Filipe Neri Ferrao. Lo ringrazio immensamente attraverso i dolori del Mio Cuore Immacolato che soffre questo giorno per il vostro Mondo. Mi ha portato consolazione - desiderando e facendo conoscere il suo desiderio di compiacermi - consacrando Goa al Mio Cuore Immacolato, così come era stato fatto conoscere il desiderio del Mio Cuore Immacolato, diffondendolo a coloro che accoglie, in unione con lui, per rendere noto il loro desiderio unito al Suo: consacrare in tutta la terra Indiana, i Vescovi ed i Sacerdoti, i Laici assieme ai Religiosi, che si

---
[98] Figura Biblica della sofferenza della Madonna
[99] Rm 5,12-15 e gli Insegnamenti di Ireneo di Lione
[100] Della Madonna

uniranno nel giorno che segna ciò che è stato conosciuto come il Centenario dalla Mia Visitazione a Fatima. È un giorno di gioia; persino Io, che sono l'*Immacolata Concezione* e sopporto queste Spine nel Mio Cuore Immacolato, le Spine dell'ingratitudine, degli insulti e delle bestemmie contro la Mia Immacolata Concezione, gioirò nel ricevere questa consolazione! Perché Dio desidera questo!

Fagli anche conoscere, piccola, Mia e del Mio Gesù, Cleophas, di fare emergere la devozione dei Primi Cinque Sabati, come sono stati fatti conoscere sul Santo Monte di Monte Batim Ganxim, il luogo della Mia Visitazione, dove attendo ogni giorno che i Miei figli vengano a visitarmi - e attraverso di Me giungeranno ad un Amore più profondo per il Mio Figlio Divino Gesù, che li aspetta nella Santa Eucarestia. Lo amo profondamente e lo ringrazio immensamente, e attraverso di lui ringrazio tutti i Miei diletti figli, i Miei figli e figlie di predilezione, e tutti i Miei diletti figli che si uniranno nella celebrazione per consacrare la loro Diocesi e loro stessi al Mio Cuore Immacolato...

Sono la *Madre di Dio*, sono l'*Immacolata Concezione*, il cui Cuore Immacolato è addolorato per i Miei figli, ed è trafitto dalla Corona di Spine, la stessa Corona sopportata sulla Sacra testa di Gesù; come *Co-Redentrice*, redimendo con il *Redentore*, la *Mediatrice di ogni Grazia* ed *Avvocata* - aspetto quel momento in cui sarò proclamata tale sulla terra come lo sono in Cielo. Amen." *(Giovedì Santo, 13 Aprile 2017)*

63. PER CALMARE LA COLLERA DI DIO CHE E ACCESA CONTRO IL VOSTRO MONDO

"Diletti figli Miei, parlo attraverso questa Mia piccola esausta, che sopporta la sofferenza del Mio Cuore Immacolato in riparazione per le innumerevoli Anime, per riscattarle a Dio attraverso di Me.

Desidero profondamente farvi conoscere le gravi offese dei Miei figli e figlie di predilezione che si sono uniti - rattristando il Mio Cuore Immacolato - alle file di disobbedienza e di offese contro il Magistero, contro il Santo Padre, il vostro Santo Padre, oggi Papa Francesco I, che soffre molto! Pregate per il vostro Santo Padre, Io Mi appello a voi diletti figli Miei, fedeli Miei, perché preghiate per lui; pregate anche per il vostro Papa nascosto, Papa Benedetto XVI, che soffre anche lui molto per questi insulti. Le vostre preghiere ed ogni minima sofferenza e digiuno sono molto desiderate da Me come riparazione contro questi insulti, e per calmare la collera di Dio che è accesa contro il vostro mondo. Pregate, pregate, pregate molti Rosari! Offrite molte Ore Sante ed innalzate molti Santi Sacrifici!

Vi amo profondamente, sono la vostra Madre Celeste, la *Madre di Dio*, la *Mediatrice di ogni Grazia, Co-Redentrice* ed *Avvocata* in Cielo. Attendo le vostre preghiere sulla terra e di essere proclamata tale, affinché possa distribuire queste Grazie tra voi, diletti figli Miei, perché sopportiate la collera di Dio quando arriverà. Amen." *(Giovedì Santo, 13 Aprile 2017)*

64. RITORNATE A ME TRAMITE LA CONSACRAZIONE AL MIO CUORE IMMACOLATO OGNI MATTINO

Parla la Madonna:

"Diletti figli Miei, non comprendete ancora come Dio volle che il Mio Cuore Immacolato fosse il portale della Misericordia Divina e la strada che conduce alla Verità ed alla Grazia?

E voi, Miei diletti figli di predilezione, Miei Sacerdoti, e Mie dilette figlie di predilezione e Suore, non realizzate che abbiamo davvero poco, poco, poco tempo alla luce del giorno? Se pensate che il vostro mondo ora è nel caos, non avete ancora capito che un caos più grande si sta muovendo come un'onda altissima per distruggere i fedeli.

Incoraggiate la devozione al Mio Cuore Immacolato! È di grande importanza! Il Mio Cuore Materno desidera riunire i Miei figli che si sono allontanati da Me ed ancora non comprendono la via. Sì, ci sono altre vie che conducono alla Misericordia di Dio, ma sono vie estranee e profondità sconosciute, attraverso molte difficoltà; invece la via che passa per il Mio Cuore Immacolato è semplice. Ho sofferto per voi e soffrirò per voi ancora una volta questa notte.

Molti di voi cercano altre vie e tagliano il cordone ombelicale della Mia Grazia Materna! Voi, diletti figli Miei, tornate a Me attraverso la vostra consacrazione ogni mattino al Mio Cuore Immacolato. Dio ha scelto questa parte per voi, non cercatene nessun'altra! Vi condurrò in modo sicuro da Gesù, il Nostro Salvatore, il Mio Divin Figlio, il Nostro *Redentore* del quale sono *Co-Redentrice* - e Lui è l'*Avvocato* dinanzi a Dio Nostro Padre, ed Io la vostra *Avvocata* dinanzi a Lui, il Divin Giudice.

Comprendete questo e sarete in pace anche se ci sarà grande agitazione attorno a voi. Ho molto da dire attraverso questa piccola Mia.

Ora, cari figli, esaminate la vostra coscienza ed osservate che posto occupo in voi. Come potrete condurre i vostri fratelli e sorelle non-Cattolici, che sono persi rispetto a questa verità, la via, l'unica via? Prima la dovranno vedere in voi. Sono qui che attendo il vostro sì!

Vi amo profondamente. Sono la Madre di Dio, la vostra Madre Celeste, la *Mediatrice di ogni Grazia, Co-Redentrice* ed *Avvocata* in Cielo - aspetto le vostre preghiere perché sia proclamato sulla terra. Vi amo teneramente, ritornate a Me! Amen." (*Giovedì Santo, 13 Aprile 2017*)

65. RIVELERAI UNA GRANDE LUCE SULLA SOFFERENZA NECESSARIA PER REDIMERE LE ANIME PERSE NEL PECCATO

"Diletta figlia Cleophas, piccola, Mia e del Mio Gesù, sono la tua Madre Celeste, molto felice di te; desidero ora il tuo completo e totale abbandono. Anche i tuoi Padri Spirituali stanno pregando per questo. Totale abbandono! Non preoccuparti delle cose che ti circondano! Non essere ansiosa!

Oggi inizierai, dopo essere tornata dal Santo Sacrificio, in *memoria* di quel Primo Santo Sacrifico. Co-redimerai con Me *Co-Redentrice*, ed Io la *Co-Redentrice* con il *Redentore*, il Mio Divin Figlio Gesù. Comprenderai quanto è prezioso questo momento e, attraverso di te, rivelerai una grande luce sulla sofferenza necessaria per redimere le Anime perse nel peccato, e la conversione di cui si ha bisogno per portare coloro che ancora non hanno la conoscenza del Vero Dio Gesù, Vero Dio e Vero Uomo! Ora camminerai con l'Uomo-Dio - attraverso di Me, la *Co-Redentrice* - che è il *Redentore*, e tu co-redimerai con Me per comprendere il valore della sofferenza. Mi aiuterai?"

Iveta: Sì, Madre Santa, ho momenti d'ansia, e mi tengo occupata con parole e rumori perché ho paura di questa ansia. Sì, sono pronta; mi aiuterai ad aiutarti?

Parla la Madonna:

"Diletta figlia, gioisci! Porti una Croce per la quale sei stata creata. Sono qui con te. Non sei sola. Non capisci che il tuo amore è tanto grande da confortare il Mio Cuore Immacolato addolorato per il vostro mondo, perché così tanti dei tuoi fratelli e sorelle sono persi! Tu stessa ne vedi così tanti, ed oggi puoi aiutarli aiutando Me!

Ti amo ed accetto il tuo 'sì'. Ora, Mio diletto del Diletto, Felix Xavier, darai anche tu il tuo consenso, il tuo 'sì', per aiutarmi, aiutando questa piccola a sottoporsi a questa sofferenza? "

Felix Xavier: Sì, Madonna.

Parla la Madonna:

"Vi do il benvenuto nella Dimora del Mio Cuore Immacolato, per sentire anche il Mio Dolore. Quanto confortate il Mio Cuore Immacolato! Se solo capiste che questa è la devozione della quale ha più bisogno il vostro mondo! Vi ringrazio, Amen." *(13 Aprile 2017)*

66. SATANA DICHIARERÀ GUERRA E COMBATTERÀ CONTRO DI ME, OVVERO CONTRO I MIEI FIGLI

Parla la Madonna:

"Capisci, figlia, ciò che è imminente? Questo è ciò che vi aspetta nei giorni che segneranno l'aumento delle doglie della persecuzione: queste sono vicine, non abbiate paura; affidate tutto al Mio Cuore Immacolato e rifugiatevi in Esso! Sta per abbattersi l'ora in cui Satana dichiarerà guerra e combatterà contro di Me, ovvero contro i Miei figli – anche conosciuti come la *Chiesa Militante*. Alcuni di voi marceranno avanti ed andranno al Martirio, ed alcuni di voi si troveranno nell'angoscia mentre vi dirigete verso il Mio Rifugio. Rimanete sempre vicini a Me! Eccoti qui a co-redimere ora, piccola, Mia e del Mio Gesù, Cleophas, per comprendere questo momento. Amen."

Ora parla la Madonna:

"Sii aperta e in silenzio per sentire la Voce dello Spirito Santo, Mio Sposo. Vi farà conoscere dove dovrete rimanere ed attendere. Seguite ogni istruzione e direzione in cui vi condurrà. Non è il momento di dubitare! Coloro che dubiteranno cadranno nelle mani del Mio avversario e moriranno come Martiri. In quel momento sarà un'offerta in co-redenzione con Me, la *Co-Redentrice* in unione con il *Redentore*, Nostro Salvatore!"...

Ora dice la Madonna:

"Guarda, figlia"... *Lei mi mostra come i soldati arrestano coloro che seguono il Cristianesimo, i Cattolici! Stanno chiedendo loro di rinnegare la loro Fede in Gesù. Ci sono molti che lo faranno per paura!*

La Madonna parla:

"La tua sofferenza figlia Mia, diletta Mia, ora co-redime per loro, affinché prendano coraggio e non rinneghino la loro Fede."

Iveta: Sono appesantita, sono così pesante. La Madonna sta tenendo il Mantello Suo attorno a me e prega, mentre tutti gli altri si sono addormentati. La guardo e Lei sorride. Sa di questo peso -e che sto per addormentarmi.

La Santa Madre parla:

"Figlia, rimani sveglia con Me, prega, figlia, con Me."

*

"State ancora dormendo? Riposatevi, il Mio traditore è vicino."

.......Poi Lui (Gesù) si ritira e torna a pregare.

Pietro non è sicuro di riuscire a gestire ciò. Il Signore sta per lasciarlo al comando. Dentro di sé è quasi nella disperazione.

"Davvero il Signore intendeva dire che dovrò prendermi cura delle Sue pecore, dei Suoi agnelli? Guardami, Signore", sta dicendo, *"sono un miserabile peccatore, sono così debole"*, ed il Signore lo sente e parla alla sua Anima:

"Prendi coraggio Pietro, la Mia forza in te è sufficiente e non tradirà il tuo ruolo; farai ciò che ti ho chiesto. Abbi coraggio, questa notte sto soffrendo per te e per coloro che verranno dopo di te nella linea di successione, fino all'ultimo Pietro prima della profanazione sacrilega[101] che siederà su questo tuo trono."

Pietro ascolta, ma è confuso. "Cosa c'è Signore? Sono seduto sotto un albero nell'angoscia, e Tu parli di un trono."

Il Signore parla:

"Non lo comprendi ora, ma lo comprenderai tra un po'. Ora prega, prega, prega perché la carne è debole, ma lo spirito in te è pronto.[102]"

"Ora vedi, figlia,"

Parla la Madonna:

"Questa è l'angoscia, ed ora la sofferenza - stai co-redimendo con Me per il vostro Santo Padre...

Iveta: ... ma sono così debole, come posso aiutare? (Giovedì Santo, 13 Aprile 2017)

---

[101] Mc 13,14
[102] Mt 26,41

67. SOLO POCHI SACERDOTI E SUORE SARANNO RISPARMIATI

"Stai ancora dormendo, Pietro? Alzati, è ora! Il Figlio dell'Uomo è stato consegnato[103] nelle mani dei peccatori. Il Mio traditore è vicino, è alle porte, lo senti?"

Iveta: ... Che suoni orribili, fanno rumore come per cacciare via le creature... che rumori... clangore di piedi, colpi di spade, la marcia, gli scherni degli anziani, dei Farisei e degli altri che vengono con loro. Portano mazze, come fanno i poliziotti in India, i soldati hanno delle spade, ed arrivano. Giuda marcia davanti sorridendo; pensa che stia compiendo un atto meraviglioso. Ora dice loro: "Colui che bacio[104] è quello che cercate, ma siate gentili con Lui." ... e loro lo guardano con un tale sguardo beffardo. La parola "gentile" non è nei loro cuori, e lui arriva correndo. Pietro, Giacomo e Giovanni sono ora in piedi, sentono tutto, e nei loro cuori non sanno se dovrebbero scappare o restare, ma alla fine si fanno coraggio e rimangono. Sono le preghiere della Madonna a rafforzarli, come rafforzeranno noi... e Giuda arriva, Giuda Iscariota bacia il Signore sulla guancia ed il Signore dice: "Amico[105], perché hai fatto questo? Sappi che sarebbe stato meglio per te se non fossi mai nato[106], piuttosto che aver tradito il Figlio dell'Uomo."

... ed in men che non si dica, hanno afferrato le mani del Signore e Lo incatenano, legando entrambe le sue mani dietro la schiena.

Ora parla la Mamma Santa:

"Figlia diletta, ciò che vedi ora è il modo in cui molti dei Miei Sacerdoti, i Miei diletti figli di predilezione che Mi sono cari, saranno portati via. Pietro, Giacomo e Giovanni...

---

[103] Mc 13,14
[104] Mt 6,48
[105] Mt 26,50
[106] Mt 6,24

alcuni saranno risparmiati per un po', e, come Giovanni, alcuni saranno risparmiati perché vadano al Rifugio, per la preservazione della Chiesa Cattolica - e molti subiranno, come Pietro e Giacomo, la morte del Martire!"

Iveta: ... piangendo... Madonna!

La Mamma Santa parla:

"Fatti coraggio figlia, fatti coraggio!"

La Madonna piange... Iveta sta singhiozzando mentre la Madonna vede Suo Figlio che viene portato via.

Questo è Anima ad Anima, Mente a Mente, Cuore a Cuore della visione di ciò che Gesù e la Madonna stanno attraversando. Ora Lei mi dice:

"Capisci che co-Redimi con Me per i molti che moriranno e saranno portati via in questa maniera? Co-redimi per molti fratelli e sorelle che si tradiranno a vicenda, come sta scritto: Padre contro figlio, figlio contro padre, madre contro figlia, figlia contro suocera, fratello contro fratello[107]. Si metteranno a morte a vicenda e penseranno che stanno facendo il bene. Amen.

Adesso, figlia, Gesù verrà portato via ed accadrà ciò che avete conosciuto nel passato. In questo momento stai co-redimendo nella sofferenza del silenzio, mentre Lo metteranno in quella terribile cella di prigione, nella cella con un terribile puzzo. Ora molti supplicheranno e cercheranno un posto come quello, solo per trovare un rifugio dal loro dramma.

Sappi e comprendi ora: la furia del Mio avversario è accesa contro i Miei figli, contro la Mia Chiesa! Come la Mia

---

[107] Lc 12,53

ultima Visitazione a Fatima[108] segna la fine dei cento anni, conosciuti come Centenario, capirete ciò che sarà svelato, tutto è al suo posto!

Coloro che non danno ascolto periranno come il resto; i buoni ed i cattivi!

Ti amo, piccola Mia, ora soffrirai nell'angoscia silenziosa e pregheremo per tutti i Figli di predilezione e le Suore che soffrono in questo momento, perché solo pochi saranno risparmiati, come è stato prestabilito nel Piano di Dio! Amen."

Iveta: Morirò questa notte. Il mio corpo, il mio cuore, stanno soffrendo gravemente! Sto soffrendo, ansimando...

Parla la Madonna:

"Sì, figlia, stai soffrendo, ma non morirai: non è ancora la tua ora. Ora lascia che preghiamo..."

Iveta[109]: ... dammi dell'Acqua Santa (13 Aprile 2017, Giovedì Santo)

68. C'È SPERANZA, ANCHE PER QUESTO!

La Mamma Santa parla:

"Vedi ora che stai co-redimendo con Me, unita al Redentore?

Cara figlia, questa è la puzza dei peccati della carne e della distruzione di ogni famiglia umana che ha abbracciato questo stile di vita. Guarda l'oscurità in questa cella! Questa

---
[108] 13 Ottobre 2017
[109] A suo marito Felix

è l'oscurità della coscienza! Oggi, con questa tua sofferenza, assieme alla Mia ed al Nostro Salvatore Divino, Io come *Co-Redentrice* del Salvatore, il *Redentore*, e tu come piccolo vaso che co-redime, aprirai tanti cuori! Infrangerai l'oscurità in questi cuori! Il loro pentimento arriverà, ma l'unità della famiglia sarà spezzata!

Sappi anche, figlia, che questa sofferenza co-redentiva avvolgerà le famiglie che sono consacrate al Mio Cuore Immacolato, per portare loro la protezione di cui hanno bisogno, contro il mondo che giustifica tale stile di vita! Perfino gli animali hanno uno stile di vita migliore! Non c'è rispetto tra creature nelle unità familiari; si insultano tra di loro e pronunciano parole così cattive, come se fosse normale. Solo le preghiere possono portare queste Anime al pentimento, perché la preghiera infrangerà l'oscurità della loro coscienza!

La preghiera più efficace è il Santo Rosario! Smantellerà le tenebre della mente e del cuore, ripristinando la coscienza. Queste creature che continuano a vivere seguendo questo stile di vita - tra cui molti sono fedeli - si sono unite ai pagani!

Sappiate e comprendete che questi saranno coloro che, se non pregate, marceranno contro voi fedeli, per distruggervi - perché apparite a loro come una minaccia! Amen."

La Nostra Santa Madre parla:

"Diletti figli Miei, vi dico di abbandonare questo stile di vita. Non vi porterà alcuna gioia o pace, anche se ora pensate di essere in uno stato di felicità – che solo ripaga Satana, il Mio avversario. A tempo debito lui vi abbandonerà e vi lascerà desolati, e la vostra fede sarà suicida, perché questi peccati conducono solo alla convinzione di "nessun Dio" e che non c'è più vita -il che non è vero!

Vi supplico con Amore Materno di ritornare! Qui con Me oggi c'è vostra sorella Cleophas, che co-redime, vomitando sangue, affinché possiate ritornare! Tutto questo perché c'è speranza, c'è speranza anche per questo, perché il Nostro Gesù sta soffrendo così tanto, come fece quel Venerdì Santo! Lui continua a soffrire per il vostro mondo per farvi tornare indietro! Anche se ha sofferto una volta, se vi pentirete, la Sua Misericordia sarà per voi!

Sono qui come *Co-Redentrice*, intercedendo per aiutarvi! Attendo con lacrime, lacrime, il vostro 'Sì' e 'aiutami, Madre Santa' – è tutto ciò che aspetto di sentire, e vi aiuterò! Sono una Madre che vi ama! Non guardo la vostra miseria. Vi vestirò con la Mia Veste, la Mia Veste Immacolata, e vi aiuterò a ritornare! Amen."

"Vedi, figlia, quanto è importante pregare. Molti hanno abbandonato la preghiera! Quando pregate il Rosario, ho la possibilità di aprire le arterie ostruite dell'Anima. L'Anima è il cuore invisibile dell'uomo. Senza l'Anima, il cuore non può funzionare. La preghiera è come sangue del tutto nuovo. Il Mio Sangue – sono l'*Immacolata Concezione* - scorre nelle loro vene, nelle loro arterie, ed il Sangue, il Sangue Prezioso del Nostro Salvatore, rinnova l'Anima e la rinfresca! Amen." (*Giovedì Santo, 13 Aprile 2017*)

69. È NECESSARIO CHE TUTTI I MIEI FIGLI OFFRANO LA LORO SOFFERENZA PER CO-REDIMERE OGNI GIORNO

Parla la Madonna:

"Sì, figlia, ogni piccolo sacrificio, ogni piccola sofferenza, è una grande consolazione per il Signore, il *Redentore*! Sappi ora e comprendi che sei una parte del Corpo del Signore, proprio come Io sono una parte maggiore del Suo Corpo. Lui è la Testa, però Noi tutti siamo parte del Suo Corpo - quindi è necessario che tutti i Miei figli offrano la loro sofferenza per co-redimere ogni giorno delle loro vite, perché adesso è l'ora di farlo! Questa è la preghiera che ho insegnato ai bambini, i piccoli bambini Pastori a Fatima. Anche tutti voi dovete recitarla:

'O Mio Gesù, ti amo ed offro questa sofferenza per la conversione dei peccatori e per tutte le offese e gli insulti commessi contro il Cuore Immacolato di Maria. Amen.'

Recitate questa preghiera, cari figli, quando offrite la vostra sofferenza a Gesù e per consolare il Mio Cuore Immacolato. Questa preghiera farà scendere delle Grazie per portare la conversione. E tu, diletta figlia Mia, bacia la 'Medaglia'. Ora intercedo come *Co-Redentrice* per far scendere le Grazie per la conversione prima del *tempo*. Capisci ora: in unione a questa preghiera, bacia la 'Medaglia'. Ho fatto conoscere attraverso te le sue promesse a tutti i Miei cari figli che la indosseranno con fedeltà. Amen."

*

Ora Gesù parla alla mia Anima:

"Piccola Mia e della Mia Beata Madre, Cleophas, stai co-redimendo oggi attraverso la *Co-Redentrice*, Io il *Redentore*, capisci? È così che la persecuzione che è incominciata ovunque aumenterà e degenererà in modo allarmante! Si avvicina, anche nel paese in cui vivi. Molti saranno crocifissi ingiustamente! Non preparate alcuna difesa[110], lo Spirito Mio e di Mio Padre in Me verrà a risiedere in ognuno dei Miei figli, e parlerà attraverso di loro. È così che loro co-redimeranno per salvare coloro che sono gli Eletti prescelti per questi tempi della *'Chiesa Clandestina'*, sia Sacerdoti che Suore, le Mie Spose ed i Miei Fedeli. Molti di voi dovranno pagarne il prezzo!

---
[110] Lc 21,14

Ora pregate molto! Pregate, pregate, pregate nel modo insegnatovi dalla Mia Beata Madre, Mia Madre Addolorata! Come vorrei liberarla da questa angoscia, ma serve in questo momento, ora come *Co-Redentrice*, affinché vi aiuti nella vostra sofferenza a Co-Redimere molte Anime dei fedeli che sono cadute in preda al Mio avversario, e le Anime dei non-Cattolici che non Mi conoscono ancora come loro Dio. Loro verranno e verseranno perfino il loro sangue, rimarranno fedeli ai Miei insegnamenti e a quelli della Mia Santa Chiesa Cattolica, Mia Sposa. Amen."

*

"Dov'è? dov'è?" *dice la Mamma Santa.* "Vieni", *dice Giovanni, mentre si fa strada attraverso la folla, e giungono molto vicino alla piattaforma dove Gesù si trovava e dove tornerà prima di venire portato via per essere crocifisso.*

Maria di Magdala urla: "Non Lo crocifiggete! Non ha fatto nulla di male!" *E ce ne sono molti altri come lei... così stanno co-redimendo."*

La Madonna si gira verso di me e parla alla mia Anima:

"Figlia, piccola Mia, capisci ora che così sarà nei prossimi giorni in cui i Miei figli offriranno la loro sofferenza, nei momenti di persecuzione che sopporteremo, per co-redimere, per la purificazione necessaria per la Sposa di Cristo, la Chiesa Cattolica! Ciò che hanno fatto al Signore, lo faranno ai Sacerdoti! Loro Mi stanno prendendo in giro! Prenderanno in giro le Suore! Molti saranno messi a morte! Coloro che sono consacrati a Me, al Mio Cuore Immacolato, soffriranno, ma non saranno stuprati! Sono quelli non consacrati al Mio Cuore Immacolato che subiranno ciò, la terribile puzza dello stupro!"
(Giovedì Santo, 13 Aprile 2017)

70. VEGLIATE E FATE RIPARAZIONE PER TALI OFFESE!

La Madonna sta correndo. La vedo attraverso gli occhi della mia Anima. È andata al Pretorio per vedere Gesù, ma Lo hanno portato via in una stanza dove ora Gli faranno indossare la Sua veste e Lo prepareranno per la crocifissione. Lo deridono, sputano su di Lui, e Gesù non protesta. La Madonna arriva correndo. Giovanni annuisce alle guardie per lasciarla entrare e fa un cenno con le mani per "lasciatela, è la Madre", dice.

Lei vede tutto il Suo Sangue a terra e la carne Sua. Si toglie il velo ed asciuga il Sangue.

Giovanni e la Madonna stanno ripulendo tutte le pietre, e anche il pilastro. La Mamma Santa porta la Sua carne!

Ora parla alla mia Anima:

"Piccola, Mia e del Mio Gesù, Cleophas: così Gesù sarà tradito da molti! Pezzetti della Sua Sacra Carne vengono gettati a terra e calpestati! Che irriverenza! E coloro che fanno Comunione sacrilega fanno questo al Signore! Offrite molte Comunioni Sante ed innalzate Santi Sacrifici sul Santo Monte di Monte Batim in riparazione per tali offese! Tu stessa sii attenta, riparando per tali offese! Esse aumenteranno, romperanno i vostri Tabernacoli e spargeranno ovunque la Carne Sacra di Gesù! Hanno già iniziato! È per mano dei fedeli che sono caduti nelle grinfie di Satana, che Gesù soffre in questo modo!

Iveta: ... Madonna... Sto tremando, Madre!

Madre Santa: "Non avere paura, Sono qui."

Iveta: "Madre, come puoi dire questo? (piangendo). Guarda cosa stanno facendo a Gesù!"

Madre Santa: "Figlia!"

Parla alla mia Anima, ma guarda il Signore. "Rendi grazie a Dio Padre. È per i peccati dell'Uomo, i tuoi peccati ed i peccati di tutti i tuoi fratelli e sorelle, che questa sofferenza si è abbattuta su di te. Ora stai co-redimendo dopo esserti pentita dei tuoi peccati, e prega che molti facciano lo stesso. In questo modo, vinceremo Anime per Dio! Amen."

Oh!... Oh!... piangendo... Non L'ho mai visto così. Ahh...

La Madonna: "Questa è la conoscenza della Co-Redenzione; ora stai provando ciò da una prospettiva vicina." *(Giovedì Santo, 13 Aprile 2017)*

71. VEDETE QUANTO VALORE HA LA SOFFERENZA?

Ora parla Anima ad Anima, Co-Redentrice a Co-Redentore... Io sono solo un piccolo vaso.

Ora la Madre Santa mi parla, ed attraverso me a tutti gli altri che stanno co-redimendo.

"Diletti figli Miei, vedete quanto valore ha la sofferenza? Ne vedrete i frutti a tempo debito. Non preoccupatevi di essere consolati o di ricevere consolazione per le vostre preghiere o per la vostra sofferenza. Parlo a tutte le Anime Vittime: ora preoccupatevi solo di offrire la vostra sofferenza per la conversione dei peccatori, specialmente coloro che stanno diffondendo eresie e scismi nella Chiesa, la Chiesa Cattolica! È una grave offesa contro lo Spirito Santo, Mio Sposo.

Sappiate e conoscete ora: predicherete con la vostra vita, non con le vostre parole! Le Parole del Vangelo proferite nelle Scritture, il Santo Libro, la Santa Bibbia, come vi è stata fatta conoscere, è viva in voi, ognuno di voi!

Non mancate di consacrarvi al Mio Cuore Immacolato. È attraverso il Mio Cuore Immacolato che entrerete nel Sacro Cuore di Gesù, secondo la Volontà di Dio Nostro Padre, per patire la Sua sofferenza nella Sua Umanità come Uomo-Dio.

Vi amo tutti profondamente. Vi ringrazio per la vostra consolazione in questo momento. Amen."

*

Gesù mi parla, Anima ad Anima:

"Piccola Mia - che co-redimi con la Mia Beata Madre, la *Co-Redentrice*, assieme a Me il *Redentore* - quanto Mi consoli!"

Iveta: Io, Signore, che cosa ho da offrire? Ah!... Ingigantisco la mia sofferenza.

"No figlia, sbagli credendo questo, e non condividi i Miei pensieri. Tu nascondi molto la tua sofferenza, come è il ruolo della Mia Santa Madre, ed è giusto così. Si chiama sofferenza silenziosa, il modo di offrire sé stessi per redimere Anime!

Ora, mentre entri con Me, otterrai la Grazia per il vostro Padre, il Mio diletto Sacerdote, il Mio Pietro! Oh quanto soffre! Quanto avrei desiderato di avergli risparmiato questo momento, ma è nato per portare questa Croce. Lui non è solo. Mia madre sta co-redimendo come *Co-Redentrice* con lui ed anche con il Mio Pietro, il Papa nascosto, conosciuti da voi con questi nomi: il Papa regnante, ora il Pietro regnante, Papa Francesco I, ed il Papa nascosto, il Pietro nascosto, Papa Benedetto XVI.

La tua sofferenza, piccola Mia, anche se ti sembra così poca, riscatterà molte Anime, confortando quindi i loro cuori e rafforzandoli: Anime di Sacerdoti, Anime di Vescovi, Anime di Cardinali, Anime di Suore, Mie Spose che vogliono abbandonarmi e scegliere un altro Gesù che proclamano con la loro infedeltà verso di Me!

Sono Gesù di Nazaret, che prendo ora la Mia Croce per il vostro bene e per il bene di molti, come in quel Primo Venerdì Santo. Amen. Amen." *(Giovedì Santo, 13 Aprile 2017)*

72. IL SILENZIO È NECESSARIO PER ASCOLTARE IN OGNI MOMENTO IL MIO SPOSO, LO SPIRITO SANTO

Anima ad Anima, Cuore a Cuore, parla alla Madre:

"Madre, Madre, aiuta questi figli Miei. Mi vedono così, e non capiscono che è per il loro bene che sopporto questo, come stai facendo anche Tu! Ti amo Madre: benedetta Sei Tu tra tutte le Donne, perché hai dato alla luce il Figlio di Dio. Santa Sei Tu tra tutte le Donne, perché hai obbedito alla Volontà di Dio, co-redimendo con me ora come *Co-Redentrice*! Amen. Amen."

Ora la Madre Santa mi guarda e parla, Anima ad Anima - mentre la folla sembra essersi fermata.

"Piccola, Mia e del Mio Gesù, Cleophas, O diletta figlia, come è grande il tuo Amore! Hai obbedito alla Volontà di Dio. Hai sacrificato così tanto! Questa è la potenza co-redentiva con Me: la tua obbedienza e la tua fedeltà! Ecco la Grazia che conferirò al vostro Santo Padre, che è nell'angoscia per i numerosi figli di Dio che non obbediscono, a causa dei numerosi fedeli che lo condannano ingiustamente! Fatevi coraggio, ora avete bisogno solo della preghiera e del silenzio per ascoltare in ogni momento il Mio Sposo, lo Spirito Santo, che parlerà alla vostra Anima e riposerà nei vostri cuori quando Lo inviterete ad entrare!

Vi amo! Vi ho già fatto conoscere il modo per la Consacrazione al Mio Cuore Immacolato per tutte le Madri, per i loro bambini. Seguitelo e non preoccupatevi! Io, la Madre Celeste, Mi prenderò cura di loro e li proteggerò - e se voi interferirete come madri, non andrò contro la vostra volontà! Dovete abbandonarvi a Me, affinché Io possa fare tutto come una Madre amorevole, nella gentilezza e nella dolcezza, per riportarli a Dio nell'amorevole Misericordia. Amen."

*

La Madonna mi riporta a ciò che chiamiamo la "decima stazione", dove Gesù è svestito dei Suoi indumenti. Questo[111], Lei chiede ai soldati di non toglierlo... Dà loro ciò che è come il Suo secondo mantello - non quello in cui porta la Carne di Gesù - per coprire le Sue Sacre parti Intime.

Ora rivela Anima ad Anima:

"Diletta figlia, comprendi questo momento? Molti dei Miei figli soffriranno in questo modo. La carestia e la guerra che ancora devono venire porteranno questa sofferenza. Quanto vorrei prevenirlo, pregate solamente, pregate, pregate, figli Miei, pregate!"

Ora rivela: mi porta sul Monte Batim, Ganxim, questo Santo Monte, il Luogo delle Sue Visitazioni.

"Desidero profondamente che siano innalzati molti Santi Sacrifici per le numerose Anime che dovranno soffrire le conseguenze del peccato: guerre e carestie, pestilenze, guerre fatte dall'uomo e devastanti flagelli creati dall'uomo.

---

[111] L'indumento di Gesù che copre le Sue Sacre parti Intime.

Io desidero profondamente che i Miei figli portino avanti delle processioni per venerarmi, per le offese commesse contro la Mia Immacolata Concezione e contro il Mio Cuore Immacolato, gravi offese, rigettando quindi Dio nella Seconda Persona della Santissima Trinità, presente oggi tra voi nella Santissima Eucarestia!

Questo consolerà e porterà riparazione per consolare il Mio Cuore Immacolato e il Sacro Cuore di Gesù. Amen." (*Venerdì Santo, 14 Aprile 2017*)

73. TRE QUARTI DELLA TERRA SVANIRANNO!

"Diletti figli Miei, in questo Santo Mattino che è in memoria di quel Primo Santo sabato, vengo per implorarvi con urgenza di pregare, diletti figli!

Sappiate e comprendete che ci sono molti di voi che soffrono di diversi disturbi, e i vostri medici non sanno cosa fare con voi. Questa è l'ora in cui è possibile capire che potete co-redimere con Me, la *Co-Redentrice*, come sta facendo oggi questa piccola, Mia e del Mio Gesù, la vostra diletta sorella Cleophas - e come fa ogni volta che la chiamo a farlo.

Diletti figli, l'urgenza a cui vi chiamo e quella di pregare! Prendete la vostra arma, che è il Santo Rosario. È il vostro mezzo ora per pregare contro ciò che è acceso contro di voi, la guerra del male contro il male, un'insurrezione causata dall'avidità dell'Uomo.

Preparatevi, figli Miei, preparatevi ora! Prestate attenzione al Mio Messaggio di pregare, pregare, pregare - in solidarietà con i vostri Sacerdoti, le vostre Suore - il Santo Rosario; questa deve essere ora la chiamata d'urgenza a pregare, perché la terza guerra mondiale sta per iniziare!

Il Mio Cuore Materno piange perché tanti periranno! Tre quarti della Terra svaniranno e, da ciò che rimarrà, nel quarto restante, Dio sceglierà il *Resto*!

In questa guerra, creature e creazione saranno devastate! Ve lo chiedo con urgenza, con la supplica del Mio Cuore Materno: non abbiamo più tempo se non per prepararci, per preparare le Anime, vivendo ogni giorno uniti al Mio Cuore Immacolato. È di vitale importanza che voi consacriate voi stessi al Mio Cuore Immacolato e che vi prepariate incoraggiando la devozione dei *Primi Cinque Sabati* al Mio Cuore Immacolato, e vi partecipi un numero di persone più alto possibile - fino a quel momento cruciale in cui uomo si solleverà contro uomo.

Il genere umano non vedrà più il genere umano come lo vedono gli altri, ma come una minaccia alla loro avidità! Avete visto questo in piccole dosi, ma ora vi è una grande. Solo le vostre preghiere possono evitare questo male! I molti tra voi che possono digiunare e pregare, incoraggino questo momento di digiuno e preghiera durante i Primi Venerdì ed i Primi Sabati!

Sono la vostra Madre Celeste che prega oggi con molti di voi, che pregate e consolate il Mio Cuore Immacolato e il Sacro Cuore di Gesù. Presto celebrerete la Risurrezione, conosciuta da voi come la Santa Domenica di Pasqua, ma molti tra voi non vedranno questo giorno, perché la *guerra del male contro il male* è iniziata! Voi, figli Miei, siete diventati una minaccia per il maligno, e lui ha attratto molti dei fedeli alla sua corte, dando loro l'arma per annientarsi a vicenda, cosicché nazione annienterà nazione, e molti stanno percorrendo questa via di perdizione![112]

Sono qui con voi per percorrere questo momento con voi. Vi amo profondamente, Sono la Madre di Dio, la Madre addolorata di Misericordia per voi, la *Mediatrice di ogni Grazia, Co-Redentrice* ed *Avvocata,* in attesa del momento in cui potrò dispensare

---
[112] Mt 7,13

la Mia Grazia - ma voi non pregate, cari figli Miei, come vi ho fatto conoscere! Solo un piccolo gruppo prega i tremila "Ave Maria … Santa Maria…" per giungere al compimento! Vi benedico e vi ringrazio, e vi garantisco la Mia protezione Materna! Vi amo tutti profondamente – sono l'*Avvocata* vostra in Paradiso che vi ricorda queste cose, che intercede per voi nell'ultima ora di agonia. Amen." *(Sabato Santo, 15 Aprile 2017)*

74. RIPARATE DIGIUNANDO E PREGANDO PER CONSOLARE IL SACRO CUORE DI NOSTRO SIGNORE

"Diletti figli Miei, quanto il Mio Cuore Immacolato desidera essere amato da tutti gli uomini! Il Sacro Cuore di Gesù è ferito dall'ingratitudine e dall'abbandono dei Miei fedeli, e dalla carenza di preghiera dei Miei fedeli che non consolano il Sacro Cuore di Gesù Signore Nostro, e il Mio Cuore Immacolato!

Oggi vi chiedo, diletti figli di riparare digiunando e pregando per consolare il Sacro Cuore di Nostro Signore.

Ti chiedo, piccola, Mia e del Mio Gesù, Cleophas: soffrirai fino all'ora della Divina Misericordia per consolare il Sacro Cuore di Gesù che vive con voi in tutti i Tabernacoli del mondo ed è abbandonato in così tanti Tabernacoli?" *(Primo Venerdì, 7 Luglio 2017)*

75. I SUOI FIGLI VENUTI MENO ALLA FEDE

L'Arcangelo San Michele:

"Sono San Michele Arcangelo, conosciuto da voi, Colui che sta alla Presenza di Dio, qui al vostro cospetto su comando della Nostra Santissima e Beata Madre, della quale oggi celebriamo il compleanno all'unisono con la Chiesa Cattolica.

Vengo per chiedere a te, piccola di Dio, diletta Cleophas figlia della Beata Vergine Maria, diletta sorella nostra, di sopportare la sofferenza che si abbatterà su di te, che è già iniziata[113], fino all'ora della Divina Misericordia oggi, in riparazione per tutte le offese e l'ingratitudine che la Madonna riceve da tutti i Suoi figli venuti meno alla fede. Questi sono gli insulti con i quali l'Immacolata è terribilmente offesa - e Dio che vede ciò sta per punire il mondo con un pesante castigo, che è già incominciato e sta crescendo!"... *si ferma e sorride.*

"Oggi, cari figli, sopportate un digiuno - tu piccola della Madre Benedetta e del Signore Gesù, Cleophas, e tu diletto del Diletto, Felix Xavier - fino all'ora della Divina Misericordia. Questo digiuno sarà offerto per il vostro Santo Padre. Un peso immenso si abbatte su di lui per tutte le false accuse tra la Gerarchia!

Sarò con voi. Non vi lascerò! Invocate la Mia Presenza quando percepite pericolo o interferenza! Nell'ora della Divina Misericordia, la Madonna verrà e riceverà i meriti di questa sofferenza, e li porterà al Trono di Dio per riscattare Anime e per acquistare tempo, affinché possiate prepararvi! La aiuterete?" *(Natività della Beata Vergine Maria, 8 Settembre 2017)*

76. QUANTO SAREBBE DOLOROSO SENZA QUESTE PREGHIERE

Parla San Michele Arcangelo:

"Diletti figli di Dio, sono San Michele, il difensore degli eletti di Dio che sta alla Presenza di Dio, qui al vostro cospetto, anche servo di Maria, sempre Vergine, *Madre di Dio, Mediatrice di ogni Grazia, Co-Redentrice* ed *Avvocata* che attende questa proclamazione - ma Lei è già tutto ciò in Cielo, e intercede per il vostro mondo.

---

[113] Iveta era già nella sofferenza.

Lei è scesa ora dinanzi a voi per raccogliere questa sofferenza come preghiere per riscattare Anime nella Chiesa Universale e nella Chiesa Domestica. Oh! In che stato è la Chiesa Cattolica! Comunque le vostre preghiere e le preghiere di tutti i fedeli si innalzano per riscattare Anime per Dio. Sono qui al vostro cospetto per darvi il messaggio della Nostra Beata Madre..."

Parla la Madonna:

"Figlia Mia diletta, piccola, Mia e del Mio Gesù, Cleophas. Oh! Che profumo piacevole sei diventata offrendo tutta te stessa per la Chiesa Cattolica – entrambe quella Universale e quella Domestica! Oggi le tue preghiere e le preghiere del Mio diletto del Diletto, tuo marito Felix Xavier, e le preghiere di coloro che pregarono sul Santo Monte di Monte Batim-Ganxim, si innalzano per riscattare Anime della Chiesa Universale e della Chiesa Domestica.

Quanto sarebbe doloroso senza queste preghiere, perché i vostri pastori si sono persi e stanno guidando molti dei Miei figli verso la perdizione! Solo le vostre preghiere Mi sosterranno e Mi permetteranno di riportare queste Anime a Dio. Se solo sapeste quanto sono preziose le vostre preghiere e quanto è preziosa questa sofferenza! Io ti ringrazio, Mio diletto del Diletto, per aver dato il tuo 'Sì' ed il tuo consenso, anche se eri riluttante nella comprensione. Non vi competa sempre capire: dovete solo abbandonare tutto al Mio Cuore Immacolato. Se qualcosa non appartiene a Dio, lo distruggerò!

Sono l'*Immacolata Concezione*, e tutto ciò che viene affidato al Mio Cuore Immacolato, che non è nell'*ordine* di Grazia e Verità, sarà distrutto! Questa è la potenza affidatami.

Oggi è anche il compleanno di questa piccola ed è di massima importanza che tu capisca che, quando tornerete a casa dopo il Santo Sacrificio, rinnoviate le vostre promesse, le vostre promesse Battesimali. Lo comprenderete nei prossimi giorni. È opportuno ricordare quello che Dio ha fatto per voi!

Piccola, Mia e del Mio Gesù, ti ringrazio per avere risposto alla Mia richiesta, anche se soffri per le tenebre del tuo dubbio. Ci saranno molti momenti, conosciuti come le *notti buie* della vostra Anima, diletti figli. Quando affiderete tutto al Mio Cuore Immacolato, non vi verrà fatto alcun male, ed anche durante queste notti buie, camminerete nella Luce, perché la verità camminerà sempre dinanzi a voi come la Luce di Gesù, il Mio Divin Figlio.

Vi amo profondamente, Sono la *Madre di Dio*, la vostra Madre Celeste, insieme a tutti gli Angeli, ai Santi ed alla Santissima Trinità, che risiede nel Mio Cuore Immacolato. Vorrei conferire una Benedizione a te ed attraverso te, piccola Mia, alle Anime per le quali hai pregato e per le quali pregherai fino all'ora finale di questo giorno. Ricevi questa Benedizione: "IN NOMINE PATRIS ET FILII ET SPIRITUS SANCTI AMEN."

Dio Padre ti ringrazia, Dio Figlio ti ringrazia, lo Spirito Santo - il Mio Casto Sposo - ti ringrazia, San Giuseppe - il Mio Casto Sposo - ti ringrazia, tutti gli Angeli ed i Santi ti ringraziano, Io ti ringrazio, Mia diletta figlia, sono sempre vicina.

Non essere ansiosa, non essere turbata, ti amo profondamente! Amen."

*

Questo Messaggio è per tutti coloro che si riunirono sul Monte Batim-Ganxim (India)

"Diletti figli Miei, vi ringrazio per aver ricordato e commemorato questo giorno. In memoria della Mia prima Visitazione, siete saliti su questo Monte per pregare e per ringraziare Dio per Me - un Dono per voi come vostra Madre Celeste, sempre qui ad attendervi e per aiutarvi.

Semplicemente pregate per i vostri Pastori. Desidero profondamente che vengano innalzati molti Santi Sacrifici su questo Monte - e ne vedrete il frutto - attraverso i quali potrò salvare i peccatori dal cuore più indurito, e salverò anche coloro che non credono nella fede dell'insegnamento Cattolico, ma che sono Miei figli! Li amo molto. Ringrazio tutti coloro che sono conosciuti come non-Cattolici per essere saliti su questo Santo Monte. Sono la loro Madre e li amo: intercederò anche per loro! Vi benedico oggi e vi prometto di essere sempre con voi.

Si ferma a lungo e sospira...

"Ringrazio tutti coloro che non sono potuti venire, ma si sono comunque ricordati - i Miei figli di predilezione Religiosi e laici, e hanno pregato in memoria di questo giorno della Mia Visitazione su questo Santo Monte. Comprenderete il Piano Salvifico di Dio per il vostro mondo nei prossimi giorni.

Venite, diletti figli, venite numerosi, e fate delle Processioni, recitando il Santo Rosario!

Vi amo profondamente, Sono la *Madre di Dio*, la vostra Madre Celeste, la *Mediatrice di ogni Grazia*, *Co-Redentrice* ed *Avvocata* in Cielo – verrà conosciuto sulla terra come l'ultimo dogma, il quinto dogma[114], attraverso le vostre preghiere! Amen." (*Anniversario della prima Visitazione della Nostra Beata Madre sul Monte Batim, 24 Settembre 2017*)

---

[114] La "Maternità Divina" proclamata al Concilio di Efeso nel 431, l'aver concepito "senza nessun danno alla Sua Verginità, che rimase inviolata anche dopo la Sua nascita" (Concilio del Laterano, 649), l'Immacolata Concezione (vedi Costituzione "Ineffabilis Deus" dell'8 Dicembre 1854), e l'Assunzione della Beata Vergine Maria proclamata da Papa Pio XII, il 1° novembre 1950 nella sua Enciclica "Munificentissimus Deus". Il quinto Dogma proclamerà chi è la Beata Vergine Maria *per noi*.

77. IL VOSTRO MONDO È DIVENTATO UN MONDO DI OLOCAUSTO

L'Arcangelo Michele si china dinanzi a noi in segno di saluto e parla:

"Figli di Dio, siete come incenso che ora profuma il Trono di Dio, placando l'ira di Dio nel senso che viene acquistato tempo Celeste per riscattare Anime dalla schiavitù del peccato.

Sono San Michele, che sta nella Presenza di Dio, adesso qui al tuo cospetto, piccola, Mia e del Mio Gesù. Parlo nel nome della Nostra Santa Madre, della quale sono il servo! Per Me, sei la Mia diletta sorella Cleophas. Porto il messaggio che Lei desidera affidare attraverso di te a tutti i Suoi diletti figli. Continuerà fino alle ore tre (15:00), l'ora della Divina Misericordia.

Ora Egli comunica il Suo messaggio:

"Diletta figlia Mia, Cleophas, piccola, Mia e del Mio Gesù, quanto hai amato con l'Amore di Dio in te. Quanta è la tua sofferenza oggi! Ti sono stata vicina, anche se a momenti non ti fu concesso di sapere che ero qui. È una tale sofferenza! Oggi vengo dinanzi a te per ringraziarti per il tuo 'Sì' e per la tua fedeltà nel soffrire come Anima Vittima, unita al Mio Divin Figlio Gesù, il vostro Salvatore, il vostro Redentore - Io come *Co-Redentrice,* redimendo i Miei figli attraverso questa sofferenza!

I figli che ti sono stati fatti conoscere sono coloro nella vocazione del Santo Amore Matrimoniale, nei matrimoni oggi - i matrimoni cattolici nella Chiesa Domestica, i cui valori si stanno disintegrando! Oggi hai riscattato tanti di questi matrimoni, salvando i figli che erano minacciati di essere abortiti! Abortiti a causa di pensieri che seguono il modo di pensare del mondo, con valori insufficienti nei Matrimoni Cattolici!

La vita è minacciata, e perfino usata per olocausti, sacrifici a Satana! Oggi devi capire che questi bambini stavano per essere abortiti, e hai sofferto i tormenti della mente e l'ansia di queste donne, Mie figlie dilette, che non comprendono il valore della Vita, e quanto preziosa essa è in loro! Questi sono futuri Sacerdoti e Suore che oggi sarebbero stati uccisi!

A loro mancano Valori perché loro non si sentono amate, desiderate, perché viene data loro la convinzione che in esse ci sia anormalità; tuttavia, invece di rivolgersi a Dio, si rivolgono all'abominio dell'uccisione di questi bambini, conosciuto come aborto, come mezzo rapido per sbarazzarsi di questo bambino, senza capire che stanno offendendo Dio, Nostro Padre, il datore di questa vita!

Diletti figli, quanto vi amo, tornate a Me! Sono vostra Madre, la Madre vostra Celeste; anche quando siete in quella angoscia, rivolgetevi a Me! Vi aiuterò! Non commettete un tale abominio, per il quale paghereste il prezzo fino all'ultimo respiro sulla terra. che riparazione è necessaria!"

Ora si ferma e piange! Piange... Oh Madre!... lacrime, lacrime di Sangue scorrono sulle Sue guance... tale è il dolore in Lei... piangendo... e l'angoscia per salvare questi bambini!...

"Vi ringrazio, diletti figli, per aver scelto di non abortire questi bambini, ma per averli accettati come una Croce, una Croce Gioiosa... e la Grazia vi sarà concessa! Ai padri di questi bambini, i padri terrestri: siete solo uno strumento! Accettate questo bambino nella vostra vita oggi! Dio vi darà tutto ciò di cui avrete bisogno. Il Suo Amore è sufficiente; la Sua Grazia vi aiuterà con tutti i bisogni di questi bambini. Non date il consenso a tale abominio! Il vostro mondo è diventato un mondo di olocausto di questo tipo! Non seguite il consiglio o il sentiero malvagio che conduce solo all'Inferno, dove Satana vi attende!

Vi amo profondamente, vi ringrazio. Amen."

Mi sorride...

"Sono la *Madre di Dio*, sono la vostra Madre Celeste, la Madre di tutti i figli di Dio, la Madre di tutta l'umanità, intercedo per voi nella vostra vocazione al Santo Matrimonio - come l'intende il Matrimonio Cattolico - come *Co-Redentrice, Mediatrice di ogni Grazia,* per garantirvi le Grazie che vi mancano, e *Avvocata* dinanzi al Giudice Divino quando continuate ad offenderlo andando per le vie del mondo, affinché possiate abbandonare questo sentiero ed accettare il giogo che è leggero e senza peso! Sono qui per guidarvi - la Madre vostra Celeste che vi ama profondamente! Amen."

Ora, San Michele ripete: "Amen." Vede ed io ora vedo le Anime che stanno ascendendo – le Anime di questi aborti – verso il Cielo, perché prima, oggi, mi era stata concessa la Grazia di fare un Battesimo Spirituale, dando loro nomi dei Santi ed il nome della Nostra Santa Madre, come Maria, Giuseppe, Giovanni, Maddalena, Giacinta, Caterina, Davide, Giacobbe. Amen.

La Visione si chiude... la sofferenza continua fino all'ora della Divina Misericordia, alle ore 15 (Primo Venerdì di Ottobre, 6 Ottobre 2017)

ANNO 2018: SOLAMENTE LEI, COME MEDIATRICE E MADRE DI DIO, LA DONNA VESTITA DI SOLE, CHE ALLA FINE SCHIACCERÀ LA TESTA DI SATANA, PUÒ NASCONDERVI E SALVARVI

78. MOLTI STANNO CADENDO NELL'OSCURITÀ PERCHÉ NON COMPRENDONO QUESTI MOMENTI!

Ora vedo la Madonna arrivare prima dell'ora della Divina Misericordia, e viene per ricevere questa Sofferenza per il Santo Padre, mentre adesso l'Arcangelo Gabriele, il mio secondo Angelo Custode[115], porta il 'Messaggio', le le Sue Parole per noi:

"Diletti figli Miei, se solo capiste quanto consolate Me e Nostro Signore pregando per il Santo Padre, lo fareste più frequentemente in questi tempi, mentre la persecuzione sta crescendo e la terribile puzza di scisma nella Chiesa Cattolica si sta diffondendo come un incendio, come gli umani lo chiamerebbero. E molti vi stanno cadendo, senza neanche rendersene conto o capirlo! Coloro che sostengono di avere discernimento non ne hanno, perché stanno cadendo nel pettegolezzo e nella moda di appartenere e di percorrere questo sentiero di perdizione.[116] Pregate, diletti figli, pregate per rimanere obbedienti! Pregate per le loro Anime, pregate per la loro conversione!"

... Poi si ferma e mi guarda.

"Desidero profondamente, piccola, Mia e del Mio Gesù, Cleophas, ringraziarti per esserti sottoposta a questo tipo di obbedienza da un momento all'altro - anche se capisco che non hai compreso la visione che ti fu presentata al Santo Sacrificio del Santo Padre - tuttavia ne hai ricevuto la comprensione quando l'hai presentata al tuo sposo, il Mio diletto del Diletto, Felix Xavier, il cui discernimento fu chiaro, perché era in preghiera - e lo ringrazio immensamente per aver pregato per il Santo Padre in un modo fervente e diligente, innalzando questa preghiera, il Santo Rosario e gli Ave Maria - i tremila Ave Maria.

---

[115] L'Arcangelo Gabriele venne dato ad Iveta come secondo Angelo Custode per aiutarla nella sua sofferenza: Iveta può darGli la sua pesante sofferenza.
[116] Mt 7,13

Che profumo meraviglioso di incenso e preghiera si è innalzato per il Santo Padre! Ed ora, uniti a questa sofferenza, acquisterete molta forza, se solo capirete quanto è importante per voi rimanere nascosti e in preghiera. Siete spesso tentati di *appartenere* (al mondo) e di andare fuori per fare conoscere la Parola di Dio. Avverrà, figli Miei. Fate solo ciò che vi ho chiesto!

Ti ringrazio ancora una volta, Mio diletto del Diletto, per avere risposto diligentemente alla Mia richiesta di fare conoscere questi Messaggi e per averli messi in ordine. È di grande importanza, perché la luce del giorno si sta accorciando, il buio sta aumentando, e molti stanno cadendo nell'oscurità perché non comprendono questi momenti! Insegna loro, Mio diletto del Diletto, come comprendere il Mio messaggio, già fatto conoscere loro nel libro intitolato: *'La Misericordia di Dio e la Chiamata a Ritornare al Porto della Verità.'*

Qui comprenderanno che bisogna rimanere obbedienti e fedeli al Santo Magistero ed al capo della Chiesa Cattolica, Sua Santità, il Mio diletto figlio di predilezione – oggi Papa Francesco I. Sta soffrendo per mano dei fedeli, e sta soffrendo molto – a causa di tutte le false accuse e le false denunce che si stanno sollevando contro di lui, per allontanarlo dal trono di Pietro e tramare ora per colui che svierà completamente i Miei figli: l'antipapa! Il suo amore per il potere ora emerge.

State attenti a rimanere nella preghiera. Praticate il silenzio per poter sentire lo Spirito di Dio che vi guida, e non lo spirito di questo mondo e il padre della menzogna e dell'inganno, lo spirito dell'anticristo!

Vi amo profondamente, sono la *Madre di Dio*, la Madre vostra Celeste, la *Mediatrice di ogni Grazia*, *Co-Redentrice* e *Avvocata* in Cielo. Attraverso le vostre preghiere, avverrà! Pregate solamente, figli, pregate solamente!"

Ora sorride ed il Suo abbigliamento è come quello di una Regina. Ha una Corona sulla testa, che segna dodici Apostoli, con sopra le Croci – la Corona della Mediatrice di ogni Grazia. Il Suo vestito è svasato ed esce dal Suo mantello esterno, sostenuto dagli Angeli.

Il Mantello avvolge la Chiesa Cattolica. Ci sta tenendo tutti dentro - la Chiesa Universale. Il vestito svasato rappresenta coloro che hanno Consacrato loro stessi al Suo Cuore Immacolato e sono protetti sotto il Suo vestito, protetti! Gli Angeli vengono e ce lo mettono attorno, e si posizionano come Custodi.

Il Rosario è nella Sua mano destra e lo Scapolare della **Mediatrice di ogni Grazia** *è nella Sua mano sinistra, drappeggiando attorno al Suo dito medio, mentre 'Gesù' è sospeso nel Suo Cuore Immacolato, e il Calice tiene in alto 'Gesù' sospeso - e sotto ci sono le due chiavi di Pietro.*

Sorride e si china verso di noi in conclusione del Suo saluto finale.

Il nostro Altare ritorna ed ora vedo completamente *la* **Mediatrice di ogni Grazia,** *come Lei raffigura Sé Stessa in questa Visione. La Visione si chiude. (Venerdì dopo il Mercoledì delle Ceneri, 16 Febbraio 2018)*

79. OGGI C'È COSÌ TANTA POVERTÀ PER MANCANZA DI PADRI!

Parla San Michele:

"Carissimi figli di Dio, sono San Michele che sta nella presenza del Signore Nostro Dio, qui al vostro cospetto su comando della Nostra Madre Celeste, che sta al Mio fianco e desidera che vi porti queste Parole."

Iveta: Sto avendo difficoltà nel mio cuore.

"Sono il Suo servo, diletti figli di Dio. Quest'ora, conosciuta come l'ora della Divina Misericordia, adesso si chiude per questo continente, però è ancora l'ora della Divina Misericordia attraverso l'intercessione della Madonna come *Mediatrice di ogni Grazia, Co-Redentrice* ed *Avvocata,* che resse il Corpo senza vita di Suo Figlio, il Nostro Salvatore, tra le Sue mani, ora presente qui dinanzi a voi nel Suo Cuore Immacolato."

... ed ora le Parole della Madonna. Parla Lei:

"Diletti figli Miei, vi ringrazio per essere rimasti vigili nella preghiera con Me in questo giorno conosciuto come venerdì, il secondo venerdì di Quaresima, il Tempo Santo della redenzione dell'uomo, memoria che mira a comprendere ciò che Dio diede per loro, per voi, per noi!

Ti ringrazio, piccola, Mia e del Mio Gesù, per questo giorno, per aver sopportato questa sofferenza per la Chiesa Domestica, che è la piccola Chiesa in ogni famiglia. Il capo della Chiesa Domestica è il marito, il padre.

Oggi c'è così tanta povertà per mancanza di padri, la carenza di amore della figura paterna per la sua famiglia! Le loro responsabilità si sono spostate verso i modi di fare del mondo, lasciando una pericolosa povertà nella sua famiglia. L'abuso è così diffuso! È la violenza a controllare la natura dominante della sua autorità, ma questa non è la via di Dio! Lui dovrebbe governare la propria famiglia come Sacerdote, Profeta e Re di questa, mantenendola nella conoscenza di Dio, come Profeta. Come un Re, avendo dominio sulla moglie, la quale è sua Regina, e sui figli, con amore e non con malizia, e non con la frusta della sua lingua, né con la frusta della sua mano, usandola come in una zuffa! Questa carenza di amore sta rompendo e dividendo le famiglie oggi!

Vengo per chiedere a questa piccola di soffrire oggi affinché possa riscattare alcune delle case che sono lacerate in questo tipo di povertà e ripristinare queste famiglie all'ordine di Grazia e Verità –famiglie Cattoliche!

Vengo per chiedere ai Miei diletti figli, i Miei figli a Me cari, di amare le proprie mogli ed i propri figli con quell'Amore che Gesù, il Mio Divin Figlio, dimostra per la Sua Chiesa[117], un amore sacrificale, e di provvedere per le proprie famiglie; ma principalmente di provvedere al mantenimento della Verità, della Vita e della Via degli insegnamenti della Chiesa Cattolica!

La Sua sarà la continuazione della *Cultura della Vita*, come è stata fatta conoscere, le vie di Dio, per le generazioni future! Il deterioramento nelle famiglie, a causa della carenza di ciò, porterà alla cultura della morte della famiglia con un'orribile puzza!

Il Mio avversario sta fornendo loro attrezzi di tutti i tipi per distruggere la famiglia e per essere mariti infedeli verso le proprie mogli, sviando quindi anche le mogli verso l'infedeltà nei confronti del Sacramento del Santo Matrimonio, l'Amore Matrimoniale!

Vengo per supplicarvi, figli Miei, diletti figli Miei, capi delle famiglie e punti di riferimento della vostra famiglia.

Vengo anche per chiamare i padri affidatari che hanno adottato dei bambini. Vi ringrazio per aver assunto questo ruolo di figura paterna per questi bambini che sarebbero rimasti abbandonati, e vi chiedo di affidare tutto al Mio Cuore Immacolato ogni giorno, la vostra intera famiglia! In questo modo vi aiuterò. Vi chiedo anche di consacrare le vostre famiglie al Mio Casto Sposo sulla terra, San Giuseppe, che fu il Padre Affidatario, la Figura Paterna per Gesù sulla Terra. Lui vi aiuterà a crescere la vostra famiglia per essere abitanti della futura Chiesa nella *Cultura della Vita.*

---

[117] Ef 5,25

Vi amo profondamente. Sono profondamente e seriamente preoccupata dai problemi che circondano le famiglie oggi. Ma sono qui come vostra Madre, la vostra Madre Celeste, per portare la forza e la Grazia di Dio ad ogni famiglia, per rafforzarvi contro gli attacchi dell'avversario - il Mio avversario, l'avversario di Dio - contro la Sua piccola Chiesa, la Chiesa Domestica. San Michele è qui per difendervi. *(San Michele annuisce per dire di 'Sì' alla Madonna)*

Dovete recitare la Sua coroncina ed invocare la Sua Presenza quando vedete sorgere il bisogno.

Vi amo profondamente, sono la *Madre di Dio*, sono la vostra Madre Celeste, la Madre di tutti i figli di Dio, la *Mediatrice di ogni Grazia, Co-Redentrice* ed *Avvocata*, che intercede per voi oggi ed ogni giorno quando Mi invocate con questo titolo per i vostri bisogni, dinanzi al Trono di Dio.

Attendo di essere proclamata tale sulla terra, affinché possa dispensare le Grazie necessarie per voi in questo terribile, terribile, terribile tempo di persecuzione contro la Chiesa Domestica. Attraverso le vostre preghiere, ciò accadrà sulla Terra! Continuate a pregare per questa intenzione, conosciuta come il *Quinto Dogma* - assiduamente, figli! Amen." *(Primo Venerdì di Quaresima, 23 Febbraio 2018)*

80. LA VIA DEL "MONDO" È DIVENTATA LA DOTTRINA ED IL PRECETTO DELLE FAMIGLIE DI OGGI

San Michele parla:

"Sono San Michele, che sta nella Presenza di Dio, ora qui dinanzi a voi su comando della Madonna, della quale sono il servo, Maria Vergine.

La conoscenza che vi porto riguarda la Giustizia Divina. Se obbedirete, raccoglierete le ricompense della Salvezza Eterna. Se disobbedirete e andrete per le vie del dolore che offendono Dio, raccoglierete per voi stessi i dolori della dannazione eterna. Dico questo a tutte le figlie[118] di Dio, conosciute come donne, madri."

Ora parla (le parole della Madonna):

"Diletti figli Miei, piccola, Mia e del Mio Gesù, Cleophas, diletta Mia e del Mio Gesù, diletto del Padre, Felix Xavier, quanto piacciono la vostra reverenza e la vostra risposta a venire davanti a Me per pregare in quest'ora della Divina Misericordia. È la preghiera che manca in ogni famiglia e il Mio avversario ne è la causa. Lui è entrato attraverso la porta principale per portare disarmonia e distruzione alle famiglie, per accusare le madri che si sono gettate nei suoi complotti e sotterfugi, andando nel mondo e per le sue vie come lavoratrici per guadagnare il pane! Questo non è l'ordine di Dio; chi guadagna il pane è il capo della famiglia! Questo è avvenuto, e ha portato mancanza di rispetto agli sposi, che a loro volta sono stati sconvolti e non conoscono più i loro ruoli, e hanno portato violenza nelle case!

Oggi, dilette figlie Mie, voi che siete conosciute come madri, vi vestite con immodestia – e vi manca l'innocenza con la quale si è vestiti della Mia Grazia. Molte di voi Mi disonorano pure e non comprendono che sono il loro esempio! Con ciò, non vengo da me stessa, ma il Padre Mi ha nominata come vostro esempio e Madre di tutti i figli di Dio.

Se imparate da Me anche ora, porterete armonia ed imparerete ad essere pazienti – cosa di cui avete molto bisogno – e a perdonare! Quando vi rivestite della mancanza di perdono, portate dolore, ed avete fatto allontanare i vostri bambini. Questa generazione si veste con perversione e terribili

---

[118] Nota del traduttore: il testo inglese usa "children".

iniquità, accettando la direzione in cui va il mondo, come il modernismo ed il socialismo. Questa è diventata la dottrina ed il precetto delle famiglie di oggi!

Oggi questa piccola soffre per tutte le madri che desiderano tornare all'*ordine di Nazaret*. A loro impartirò le Mie Grazie, per ripristinarle all'ordine della vita di famiglia. Ed anche se pregheranno, ma falliranno nel pregare per i loro figli e non li affideranno per nome al Mio Cuore Immacolato, li proteggerò contro l'iniquità della terribile e satura dottrina odierna del padre della menzogna[119], del padre di questo mondo. Anche se quella che viene è la sua ora, sappiate che lui non ha potere sul Padre di Gesù[120]... l'Eterno Padre che Mi ha nominata come l'*Eterna Madre*.

Diletti figli, tornate al *Porto della Verità* ed accogliete le Vie di Dio! A tutte voi madri: non sottoponetevi alle vie del mondo, non cercate le cose di questo mondo! Siate contente di ciò che avete e tutto quello di cui avrete bisogno vi sarà dato. Non vi mancherà nulla se cercherete prima il Regno di Dio![121] Tutto il resto vi sarà dato, ciò che vi servirà per glorificare Dio. Amen.

Sono la *Madre di Dio*, sono la Madre di tutte le madri, sono la vostra Madre Celeste, la *Mediatrice di ogni Grazia, Co-Redentrice* ed *Avvocata* in Cielo, che intercede per voi quando Mi invocate con questo Mio titolo. Attendo di essere proclamata tale sulla terra e, attraverso le preghiere dei Miei figli che pregano fedelmente per questa Mia intenzione, ciò accadrà sulla terra!

Vi amo profondamente, sono qui per aiutarvi a ritornare a Dio ed all'ordine della famiglia di Dio. Amen." (*Primo Venerdì di Quaresima, 9 Marzo 2018*)

---

[119] Gv 8,44
[120] Gv 19,11
[121] Mt 6,33

81. IN MOLTI ORDINI SONO PENETRATI GLI INSEGNAMENTI DELLA RELIGIONE MONDIALE UNICA

Ora parla la Madonna:

"Diletti figli Miei, siete sempre un profumo piacevole per Me quando pregate. Consolate il Mio Cuore Immacolato; ma siete spesso distratti dalle cose di questo mondo e dalle preoccupazioni delle persone, figli Miei diletti, là fuori nel mondo. Dovete pregare per loro! Dovete parlare meno delle cose di questo mondo e coinvolgervi nella preghiera. Il Santo Rosario è di massima importanza! Non recitate preghiere vuote, sono come parole vuote dinanzi a Me, perché così non posso far scendere le Grazie su di voi. Solo il Rosario è la preghiera più efficace e necessaria per il vostro mondo oggi!

Voi chiedete lo scambio con il Mio Cuore, ma i vostri cuori sono preoccupati dalle vicende del mondo, e non dalla Parola di Dio. Ti ringrazio, diletta figlia Mia, per avere risposto alla Mia richiesta. Anche se dei grossi pesi, che non sono di Dio, vengono posti su di te, l'aiuto arriverà! Dovete essere aperti ad essere aiutati e passare sopra le colpe degli altri, come Dio passa sopra le colpe in voi. Non pensate di essere più giusti degli altri!

Diletta figlia, oggi soffri per la Chiesa Universale, per tutte le Madri Superiore, le Superiore e le Postulanti, le Novizie che entreranno a far parte delle Spose di Cristo. Tuttavia ce ne sono molte, già entrate, che non sono chiamate dal Mio Divin Figlio. Vengono per fuggire dal mondo, vengono perché sono state tradite dagli uomini. Sarebbe meglio per loro se restassero fuori nel mondo e si esercitassero ad essere vergini. Con questa vocazione, si viene chiamati al Santo Stato di Verginità, preservate per essere Spose di Cristo.

Una tale Anima deve comprendersi come una che è chiamata a pregare per il mondo, e non ad essere preoccupata dalle vicende del mondo. Oggi gli insegnamenti della *religione mondiale unica* sono penetrati in molti Ordini - come sono stati fatti conoscere - e si sono infiltrati anche nelle menti delle elette, che sono chiamati ad essere Suore, come Spose di Cristo, e ciò ha portato una terribile confusione!

La pratica del movimento new age è penetrata perché molti stanno cercando di seguire vari ordini. È bene che loro seguano la direzione dei Fondatori e delle Fondatrici. Qui sono già tracciati e vengono fatti conoscere a loro i propri doveri in ogni Ordine. Questo cambierà quando la Russia sarà Consacrata al Mio Cuore Immacolato durante i mille anni di Pace, l'era di Pace che Io ho promesso - della quale parlerò Giovedì Santo, cioè: noi, Io ed il Mio Gesù, il *Redentore* ed Io come *Co-Redentrice*, porteremo alla luce ciò che questa era di Pace terrà in serbo, e come questa gioia del Vangelo Vivente verrà vissuta dai Religiosi e dai laici."...

... Ora Lei si ferma e piange. La vedo in ginocchio, che prega nell'ora in cui le Suore dovrebbero pregare, individualmente dinanzi a Gesù. Loro alla preghiera non ci sono, perché sono via a praticare l'infedeltà contro Dio e gli abomini - e la Madonna prende il loro posto.

"Riguardo a coloro che non appartengono a questa vocazione, il nemico sta deridendo Dio a causa di questa chiamata. E queste sono quelle che cercheranno di sposarsi e che cercheranno di diventare Sacerdoti per Consacrare Gesù; non potrà mai essere così! Ciò è riservato al Sacramento del Santo Matrimonio e per coloro che sono chiamati a questa vocazione per la continuità della razza umana. E riguardo la vocazione del Sacerdozio e l'atto di seguire il Divino Redentore come Sommo Sacerdote e la Consacrazione della Santa Eucarestia, queste cose sono per gli uomini – i soli chiamati a questa vocazione per servire Dio, i maschi."

La Madonna piange ed è ora in silenzio.

"Quanto amo i Miei figli. Desidero aiutare coloro che sono chiamate con questa vocazione come Spose di Cristo, del Mio Divin Figlio Gesù, che sono confuse. Se affideranno tutto al Mio Cuore Immacolato ogni mattino, le aiuterò come ho aiutato la pia Maria di Magdala, che era caduta, a rimanere santa come Sposa di Cristo - che diede sé stessa dopo essersi pentita. Sono Io che l'ho formata e l'ho portata al Signore per accettare di essere una Vergine, una Vergine Consacrata e Sua Sposa.

Riguardo alle Madri Superiore che sono state chiamate e nominate per queste posizioni, le Superiore che insegnano, le Priore che insegnano l'*ordine di Grazia* e l'ordine di questa vocazione: state in guardia contro l'iniquità! Dovete passare molto tempo in preghiera. Affidate tutto al Mio Cuore Immacolato! Ci sono molte tra voi che non appartengono! Dovete rimanere in guardia contro queste tra le vostre mura. Siete preoccupate dalle vicende esterne; ma Satana è entrato!

Dovete comprendere questo momento di disordine tra voi. State cercando il ladro[122] che potrebbe venire dall'esterno, ma lui è all'interno delle vostre mura! Quando vedete e quando sentite degli abomini tra coloro che stanno nei vostri Ordini, portateli al cospetto del vostro Padre Spirituale, il Sacerdote. Loro verranno dinanzi a tutte voi, perché voi siete le loro Madri Spirituali; ma dovrete portarli al cospetto del Padre Spirituale per essere liberate e persino esorcizzate, e se non volessero essere liberate, dovreste trattarle come qualcuno che non è chiamato e lasciarle andare, altrimenti ci sarà grande danno e disarmonia all'interno degli Ordini.

Non sollecitate, come si fa per pubblicizzare – per una tale vocazione! Questa vocazione è una chiamata, perché lo Spirito Santo di Dio le guiderà a voi. Voi come Superiore, assieme alle vostre Suore che sono state formate e alle novizie, dovete pregare per questo, affinché vengano a voi! È in questo modo

---

[122] Gv 10,10

che sarete al sicuro, sapendo che quelle che sono chiamate verranno da voi, e la pace rimarrà tra le mura dei Santi Ordini.

Questi sono anche i tempi in cui, a causa della carenza di preghiera, molte che sono state chiamate e sono state tentate, sono cadute nella tentazione e non hanno risposto alla chiamata; ma stanno praticando ora per essere vergini consacrate, tuttavia non hanno ancora accettato la vocazione all'essere Suore. Questa Sacra vocazione è una chiamata che deve essere compresa come un pilastro che sorregge il mondo, senza del quale l'ira di Dio, che sta bruciando e sta straripando, sarebbe arrivata molto tempo prima di ora. Sono le vostre preghiere e le preghiere dei fedeli che si stanno innalzando ora! La preghiera deve essere praticata attentamente! Quanto vi amo, quanto prego per voi!

Sono qui come *Co-Redentrice* e come *Mediatrice* per coprirvi della Mia Grazia, Grazie su Grazie[123] che state perdendo a causa delle varie preoccupazioni del mondo. Invece dovete preoccuparvi solo di una cosa, e questa è la preghiera. Pregate, dilette Mie Spose di Cristo, del Mio Divin Figlio.

Io vi vestirò con la Mia Veste Immacolata e vi presenterò al cospetto del Mio Divin Figlio, quando arriverà per voi l'ora di essere Sua Sposa.

Vi amo profondamente, ringrazio i molti che hanno risposto e sono rimasti fedeli, inflessibili alle vie del mondo. Sono la *Madre di Dio,* sono la Madre delle Suore, sono la vostra Madre Celeste che vi ama profondamente, la *Mediatrice di ogni Grazia, Co-Redentrice* ed *Avvocata* in Cielo.

Pregate per il vostro Santo Padre, oggi Papa Francesco I, che è molto appesantito da questa pesante croce, assieme a Papa Benedetto XVI, anche lui appesantito. La vostra preghiera

---

[123] Gv 1,16

è necessaria anche per lui e per le intenzioni del Mio Cuore Immacolato, affinché Io sia proclamata *Mediatrice di ogni Grazia, Co-Redentrice* ed *Avvocata*. Avverrà se pregherete con questa intenzione! Vi amo profondamente. Amen."

Ora San Michele sorride e si china verso di noi. "Vi proteggerò, perché Mi invocate. Continuate in questo modo diligentemente! Stanno succedendo molte cose ora. Non diventate negligenti, non preoccupatevi delle vicende del mondo là fuori. Siete chiamati alla vita semi-monastica, accoglietela con gioia! Sono qui con voi su comando della Nostra Benedetta Madre - San Michele. Amen." (*Secondo Venerdì di Quaresima, 16 Marzo 2018*)

82. MOLTI DEI SEMINARISTI SONO VENUTI DA SATANA COME SUOI SACERDOTI!

Parla San Michele:

"Diletti figli di Dio, giungo ora dinnanzi a voi su richiesta della Nostra Madre Celeste qui presente, che prega con voi, per rendervi noto il Suo desiderio. Sono il Suo servo! Sono San Michele che sta nella Presenza di Dio, ora qui dinanzi a voi. Che profumo piacevole siete per Dio quando osservate questo tempo per comprendere la vostra redenzione: che il Nostro caro Salvatore ha vinto per noi al prezzo del Suo Prezioso Sangue[124] e della sua umiliante sofferenza, per riconciliare creatura e Creatore. Tuttavia i cuori delle creature si sono induriti e rigettano questo prezzo di Redenzione!"

Si ferma ed ora pronuncia il messaggio della Madonna:

"Vi ringrazio per avere risposto alla Mia richiesta di venire a pregare dinanzi a Me e al Mio Gesù nell'ora della Divina Misericordia."

---
[124] 1Pt 1,18-19

Oggi vengo per far conoscere il Dolore del Mio Cuore Immacolato. Questo Dolore riguarda i Miei diletti figli, che si sono uniti alla "sinagoga di Satana"[125] e che insegnano questa dottrina nei Seminari. Il fumo di satana è entrato nei Seminari e molti dei Seminaristi non sono giunti per chiamata di Gesù, il Sommo Sacerdote, e per seguire i Suoi passi, ma sono venuti da Satana come suoi Sacerdoti! Molti dei professori, che sono loro stessi sacerdoti insegnano una dottrina anti-dio. Hanno abbandonato gli insegnamenti della Chiesa Cattolica per portare ciò che viene chiamato "movimento new age", la religione mondiale unica, i cambiamenti - come li chiamano - necessari per questi tempi; 'questi tempi' nel senso di non difendere la verità, come è stato dal principio di questa Istituzione, conosciuta come Seminario, in obbedienza al Santo Padre, oggi sul trono di Pietro, il Vescovo di Roma, il Mio diletto figlio di predilezione, che agonizza per tali crimini orribili! Sua Santità Papa Francesco I, in unione col Papa Nascosto, il Papa Emerito Benedetto XVI, piange per loro con Me! Stanno crescendo con la concezione di abbandonare il celibato, come il Mio Divin Figlio Gesù lo rivelò, come Sommo Sacerdote – e accettare che i Sacerdoti dovrebbero sposarsi e che le donne possano essere ordinate sacerdoti. Non è così! Questa è la *sinagoga di Satana*, che si sta preparando per questa *religione mondiale unica!*

Sappiate e comprendete ora che quei tempi stanno arrivando adesso. Questi seminari si presenteranno come coloro che difendono la verità - anche nei tempi di persecuzione, in cui i Miei seminari saranno nella *Chiesa Clandestina*, in luoghi in cui nessuno vorrebbe vivere. Tuttavia sarò con loro, e loro manterranno l'ordine del Sommo Sacerdote Gesù Cristo, e rimarranno obbedienti al Trono di Pietro, anche quando si sarà infiltrato l'antipapa e quelli che lo seguono. Amen."

---

[125] Ap 2,9: "Quelli che si proclamano Giudei e non lo sono."

Ora parla a tutti i Suoi figli:

"Diletti figli Miei, sappiate e comprendete che verrà il momento in cui dovrete abbandonare le vostre Chiese e pregare a casa, quando sentirete le dottrine che saranno predicate contro la Mia *Immacolata Concezione*, contro la Divinità di Gesù, presente nella Santa Eucarestia come Vero Dio e Vero Uomo. Quando ciò verrà profanato, allontanatevi da queste chiese! Queste sono chiese che rimarranno aperte come *sinagoghe di Satana*.

I Miei Sacerdoti andranno a coloro ai quali li manderò, ed sarò con loro. Dovrete pregare come vi ho fatto conoscere. Questo avrà luogo quando colui che starà seduto sul trono di Pietro oggi, Papa Francesco I, fuggirà nella *Chiesa Clandestina*. Ma la Mia Chiesa non rimarrà senza Pietro la Roccia. Dovete solo credere! Molti di voi, nei posti in cui le vostre chiese verranno chiuse, formeranno Comunioni Spirituali. Gesù verrà a stare tra voi in questo modo ed a tempo debito i Miei Sacerdoti verranno a darvi il Santo Sacrificio e l'Eucarestia Consacrata.

Non abbiate paura, ve lo farò sapere ancora una volta! Ora questi momenti sono molto vicini!

Pregate, pregate molto, diletti figli, come vi ho fatto conoscere, affinché Io venga proclamata *Mediatrice di ogni Grazia, Co-Redentrice* ed *Avvocata* sulla terra per assistervi e per stare con voi in questi tempi, e per distribuire le Grazie di cui avrete bisogno.

Non temete, anche se sarete chiamati al Martirio! Rimanete fedeli a Gesù! Lui vi riceverà in Cielo, anche se il Martirio vi causerà molta sofferenza. Portate le vostre croci con fedeltà ed affidate tutto al Mio Cuore Immacolato. Vi assisterò quando Mi chiamerete con il titolo di *Mediatrice di ogni Grazia, Co-Redentrice* ed *Avvocata* in Cielo. Attendo di essere proclamata tale sulla terra - attraverso le vostre preghiere ciò accadrà! Amen." (*Terzo Giovedì di Quaresima, 22 Marzo 2018*)

83. IL PECCATO PIÙ GRANDE ORA È L'ABORTO CHE SFILA DAVANTI AL SIGNORE

Gesù cade su una roccia, una grande roccia, e lì Si inginocchia, e c'è una luce che splende. È la luce dell'Angelo che Gli porta il Calice[126], ma nell'angoscia dinanzi a Lui stanno sfilando tutti i peccati e le sofferenze che dovrà sopportare per noi.

Il peccato più grande ora è l'aborto che sfila davanti al Signore... l'Eutanasia Gli passa davanti. L'uomo gioca a fare il dio! Questa è l'orribile puzza d'impurità... ora ogni peccato sta sfilando davanti a Dio e Gesù Cristo grida al Padre:

"Padre Mio, se è possibile, allontana da Me questo Calice!"[127]... e poi china la Sua Testa... "Tuttavia, non come voglio Io, ma come vuoi Tu, se devo berne."

Poi si alza e barcolla - sta sudando - e raggiunge i Suoi Apostoli, trovandoli addormentati. 'Pietro!' - lo chiama - "Pietro, stai dormendo?" Non c'è risposta da parte di Pietro... "Riposati!" E barcolla di nuovo, ricadendo sulla roccia. Questa volta l'Angelo è più vicino a Lui, semplicemente reggendo il Calice, ed il Signore grida ancora, "Padre!" - con le stesse parole - "Allontana da Me questo Calice!" - ma aggiunge: "Se devo berne, non sia fatta la Mia, ma la Tua volontà", e Si lascia cadere. Adesso il Suo sudore sta cambiando: ha una tonalità di Sangue su tutto il viso e sta gocciolando sulla terra.

Gesù appare terrificato, e viene, e continua a venire, come un ubriaco, barcollando!

"State ancora dormendo?" dice loro, "È giunta l'ora nella quale sarò consegnato nelle mani dei peccatori."[128] Pietro guarda

---
[126] Mt 26,39
[127] Mt 26,39
[128] Mt 26,45

a malapena il Signore, cercando di aprire i suoi occhi, e Lo vede come se stesse sanguinando, ma non può fare nulla. È così appesantito, e si riaddormenta.

Mentre scuote Giacomo e Giovanni - ma loro non riescono ad alzarsi: "Il Signore, Il Signore!" (Pietro) dice, "Guardate il Signore, c'è qualcosa che non va col Signore!"

Non comprende ancora il momento.

Il Signore va e cade di nuovo sulla roccia, e rimane in silenzio per un po'. C'è silenzio; ma il rumore – delle guardie, dei soldati – si avvicina. I soldati stanno ridendo e scherzando mentre marciano – un orribile suono che fa paura.

Ora vedo così tanti Angeli Custodi di tutti coloro che stanno pregando, e Gesù parla alla mia Anima.

"Figlia!"

Iveta: Signore, come posso aiutarti?

"Sappi che ho vinto questo momento che si abbatterà sui Miei diletti figli. Verranno in questo modo quando la legge marziale sarà imposta ovunque nel mondo, sulla terra. I primi saranno coloro che seguono la cultura della morte ed hanno accettato Satana come loro dio. Queste sono tutte le leggi dell'anticristo e le leggi dell'antipapa!

Il Mio Pietro è nell'angoscia: non temere! Sono con te, Pietro Mio! Non ti abbandonerò! Prometto che le potenze dell'Inferno non prevarranno sulla Mia Chiesa[129]. Dico questo ora alla Mia Chiesa, che Mi terrò stretta come Chiesa Clandestina. Fino a quel momento, Io farò conoscere... Amen, Amen." *(Giovedì Santo e Venerdì Santo, 29-30 Marzo 2018)*

---

[129] Mt 16,18

84. COSA DEVO FARVI?

Gesù parla, Anima alla mia Anima. Parla ai Sacerdoti.

"Sacerdoti Miei, diletti Miei, Io, che sono il Diletto del Padre Mio: preparate le vostre pecore! Molti di voi affronteranno questo momento di persona. Sappiate che sono con voi e l'ho vinto per voi. La vostra Corona vi attende in Cielo. Comprenderete quando sarò elevato[130] come ve l'ho fatto conoscere. Rimanete uniti e vicini alla Mia Madre Benedetta, che sta co-redimendo con Me.

Il vostro sangue è il sangue necessario per far sì che il Mio *Resto* prosegua. Il vostro sangue è necessario per purificare la Mia Sposa, la Chiesa Cattolica! Il vostro sangue è necessario, unito a Me per riscattare Anime dalla crudele schiavitù del maligno, il Mio avversario, Satana stesso, che ha attirato molti dei Miei Sacerdoti a seguirlo alla sua corte.

Sono Gesù di Nazaret, il Sommo Sacerdote, e soffro oggi come feci quella prima notte - Gesù di Nazaret. Amen. Amen."
(Giovedì Santo e Venerdì Santo, 29-30 Marzo 2018)

*

Il volto di Gesù è gonfio, i Suoi occhi sono gonfi... ma non protesta! Gli legano una corda attorno al collo, Lo appendono e poi tagliano immediatamente la corda, e Lui cade...

Iveta: Oh! Oh! Oh... piangendo...

Questa è una tortura orribile... Essi discutono tra loro per decidere se ucciderlo o aspettare i soldati, perché ci sono molte persone per le strade. Gesù è steso a terra, prendono la corda che sta attorno al Suo collo e ne legano un'altra attorno al Suo petto; Lo

---
[130] Gv 12,32

sollevano e Lo rigettano a terra di nuovo. Non c'è luce nella cella, eccetto quella delle lanterne.

Ora il Signore mi dice, Anima ad Anima:

"Piccola Mia"

Iveta: Sì, Signore... piangendo...

"Grazie per esserti svegliata, eppure tu, Mio diletto del Diletto. Sono Colui che ora soffre per tutti i peccati. Grazie per aver accolto la Mia Misericordia. Capite questa sofferenza? Questo è ciò che faranno a coloro che non hanno voce!

Questi sono i criminali, non nelle vostre prigioni ma negli ospedali, che rubano le vite degli innocenti, che rubano vite ora secondo la legge della cultura della morte, conosciuta da voi come Eutanasia, che vi priva del soffrire per la Mia Giustizia, che è il Mio Amore! La Mia Giustizia non è come la giustizia ingiusta sulla terra di coloro che giudicano ingiustamente – assolvendo il colpevole e condannando il giusto!

La Mia Giustizia è per coloro che si pentono ed accolgono la Mia Misericordia."... *ed ora c'è silenzio.* "Sono Gesù di Nazaret, che soffre oggi."

Poi Gesù mi fa vedere. "Molte delle Mie Spose, sì, piccola Mia, le Suore" - *mi fa vedere* - "hanno commesso l'offesa d'impurità contro il loro voto di castità, e ci sono molti Sacerdoti coinvolti in tali atti diabolici, che stanno commettendo questa offesa del mettere questo piccolo bambino a morte secondo la legge dell'aborto." *E Gesù dice:*

"Cosa devo farvi? Il Mio Amore non vi è sufficiente e quindi Mi abbandonate per i Miei nemici, e permettete che Satana entri in voi.

"Sappiate che, perfino ora, se vi pentite e vi aggrappate alla Mia Santa Madre, Lei vi ri-alleverà, Colei che co-redime per voi con Me."

... e poi vedo questi numerosi Angeli, Angeli Custodi. Ora vedo anche gli Angeli Custodi dei Sacerdoti e dei Religiosi. Con questo, intendo che non sono come Angeli normali, come i piccoli Angeli. Loro hanno gli Arcangeli come Angeli Custodi – coloro che sono chiamati da Dio con questa vocazione Sacerdotale e Religiosa.

Loro hanno formato un anello attorno a me e stanno pregando. Alcuni stanno leggendo il loro breviario e lo stanno offrendo. Alcuni stanno leggendo il Libro Santo, la Bibbia, la Parola di Dio. Alcuni stanno pregando il Rosario, ed altri stanno semplicemente lodando Dio come fanno i Carismatici. Ma stanno pregando, e pregano ora per i Religiosi e per i Sacerdoti.

Questa sofferenza è principalmente applicata ora, in quest'ora, per loro.

E Gesù parla ancora:

"Molti Mi abbandoneranno. Mi abbandonerete, come coloro che Mi abbandonarono quella notte! Sappiate che ho pregato per voi. Pentitevi e tornate a Me! Tornate, accogliendo l'Amore della Mia Beata Madre che vi riporterà a Me. Molti di voi Mi rinnegheranno. Non temete! Semplicemente pentitevi e tornate a Me attraverso la Mia Beata Madre che co-redime con Me."

Quando Gesù ha detto che molti dei Sacerdoti Lo rinnegheranno, questi sono coloro che si vestono come gli uomini comuni e non indossano un colletto romano.

"Ma vi amo, Sacerdoti Miei. Sto morendo in questo giorno per riconciliarvi, con la vostra umanità. La Mia Divinità in voi è sufficiente; eppure la vostra umanità prende il sopravvento! Semplicemente pentitevi! Allontanatevi dai vizi del mondo che sono disposti come trappole per voi dal Mio avversario in mezzo alla Gerarchia. Satana stesso mette trappole, come tranelli!

Sono Gesù di Nazaret, il Sommo Sacerdote, che soffre ora. Ringrazio tutti quelli tra voi che stanno pregando in solidarietà con questa piccola questa notte. Il mattino sta arrivando, in cui la notte si trasformerà in luce, ed essi faranno questo anche nella luce – ciò che hanno fatto a Me.

Non temete! Li ho vinti. Rimanete fedeli come lo siete stati, ricordando che la vostra Corona vi attenderà in Cielo quando sarò elevato.

Sono Gesù di Nazaret, Vero Dio e Vero Uomo, vi amo tutti, diletti figli Miei. Amen, Amen." *(Giovedì Santo e Venerdì Santo, 29-39 Marzo)*

85. QUANDO SCENDERÀ L'OSCURITÀ E SORGERÀ LA PERSECUZIONE

La folla urla e grida ad alta voce "Non abbiamo altro Re che Cesare [131]! È Barabba che vogliamo che venga rilasciato[132]!"... e tra la folla ci sono quei fedeli a Gesù che urlano "No, Lui è innocente! Non quell'assassino al posto di Gesù di Nazaret!"

Allora, Pilato ha paura della folla e viene da Gesù, e dice, "Allora sei Re[133]." E Gesù risponde: "Tu lo hai detto." Pilato dice: "Sono stato io a mandarti per essere condannato? È stato il tuo stesso popolo."

Ora Pilato è seduto lì, mentre Gesù è in silenzio, e si chiede cosa fare, quindi esce fuori e si siede sulla sua sedia, la sedia del giudizio, mentre Gesù parla Anima ad Anima:

---

[131] Gv 19,15
[132] Gv 18,40
[133] Gv 18,37

"Piccola Mia, diletta figlia Mia, Cleophas, vedi: così sarà nei prossimi giorni. Mia Madre vi ha fatto conoscere che la luce del giorno è breve. Quando l'oscurità scenderà e la persecuzione sorgerà, verrà condannato il giusto - ovvero voi, fedeli Miei, Sacerdoti Miei – e assolveranno il colpevole! Porteranno false testimonianze contro di voi. Voi giurerete fedeltà a Me, vostro Dio, soffrendo in memoria di quel primo Venerdì Santo, da voi conosciuto.

Sono la vostra ricompensa, completa! Rimanete nella Mia Luce! Accogliete la Mia Santa Madre. Vi aiuterà ad attraversare questi momenti. Vi amo. Gesù di Nazaret, Vero Dio e Vero Uomo, il Sommo Sacerdote. Amen. Amen." *(Venerdì Santo, 30 Marzo 2018)*

86. VI CHIEDO DI ABBRACCIARE IL SACRAMENTO DELLA RICONCILIAZIONE

Parla Gesù:

"Piccola Mia, Cleophas, diletta figlia, comprendi che quest'ora si sta abbattendo su tutto il genere umano a causa delle gravi offese commesse contro Dio, il Creatore, e della carenza di pentimento degli uomini peccatori! E voi, fedeli Miei, che ringrazio ed amo moltissimo, molti di voi saranno trattati in questo modo: vi metteranno in celle di prigioni e vi flagelleranno! Infliggeranno grandi torture sui vostri corpi. È per questa ragione che vi chiedo di abbracciare il Sacramento della Riconciliazione e di ricevermi degnamente, affinché Io possa essere pienamente in voi, sopportando tutto questo con voi. Ho già vinto questo momento!

Non preoccupatevi! La vostra Corona vi attende per tutta l'Eternità, dove gioirete quando sarò elevato. Sono Gesù di Nazaret, il *Redentore*; vi chiedo di accogliere la Mia Madre Benedetta come *Co-Redentrice*, la quale vi preparerà come ha preparato Me, pregherà per voi e prega per voi ora, come fece quella *prima* notte e la *prima* mattina del Venerdì Santo - Vero Dio e Vero Uomo. Amen. Amen." *(Venerdì Santo, 30 Marzo 2018)*

87. SIETE PICCOLI VASI DI REDENZIONE

Vedo innumerevoli Anime che stanno percorrendo la 'via Crucis' in quest'ora, unite a noi, offrendola. Se solo sapessero che la stanno offrendo per la conversione di così tanti dei loro cari! E Gesù porta la Sua Croce; mentre cammina, la Croce sbatte contro il Suo sopracciglio, spingendo la Corona di Spine ancora più in profondità nel Suo sopracciglio...

Iveta: Ah Ha!!!!!... piangendo... Ah!!!... forti singhiozzi... piangendo... il Sangue sta uscendo dalla Sua testa sacra... piangendo... e Gesù parla, Anima alla mia Anima:

"Piccola Mia, Cleophas."

Iveta: Sì, Signore, sono qui. Non so cosa possa fare. Ah!!!... Ora vedo me stessa con la Mamma Santa, alla Sua destra, camminando con Lei. Il Signore parla: "Capisci questo momento?"

Iveta: No, Signore, sono ignorante... piangendo... come potrei? Ah!!!... singhiozzando...

"Ti ringrazio perché sopporti questo, con Me e con la Mia Santa Madre. In questo modo siete piccoli vasi di Redenzione, Io il *Redentore*, Mia Madre la *Co-Redentrice* e tutti voi co-redimete con Lei – voi che pregate in questo momento, onorandomi in questa sofferenza con un grande amore per Me e per le Mie ferite sacre, che sto sopportando e che sopporterò fino a quando verrò elevato. Non è finita per voi! Inizia ora! Sappiate che Io ho percorso questa via!" *(Venerdì Santo, 30 Marzo 2018)*

88. MOLTI DEI MIEI FEDELI MI HANNO LASCIATO PER UNA RELIGIONE CHIAMATA 'RELIGIONE MONDIALE UNICA'

Iveta: Vedo il Vaticano. Ci sono delle persone fuori che scherzano. Attorno ed all'interno c'è così tanta divisione. Loro non stanno con il Santo Padre. Una grande percentuale di loro non sta con il Santo Padre!

"Capisci ciò che ti sto mostrando?"

Iveta: No, Signore

"Vedi come sono divisi? Quelli che vedi sotto l'ombra delle tenebre vengono dal Mio avversario. Una volta appartenevano a Me, ma ora appartengono alle file di massoni.

Iveta: No Signore... Ahh!

"Sì, figlia Mia, così Mi hanno tradito – ed anche tra voi ci sono persone così! Molti dei Miei fedeli Mi hanno lasciato per una religione chiamata *'Religione Mondiale Unica'*. Loro credono in tutto e non credono in nulla. Perché non c'è Dio oltre l'Unico Vero Dio che creò i Cieli e la Terra. Ero presente in quel momento e tornerò da Lui quando sarò elevato, in memoria di quel primo Venerdì – conosciuto da voi ora come Venerdì Santo. Tenetevi stretti alla Mia Madre Santa: non vi lascerà! È il Mio più grande Amore, e proprio questo Amore comprenderete fra qualche istante: Mi sono svuotato! Non vi aggrappate all'amore per le creature, loro vi abbandoneranno! Sta per arrivare l'ora predetta nel Santo Libro conosciuto da voi come la Bibbia; sarete traditi da quelli della vostra stessa famiglia[134].

---

[134] Mt 10,36

Sono Gesù di Nazaret, Vero Dio e Vero Uomo, il Sommo Sacerdote. Vi amo. Amen, Amen."

*

Ora cammina e cammina, e barcolla come se stesse per cadere. Uno dei soldati prende un uomo che sta scendendo; il suo nome è Simone, un Cireneo[135]. Ma costui dice: "Io non c'entro niente qui, sto solo scendendo in paese."

"Sì, ma sembri in forma. Vieni, ho un lavoro per te." E lascia tutto mentre viene trascinato da Gesù. Simone guarda Gesù e dice: "Cos'è tutto questo? Sto portando la croce; ma non ho fatto nulla di sbagliato."

"Non per i tuoi sbagli!", urlano, "Aiutalo!"

Simone dice: "Hai sentito cosa urla la folla? Che Lui è un Re. Non ha bisogno del mio aiuto." Allora Gesù lo guarda; Simone cambia subito, e dal suo cuore dice "Scusami, Ti aiuterò! E porta la Croce con il Signore.

...... la Madonna, nei Suoi Occhi Addolorati: una lacrima che sfugge qua e là; nasconde tutte le Sue Lacrime.

Iveta: Ah!... piangendo... Ah!

La Madonna sorride a Simone per ringraziarlo. "Tu sei Sua Madre?" Simone chiede, Anima ad Anima, e Lei annuisce... piangendo... "Lo aiuterò." Ah!!! Povera Donna... e Simone pensa a sua madre...

Gesù parla, Anima ad Anima:

"Piccola Mia, Cleophas."

Iveta: Sì, Signore, sono qui.

---

[135] Mt 27,32

"Vedi e comprendi? Desidero che i Miei diletti figli accolgano gli anziani. Prendetevi cura di loro, non metteteli in case dove li uccideranno!

Sì, molte delle Mie Suore gestiscono queste case, nel senso che vi operano, prendendosi cura di questi anziani per voi. Come espierete per i vostri peccati? È con l'amore e la cura verso questi! Io le ringrazio, ma arriva l'ora in cui nemmeno loro potranno tenerli in vita, perché appena un medico sarà necessario ed essi verranno ricoverati negli ospedali, saranno eliminati, perché sono un peso per il sistema dell'anticristo. La loro sofferenza è di grande valore, se solo comprendeste quante Anime riscattano! Alcuni non sanno nemmeno come soffrire; il vostro Amore è necessario! Voi, fedeli Miei – andate a trovare quelli che sono stati abbandonati dai loro cari; perché questo è l'insegnamento delle vie di questo mondo!

A te è dato, piccola Mia, Cleophas, Mia diletta, di preparare per coloro che devono ancora arrivare, che salverai. Li farò conoscere. Prepara solo con l'aiuto della Mia Beata Madre e del Mio Padre Adottivo, che intercederanno dal Cielo per ottenere i doni e le grazie necessarie per questo suo Omonimo, il *Saint Joseph Community Center*, conosciuto da Dio come *Saint Joseph Charity Organisation* – intesa come Organizzazione per l'Uomo, ma per Dio sono semplicemente i vostri atti d'Amore e Misericordia!

Sono Gesù di Nazaret, Vero Dio e Vero Uomo, il Sommo Sacerdote. Sì, anche la casa per il Clero deve essere compresa in questo senso di preservazione, dando dignità agli anziani. Perché Dio ha creato dal principio uno scopo per ogni creatura, e Dio designerà l'ora della quale è stato scritto, quando verrò Io come un ladro[136] ed offrirò a quell'Anima di venire a Me. Amen, Amen." *(Venerdì Santo, 30 Marzo 2018)*

---

[136] Ap 16,15

89. UNO DEI SETTE CALICI DI CALAMITÀ SARÀ LA CALAMITÀ DEVASTANTE CHE SI ABBATTERÀ SU DI VOI!

...... *Ora stanno camminando. Mentre camminano, Veronica, come è stata conosciuta, in questo momento tira fuori il suo velo, e corre verso Gesù. Cercano di respingerla indietro, ma non serve a nulla. Sembra che abbia una forza sovrannaturale, tanto che nemmeno le guardie riescono a trattenerla.*

"Lasciate andare quella donna pazza! Vediamo cosa vuole fare. La prenderemo." Lei corre da Gesù e il Signore la guarda con il Suo volto sfigurato. Lei arriva sotto la Croce e preme il suo velo sul Suo Viso per asciugarlo...

Iveta: *...piangendo... Che atto di Amore...*

La frustano ma ciò non sembra toccarla. Non se ne preoccupa minimamente... singhiozzando... la sofferenza che deve sopportare... piangendo... lei sorride e Gesù annuisce per dire: "Che Amore! "Prende il suo velo e lo tiene stretto, e vede il Suo Volto su di esso. Gesù mi parla, Anima ad Anima:

"Piccola Mia, Cleophas."

Iveta: Sì, Signore... Ah!!!... *piangendo...*

"Vedi questo momento? Fallo conoscere ai Miei diletti figli, è in questo modo che dovete aiutare i poveri. Sono stati picchiati e gettati sul bordo della strada. Lavateli e date loro una morte degna. È in questo modo che dovete professare la vostra fedeltà a Me.

... Si vedono molti che sono dipendenti da droghe o da vari tipi di vizi. Quando li vedete, mostrate loro l'Amore – il Mio Amore, come Io ho fatto conoscere a voi. Vestiteli e nutriteli, asciugate le loro lacrime. Sentiteli piangere! Potrete riscattare molte Anime! Questi figli diletti sono numerosi nelle vostre stesse famiglie! Non dimenticateli! Semplicemente amateli come Io ho amato voi. È attraverso il vostro amore che comprenderanno la Mia Misericordia e torneranno a Me.

Sono Gesù di Nazaret, Vero Dio e Vero Uomo, il Sommo Sacerdote. Sì, Miei figli di predilezione, perfino tra di voi ci sono coloro che sono stati dipendenti da vari vizi attraverso le tentazioni. Molti ne portano il peso attraverso delle schiavitù. Voi che avete conosciuto il Mio Amore, mostrate loro fedeltà attraverso il vostro Amore per loro e portateli fuori dalla loro miseria. Amen, Amen."

*

Anima ad Anima, Gesù parla. Redentore a Co-Redentrice:

"Madre, Madre, tu..." *la Mamma mi guarda - e dice:* "Non parlare più, diletto Figlio Mio, Mio Divin Figlio, non parlare più; Ti aiuterò." *Lei mi guarda per dire ancora:*

"Ora vedi? La tua sofferenza sta riscattando questi, dando loro la grazia di dire no a questo abominio che è l'uccidere gli innocenti secondo la legge dell'aborto."

Anima ad Anima, Gesù mi parla di nuovo:

"Diletta figlia, piccola Cleophas Mia, e della Mia diletta Madre, la Mia Beata Madre, che in questo momento sta sostenendo te e tutti i Miei diletti figli, i Sacerdoti, le Suore e tutti i Miei fedeli che si oppongono all'uccisione degli innocenti, vi ringrazio! Vi ringrazio! La vostra ricompensa sarà grande in Cielo! Non sottoponetevi a tale malvagità. Sì, molte delle nazioni l'hanno accettata come regola di vita. Nessuna regola del genere è una regola di vita, ma è una *regola di morte*, morte eterna!

Io vi avverto, voi tutte autorità e chi sta nelle posizioni d'autorità: state condannando voi stessi accettando questa regola come regola di vita.

Per questo sangue pagherete il prezzo, voi e le vostre famiglie! Uno dei sette Calici delle calamità[137] sarà la calamità devastante che si abbatterà su di voi! Non sfuggirete alla Mia ira, né al pianto di questi innocenti che arriva dinanzi al Padre Mio.

È bene per voi che vi pentiate e denunciate tale malvagità!

Sono Gesù di Nazaret, Vero Dio e Vero Uomo, il Sommo Sacerdote che prega per questi, il *Redentore* con la *Co-Redentrice*- ed uniti alla *Co-Redentrice* tutti coloro che sono uniti a questa figlia, come piccoli vasi di co-redenzione. Amen, Amen." *(Venerdì Santo, 30 Marzo 2018)*

90. MOLTI NON SEGUONO LA LEGGE DEI LORO FONDATORI E FONDATRICI!

Ora parla Gesù, Anima ad Anima:

"Diletta figlia Mia, piccola Cleophas Mia e della Mia Santa Madre, Mia Beata Madre. Comprendi i mezzi necessari per aiutare a capire le Costituzioni dei Santi Ordini dedicati al Mio Sacro Cuore lacerato dal dolore e al Cuore Immacolato di Mia Madre trafitto da spine e spade?

I Miei Sacerdoti che Mi avevano detto 'sì', ora accettano le vie di questo mondo e sviano le Mie pecore ed i Miei piccoli agnelli. Le Mie Spose che Mi avevano detto 'Sì', ora Mi denunciano: coloro che non sono chiamate con la vocazione

---
[137] Ap 15, 5-7

del Santo Matrimonio, il Sacramento del Matrimonio, stanno diventando ora spose di uomini! Questo perché non hanno rinunciato alle loro tentazioni ma le hanno accettate come fonte di felicità, che porterà grande miseria alla Chiesa Domestica. Oh! Hanno già portato grande dolore alla Chiesa Universale, e ci sono molti che stanno gridando al Santo Padre affinché lui permetta loro di sposarsi, i Miei Sacerdoti!

E perfino le Mie Suore vogliono diventare Sacerdoti! Questo non dovrà mai accadere! Questa non è la Volontà di Mio Padre che Mi ha mandato per istituire questo tipo di Sacralità di Santa Castità. Molti non seguono la legge dei loro Fondatori e delle loro Fondatrici! Hanno elaborato la loro legge e stanno seguendo i propri piani, portando divisione! Molti prendono le Leggi di altri Ordini che non sono la Legge dei loro Fondatori e delle loro Fondatrici - come sono stati conosciuti, coloro ai quali il Mio Spirito ha dettato come dovrebbe essere. Sono confusi sul da farsi! Molti non pregano ma seguono la moda di appartenere al socialismo. La loro vocazione alla preghiera è di massima importanza ora per l'umanità, affinché l'uomo si penta!

È la preghiera che manca, ed il peso è ricaduto sui Miei fedeli che pregano, ed Io li ringrazio oggi. Così molti, uniti a questa piccola Mia, stanno pregando, e li Benedico tutti. Ascolterò le loro preghiere e porgerò l'orecchio alle loro grida di supplica. Favorirò le loro esigenze a seconda del Volere del Padre Nostro. Quando sarò elevato, verserò il Mio Spirito su di loro[138]." (*Venerdì Santo, 30 Marzo 2018*)

---

[138] At 2,33

91. DILETTI SACERDOTI MIEI: SE UNO DI VOI CADE E NON SI PENTE, MOLTE PECORE CADRANNO ED ABBANDONERANNO LA FEDE!

Ora stanno svestendo Gesù. Hanno gettato la Sua Croce a terra... che dolore, piangendo... Il Sangue si è seccato e le Sue Sante Ferite sono rimaste attaccate alla Sua Veste; mentre Gli tolgono i Suoi Vestiti tirano la pelle e le Ferite si riaprono. La Madonna fa una smorfia di dolore e corre; Giovanni e Maria Maddalena La trattengono. La sofferenza del Signore è dolorosa e brutale; di una brutalità che non si può immaginare... piangendo... nessuno potrebbe sopportare questa sofferenza e vivere. Si morirebbe... solo con la potenza e con l'amore di Dio nel Signore Gesù! Dio Stesso è così immenso, non può essere misurato... ora Gesù sta in piedi e li attende; loro raccolgono i chiodi ed il martello. Tre soldati per lato vengono scelti dal soldato che dà gli ordini per l'inchiodatura.

Parla Gesù, Anima ad Anima:

"Diletta figlia Mia Cleophas, vedi ciò a cui sto per sottopormi? Tale è il Mio Amore per te e per tutti i Miei figli, che il Padre Mio Mi ha dato. Non perderò nessuno di loro. Mi aiuterai a rendere noto il Mio Amore a coloro che non lo hanno ancora conosciuto? Affinché loro si pentano e si spoglino di tutto ciò che li sta trattenendo nella schiavitù e come ostaggi del Mio avversario – specialmente i Miei Sacerdoti, così che abbandonino le vie di questo mondo ed accolgano le vie della povertà e dello zelo per i Sacramenti, per far sì che vengano istituiti per i Miei figli, che desiderano vedere tutto ciò."

... e Gesù parla ai Suoi Sacerdoti:

"Diletti Sacerdoti Miei che seguite i Miei passi, sappiate e comprendete ora che se uno di voi cade e non si pente, molte pecore che vi sono state affidate cadranno ed abbandoneranno la fede, diecimila... fuggiranno dalla fede!

Ho sofferto in questo Primo Venerdì Santo. Oggi questa piccola sta sopportando questa sofferenza in memoria di quel primo Venerdì Santo, unita a Me ed alla Mia Beata Madre, la quale soffrirà a lungo dopo che la Mia sofferenza sarà finita."

Ora vedo il Vaticano, e Gesù mi mostra come lo spoglieranno di tutto, proprio come "il Mio Corpo è stato spogliato. Lo spoglieranno quando l'abominio della desolazione[139] prenderà il posto di Pietro; ma sappiate che sono la vostra ricompensa, ed il Mio Pietro sarà con voi sempre, fino alla fine dei tempi! Alcuni di voi sapranno di lui, ed altri dovranno credere che non vi lascerò senza il Mio Pietro.

Pregate per il Santo Padre, il Mio diletto che sta soffrendo gravemente ed è spesso preso da una paura che lo fa tremare per gli eventi che avverranno. Pregate per il Mio Pietro nascosto - Il Mio Pietro che oggi siede sul trono del primo Pietro, conosciuto da voi come Sua Santità Papa Francesco I, ed il Mio Pietro nascosto che prega, soffre e comprende i momenti che presto si abbatteranno sulla Chiesa, la Chiesa Cattolica, e molto di più dovrà soffrire, conosciuto da voi come Sua Santità il Papa Emerito Benedetto XVI, rivelando davvero il Santo stato al quale chiamo I Miei "Pietro" per servirmi, rinunciando a loro stessi, rinunciando alle loro tentazioni.

Attraverso la vostra preghiera, cari figli, vi invito a pregare per loro. Loro sosterranno come pilastri la Chiesa, la Mia Chiesa.

Sono Gesù di Nazaret, il Sommo Sacerdote, e nomino con il Mio Spirito il Pietro regnante, dal primo giorno al giorno d'oggi, e così sarà fino alla fine dei tempi. Amen, Amen."
(Venerdì Santo, 30 Marzo 2018)

---

[139] Mc 13,14

92. SOLO LA DONNA VESTITA DI SOLE VI PUÒ NASCONDERE E SALVARE!

La folla sta ridendo e battendo le mani, e Gesù rivela ancora:

"Sappiate e comprendete, diletti figli Miei, che vi parlo attraverso questa piccola Mia, la vostra diletta sorella Cleophas. Così rideranno e batteranno le mani ad ogni sforzo che faranno, e assieme a loro ci sono i fedeli, una volta conosciuti come fedeli Cattolici, per rinnegare il Mio Pietro. Rimanete fedeli a lui, prestate attenzione alle sue parole! Lui vi svelerà questi tempi e capirete quando l'ora di fuggire dalle città alle montagne sarà arrivata[140], e quando quelli del Mio *Resto*[141] dovranno scappare al Mio Rifugio dove Mia Madre li attenderà[142]. Lei porterà tutti voi attraverso questi momenti; coloro che soffriranno il Martirio e coloro che faranno parte del *Resto*. Solo lei, come *Mediatrice* e *Madre di Dio*, la Donna vestita di Sole[143], che alla fine schiaccerà la testa di Satana[144], vi può nascondere e salvare!

Sono Gesù di Nazaret, il Sommo Sacerdote. Ho vinto questo momento per voi attraverso la Mia sofferenza. Amen. Amen."

Adesso c'è confusione. Si vedono tutti, specialmente quelli che giungono in città, che fanno domande e ridono. Pietro è in piedi e guarda Gesù da lontano. Alcuni degli Apostoli sono fuggiti, stanno perfino lasciando il paese; ma alcuni sono nascosti e guardano, altri sono ancora nel cenacolo e non vogliono aprire la porta. In questo momento di disperazione, vedo Giuda impiccato ed il suo sangue cade sulla terra.[145].

---

[140] Lc 21,21
[141] Ap 12,17
[142] Ap 12,6
[143] Ap 12,1
[144] Gen 3,15
[145] At 1,18

Gesù parla alla Nostra Santa Madre:

"Madre, Madre, non lasciare che i Miei figli, che il Padre Mio Mi ha dato[146], cadano nella disperazione. Aumenta la loro speranza e la loro fedeltà a Me. Aumenta il loro amore per Me, come quello che Tu provi per Me. Amen, Amen."

Lei annuisce e Gli fa cenno di non parlare.

Ora si apre un'altra area e vedo le 'Nazioni Unite', come vengono chiamate; si crede che sia un'intesa per il mantenimento della pace, ma sta firmando dei trattati per diventare alleata della Russia nella terza guerra mondiale.

La visione si chiude ed il documento viene arrotolato. (Venerdì Santo, 30 Marzo 2018)

93. MADRE... PRIMA PREPARERAI I MIEI FIGLI IN QUESTI TEMPI DI GRANDE PERSECUZIONE

'Madre, ecco Tuo Figlio[147]'. 'Figlio, ecco tua Madre' *Lui si lascia cadere... piangendo...*

Anima ad Anima, Redentore a Co-Redentrice:

"Madre, Ti sto lasciando. Se potessi risparmiarti questo momento, lo farei; ma questa è la ragione per cui sei venuta al Mondo e hai messo Me alla luce nel Tuo Grembo Verginale come *Immacolata Concezione* e come *Madre di Dio*. Questo Io sono. Sarai la Mia *Avvocata* per questi, affinché Tu possa riscattarli per Me, Tu che stai soffrendo e che dovrai soffrire ancora per un po'?

---
[146] Gv 17,6
[147] Gv 19,25-27

Madre, lo desidero: anche quando verrai a casa con Me in Cielo, Corpo e Anima, il Tuo ruolo sarà di preparare la Mia seconda venuta, ma prima preparerai i Miei figli in questi tempi di grande persecuzione contro la Mia Chiesa, per questa generazione che altrimenti verrebbe maledetta dal Padre Mio. Ma Io ho sofferto questa notte e questo giorno per loro.

Ti amo."

La Mamma annuisce.

"Ti amo anch'Io, Figlio Mio."

"Amen, Amen." *Dice Gesù.*

C'è silenzio... ora le Sue labbra sono secche; però questo non è il motivo per cui griderà...

"Ho sete, ho sete![148]"

Una delle guardie Lo vede e Lo sente; corre ed immerge l'issopo nell'aceto, e lo porta a Gesù. Ma Gesù non lo assaggia. Ne sente l'odore e si gira; è di Anime che ha sete!

Anima ad Anima, parla con me ora:

"Diletta figlia Mia che soffri in questo momento con Me, oggi, in memoria del Mio primo Venerdì Santo conosciuto da voi: ho sete di Anime! Rimani unita alla Mia Santa Madre che sta co-redimendo come *Co-Redentrice,* tu con Lei e con tutti i Miei diletti figli che pregano in questo momento. Non pregano per te ma con te. Hanno formato una bellissima ghirlanda per consolare il Cuore Immacolato di Mia Madre. Desidero che loro preghino in questo modo nei prossimi giorni, quando

---
[148] Gv 19,28

sentiranno di persecuzioni e guerre, terremoti e carestie. Tutto questo deve avvenire, ma grazie alle loro preghiere, alle tue preghiere attraverso la Mia Beata Madre, molte Anime sfuggiranno dalle grinfie di Satana, il Mio avversario!

Vi amo, Sono Gesù di Nazaret, Vero Dio e Vero Uomo, il Sommo Sacerdote, che soffro per i Miei Sacerdoti e così dovete fare voi... conosciuti come Religiosi! Amen. Amen." *(Venerdì Santo, 30 Marzo 2018)*

94. A ME DIO HA DATO OGNI POTERE, OGNI GRAZIA

Ora la pergamena si apre, e l'Arcangelo Gabriele la mantiene, stando sotto la Madonna. Parla:

Tengo ora la pergamena con le parole della Madonna, la *Madre di Dio*, la Madre Nostra Celeste, e Lei parla:

"Diletti figli Miei qui presenti dinanzi a me, piccola, Mia e del Mio Gesù, Cleophas, e Mio diletto del Diletto, Felix Xavier, suo sposo, vi ringrazio per avere risposto alla Mia richiesta di soffrire per il vostro mondo che addolora il Mio Cuore Immacolato, fino a farlo sanguinare a momenti, e lacrime di sangue si formano nei Miei occhi Immacolati, cadendo attraverso questa sofferenza su coloro che desiderano uscire dal grave standard di demoralizzazione in cui questa nazione, il Canada, sta gettando i propri figli, figli che una volta appartenevano a Dio e ora hanno accettato Satana come loro capo e sovrano! Tuttavia a voi, diletti figli Miei, non verrà fatto alcun male!

Fate solo come vi ho chiesto! Affidate tutto al Mio Cuore Immacolato, e ha una importanza vitale, lo dovete sapere – tanto importante quanto lo è respirare per voi e per le vostre Anime, la Consacrazione ogni mattino al Mio Cuore Immacolato.

Non lasciate le vostre case senza aver consacrato voi stessi al Mio Cuore Immacolato! Voi e tutti i vostri cari! Tutto ciò che ho affidato a voi deve essere riposto nel Mio Cuore Immacolato, tutti coloro che sono venuti alla mente per nome, specialmente le madri che portano i loro figli ora, che saranno esposte a seri pericoli! Solo Io posso aiutare! Davvero, solo Io posso aiutare! Perché Dio Mi ha dato potere e mi ha conferito ogni Grazia, ogni Potenza e tutti i Doni!

La Corte Celeste di legioni degli Angeli, il cui Principe è San Michele, sta a Mia disposizione per venire da voi quando Mi chiederete aiuto attraverso la Mia intercessione.

Aspetto la proclamazione del *quinto dogma*; che Mi darà il potere di proteggere tutti i figli di Dio consacrati a Gesù attraverso il Mio Cuore Immacolato.

Diletti figli di Dio, non interessatevi alle chiacchiere; è importante la preghiera!"

... Sta innalzando ora le perle del Rosario.

"È l'unica arma per i vostri tempi ed è una preghiera così potente! Se capiste il suo valore, recitereste gli "Ave Maria ... Santa Maria..." continuamente, anche mentre parlate con qualcuno – ascoltate, recitate gli "Ave Maria ... Santa Maria...", parlando molto poco!

Diletti figli, non siate turbati, non siate ansiosi! Sono con voi. Semplicemente invocate la Mia Presenza! Questo Arcangelo che sta alla Mia destra, San Michele, ha il potere di distruggere ogni forza malvagia lanciata contro di voi, o che verrà lanciata contro di voi - con "lanciata", intendo: che sarà diretta a farvi del male - perché lo scudo di Dio è attorno a voi ed attorno a coloro che invocano il Mio Mantello Immacolato. È uno scudo che Satana non può penetrare!

Sappiate che sono la Donna vestita di Sole[149] e che schiaccerò la testa di Satana![150]

Il Mio Cuore Immacolato trionferà alla fine e la Russia verrà consacrata al Mio Cuore Immacolato, e l'era della pace discenderà sul vostro mondo. Ora dovete attraversare questi momenti ed sono Colei alla quale Dio ha dato ogni Potere, ogni Grazia, tutti i Doni per dirigere questo momento e per proteggere i figli di Dio che lo attraverseranno, tra i quali sarà scelto il Resto! La vostra fede è vitale! Sapete, dovete pregare per questo Dono; specialmente i Miei Figli di predilezione e le Spose di Cristo, conosciute come Suore, i Religiosi, che devono pregare per questo Dono!

Verrò per ricevere questa sofferenza nella sua pienezza, piccola, Mia e del Mio Gesù, nell'ora della Divina Misericordia domani, conosciuto come il primo Venerdì.

Sono la Madre di Dio, la *Mediatrice di ogni Grazia, Co-Redentrice* ed *Avvocata* in Cielo, aspettando di essere proclamata tale sulla terra, ed accadrà con le vostre preghiere.

Vi amo profondamente. Vi ringrazio immensamente per avere risposto in questo modo all'essere uniti al Mio Gesù ed a Me che sono Co-Redentrice con il *Redentore* Gesù, Vero Dio e Vero Uomo. Amen." *(Primo Giovedì, 6 Settembre 2018)*

95. NON CI SONO MOLTE ANIME VITTIME

... tanti bambini deformati... tanto danno è arrecato con questa droga... "Ave Maria ... Santa Maria..." la legalizzazione di questa droga è l'adorazione di Satana ed il sacrificio dei feti non nati...

---
[149] Ap 12,1
[150] Gen 3,15

comportamento Satanico... Santa Maria... proteggici Mamma Santa... proteggi questi bambini... "Ave Maria... Santa Maria..."

Molti saranno usati come olocausti nel culto Satanico, bambini prematuri... "Ave Maria... Santa Maria..."

La legalizzazione di questa droga è una terribile implicazione per il genere umano... è Satana che sta ascendendo al potere ora... "Ave Maria... Santa Maria..."

Con questa, tutte le altre droghe verranno al potere come medicine per sbarazzarsi di così tanti figli di Dio. Loro saranno schiavizzati da questo potere del male.

Parla la Madonna:

"Diletti figli Miei, sappiate e comprendete questo momento che sta giungendo. È il regno di Satana che sta sorgendo sotto la copertura della legalizzazione di questa droga. Molti di voi si sottometteranno a questa.

Sappiate che quando vi sottometterete ad essa, diventerete gli avvocati di Satana; vi solleverete contro i vostri stessi parenti ed i vostri stessi genitori; ed i genitori contro i propri figli, mettendosi a morte a vicenda[151]. Vi avverto di ciò! Sono la *Madre di Dio*, sono la vostra Madre Celeste. Mi lasciate impotente quando scegliete Satana come padre e madre, e scegliete i suoi avvocati, gli angeli caduti, come vostri aiutanti. Loro vi distruggeranno, arto per arto, e vi useranno come sacrificio per il l'adorazione Satanica. Questa è la libera volontà che Dio vi ha dato, ora dovete scegliere Dio o Satana come vostro dio.

Alla fine il Mio *Cuore Immacolato trionferà*, mentre Satana sarà distrutto e l'era della pace scenderà sul vostro mondo. Sappiate, cari figli, che Dio è sempre un vincitore.

---

[151] Mc 13,12

Potrebbe sembrare che stia perdendo la battaglia, ma vi ha dato la libera volontà di scegliere tra Lui e Satana, che vuole essere come Dio, ma non lo è! Non ha potere su Dio, ha solo il potere che Dio gli ha concesso per un po'. Ora dovete realizzare che state entrando in un'era di grave pericolo ed oscurità, dove le Anime del genere umano saranno macchiate e verranno scritte le leggi di Satana su di loro, su coloro che sceglieranno Satana come loro dio, rinnegando Dio!

Solo attraverso tale sofferenza come questa piccola, Mia e del Mio Gesù, queste Anime possono essere salvate, ma non ci sono molte Anime Vittime per salvarle; neanche i Miei Sacerdoti vogliono essere Anime Vittime, e li chiamo ora ad essere Anime Vittime, per salvare le Anime! Non abbiate paura della sofferenza, avete visto il vostro Signore, i cui passi i Miei diletti figli di predilezione sono chiamati a seguire. Sappiate e comprendete che la sofferenza si abbatterà su di voi anche se non scegliete di essere Anime Vittime. Quell'ora è vicina!

Molte delle Mie Chiese verranno chiuse. Con questo, potete comprendere le Chiese – la Chiesa Cattolica che Mi onora come sua Madre, la *Madre di Dio*, e come la Madre di tutta l'umanità, attraverso la quale Dio sceglie di riscattare e salvare i Suoi figli! Sta arrivando la Mia ora di Potere come *Immacolata Concezione*, che schiaccerà la testa di Satana[152], ma voi dovete scegliere tra Satana e Dio. È allora che Io diventerò la vostra Madre Celeste, perché ogni Potere, ogni Grazia sono state affidate a Me per salvare i Miei figli dalla schiavitù del nemico di Dio, Satana stesso.

Alla fine, il Mio Cuore Immacolato trionferà e l'era della pace scenderà sul vostro mondo, e il Regno del Cuore Immacolato e del Sacro Cuore di Gesù fiorirà per i mille anni di Pace[153].

---
[152] Gen 3,15
[153] Ap 20,2

Sono la *Madre di Dio*, la *Mediatrice di ogni Grazia*, *Co-Redentrice* ed *Avvocata* in Cielo, aspettando di essere proclamata tale con questo titolo - attraverso le vostre preghiere ciò avverrà - affinché Io possa salvare più Anime che si stanno rendendo schiave dei culti Satanici, scegliendo Satana come loro dio!

"Chi è come Dio?

Nessuno eccetto Te! Nessuno eccetto Te, O Dio! O Dio, O Dio!"

"Nessuno eccetto Te", urla San Michele, che è il vostro compagno quando Lo chiamate. Lui vi aiuterà a combattere queste forze dell'oscurità. È l'Angelo Potente di Dio, il Mio servo, come chiama Sé Stesso, servo dell'*Immacolata Concezione* - sono Io.

Vi amo, diletti figli Miei. Sono la vostra Madre Celeste.

Sono impotente quando non Mi invocate. Ho bisogno del vostro consenso per abbracciarvi e salvarvi dalla schiavitù del mondo Satanico e perfino da Satana stesso! Lui non ha potere su di Me come Immacolata *Concezione*: sono Io, la vostra Madre Celeste che vi ama profondamente, la *Madre di Dio*, ve lo ricordo. Amen." *(Giovedì Santo, 6 Settembre 2018)*

ANNO 2019: SONO IL MEDIATORE TRA VOI E MIO PADRE, MA MIA MADRE È LA MEDIATRICE TRA VOI E ME

96. SAN GIUSEPPE È COLUI CHE BISOGNA INVOCARE E PREGARE IN PUNTO DI MORTE

Parla la Madonna:

"Diletti figli Miei, vi ringrazio immensamente, specialmente questa piccola, Mia e del Mio Gesù, perché soffrite per i vostri fratelli e sorelle che ripagano la Giustizia Divina, e perché mi permettete di offrire questa sofferenza per espiare il tempo che devono servire in Purgatorio. Capite che, oltre Me, c'è San Giuseppe, il Mio Casto Sposo sulla terra, ora in Cielo? Il Suo Regno deve essere compreso sulla terra come 'silenzio'. È Lui che bisogna invocare e pregare nell'ora, nell'ora finale, della transizione di una persona dalla terra alla Risurrezione, conosciuto come il momento di morte, morendo alla terra, elevandosi nella Risurrezione. A Lui è conferito questo speciale privilegio: Lui Stesso porta le Anime a Gesù, il Divino Salvatore, ed intercede per loro in quel momento. Nei prossimi giorni spiegherò questo concetto nel Regno di San Giuseppe. Amen.

Ora, cari figli, desidero anche molto ringraziare il Mio diletto del Diletto, Felix Xavier, per avermi assistita ancora una volta aiutando questa piccola, Mia e del Mio Gesù, Cleophas, sua sposa, mentre si sottopone a questa sofferenza che porterà frutto, frutto eterno, per riportare le Anime a Dio, e in tutta l'eternità con Dio.

Desidero profondamente far conoscere che la prossima sofferenza che si abbatterà su questa piccola, Mia e del Mio Gesù sarà per la Chiesa Universale e Domestica, per la grande tempesta che si sta sollevando a causa del peccato di Sodoma. Lei soffrirà notevolmente, ma sarò con lei tutto il tempo."...
(Primo Venerdì di Quaresima, 15 Marzo 2019)

97. QUESTO IL PENSIERO UMANO: VOLER ESSERE COME DIO, IL VOLERE DEMONIACO

Gesù fa cenno con le Sue Mani per vedere... i soldati che vengono guidati da Giuda. Lui arriva dritto da Gesù marciando; ma ha già detto loro che Colui che bacerà è colui che dovranno arrestare[154] per portarlo al sicuro. Qui la parola scisma emerge.

Parla Gesù, Anima ad Anima:

"Cara figlia Mia, piccola Cleophas: Io, il Maestro, ti ringrazio per avere immolato te stessa in Me. Sappi e comprendi ora: Giuda Iscariota Mi darà un bacio, con il quale Mi tradirà, pensando che Mi salva dalla Volontà di Dio - che lui non comprende. Questo è ciò che devi comprendere – lo 'scisma nella Mia Chiesa' oggi!

Questi sono coloro che tradiranno il Santo Padre, il Mio Pietro, perché non comprendono la Volontà di Dio. In questo modo capirai anche che quando sarò elevato ed esalerò il Mio ultimo respiro domani nel senso di quel primo Venerdì Santo, vedrete il velo squarciarsi[155] - questa è l'interpretazione del *Grande Scisma*! Non ce n'è mai stato uno simile, né mai ce ne sarà! Questo è il tradimento del Mio Pietro, e facendo così stanno tradendo Me! Questa è il pensiero umano che ha accettato di essere come Dio – il volere demoniaco – ma tuttavia loro non lo sanno! Questi sono i Miei fedeli, come una volta il mondo li vedeva e parlava di loro. Oggi tradiscono la Chiesa Cattolica con un bacio come Giuda. Sarebbe meglio per loro se non fossero mai nati[156]! Amen, Amen."

Giuda arriva marciando e va dritto da Gesù, e Lo bacia. Il Signore lo guarda e dice:

---

[154] Mt 26,48
[155] Mt 27,51
[156] Mt 26,24

"Con un bacio Mi tradisci, Giuda[157]." E Giuda non comprende ciò che Gesù sta dicendo, lui pensa di star salvando Gesù dalla Sua pazzia della morte, e proprio questa pazzia è la Volontà di Dio, ed è Giuda che porta Gesù su questo sentiero che Lo condurrà nella Risurrezione. Ora Giuda guarda Gesù, mentre i soldati vengono e lo arrestano.

E Gesù parla con Giuda, Anima ad Anima: "Perché hai fatto questo?"

Giuda parla al Signore, Anima ad Anima: "Tu hai detto che ti avrebbero ucciso, e che il Figlio dell'Uomo sarebbe stato tradito e messo a morte, che sarebbe risorto il terzo giorno. Non voglio che questo Ti accada! Tu non sai di cosa stai parlando. Devi essere diventato pazzo!"

E Giuda guarda Gesù come se stesse facendo del bene per Lui, e Gesù parla a Giuda dicendo: "Giuda, quanto ti ho amato! Persino adesso!", e poi è come se qualcosa si rompesse come una corda, come un cordone ombelicale tra la madre ed il bambino, e Gesù non parla più a Giuda, e Giuda non riesce più a sentire il Signore. Mentre stanno uscendo dal Giardino degli Ulivi, Giuda guarda Gesù mentre Lo picchiano, e non sa cosa fare! Prova a fermarli, ma non ci riesce. "Vattene", gli dicono, "ti abbiamo pagato."

... e la visione si chiude per me, la sofferenza incomincia sul mio corpo, la sofferenza di così tanti che tradiranno il Santo Padre, la Chiesa Cattolica!

... Molti falsi profeti si stanno sollevando proprio come coloro che dissero, "Questo è Colui che ha detto di distruggere il tempio e lo avrebbe ricostruito in tre giorni[158]!"

Marceranno contro il Santo Padre senza realizzare che stanno diffondendo una pestilenza devastante di bugie ed inganno, tutto in nome della 'Verità', dicendo che il Santo Padre bestemmia contro Dio.

---

[157] Lc 22,48
[158] Mc 14,58

Sono già stati attratti dall'idea e convinzione che lui sia l'anticristo, ed il Papa nascosto l'antipapa. Molti sono confusi! Se credono che il Papa nascosto, Papa Benedetto XVI, sia Emerito come un buon Papa, come potrebbe essere 'l'antipapa'?

Gesù mi parla, Anima ad Anima:

"Com'è possibile che colui che chiamate 'buon Papa', il Mio Papa nascosto, che sta soffrendo molto per la Mia Chiesa, Mia Sposa, che aiuta e sta a fianco del Mio Pietro, che sta soffrendo grandi ansie a causa delle vostre false accuse - possa essere così? Un vero Papa può autenticare il falso? Non potrebbe mai! State portando condanna su voi stessi e sui vostri figli che state crescendo affinché vivano come veri Cattolici, nel senso di vivere secondo la cultura della Vita, però avete abbandonato il fondamento, la Roccia, sulla quale ho costruito la Mia Chiesa[159]; la Mia Parola rimane[160]! Non potrà mai essere annullata! Tu sei Pietro. Su questa Pietra, edificherò la Mia Chiesa e le potenze degli Inferi non prevarranno su di te. Sono con voi fino alla fine dei tempi.[161]' Non capite, voi, i fedeli che Mi amano: Mi state tradendo ora con un bacio, tradendo il Mio Pietro – Lo Scisma!

Sono Gesù di Nazaret, Vero Dio e Vero Uomo, consegnato nelle mani dei peccatori, soffrendo questa notte per ciò che è piombato sul mondo intero a causa dello Scisma nella Chiesa Cattolica, Mia Sposa. Amen, Amen."

La Visione si chiude per me.

... Madonna!

"Figlia, Io sono con te. Ora ti riposerai finché ti sveglierò e camminerò con te per vedere ciò che il Nostro Divin Salvatore, il

---

[159] Mt 16,18
[160] Mt 24,35
[161] Mt 28,20

Mio Figlio Divino sopporta a causa dello Scisma nella Chiesa - la Chiesa Cattolica.

Sono la *Madre di Dio*; sono la vostra Madre Celeste, e vi porto con Me attraverso questi momenti. Amen." *(Giovedì Santo, 18 Aprile 2019)*

98. QUESTO È LO SCISMA, IL GRANDE SCISMA!

Stanno tirando calci a Gesù, e lo prendono. Il mio corpo sente questo dolore... Ah!... Signore... non vedo né sento, provo solo il dolore sul mio corpo...

... Alcuni di noi, quando picchieranno i Pastori, fuggiranno in luoghi nauseanti simili a celle. Non ci sarà scelta. Ora dovete comprendere che questo momento di false accuse e false denunce non verrà da coloro che non credono. È lo spirito di orgoglio; le Anime ribelli piene di presunzione e gelosia che uccideranno, fratello contro fratello, madre contro figlia, sorella contro sorella, padre contro figlio.[162] Penseranno di fare ciò che è giusto, tollereranno gli abomini e le persone abominevoli, ma non tollereranno coloro che credono nel Papa regnante, oggi Sua Santità papa Francesco I, in unione con il Papa Emerito Benedetto XVI.

Questa è la divisione, la cultura della morte, eppure loro pensano di essere portatori della cultura della Vita. In loro, il Mio Spirito Santo non dimorerà! È zelo per la legge, i regolamenti ed i precetti; non amore! È solo l'amore che porterà Misericordia e Giustizia, ma loro non accetteranno questo Amore! È una falsa nozione di amore e autogiustificazione quella con la quale marceranno! Vi trascineranno fuori dalle vostre case e vi picchieranno a morte! Vi lapideranno anche, credendo di sbarazzarsi di tutti quelli che credono nell'anticristo e nell'antipapa, che ancora non sta sul Trono di Pietro – ma crederanno che è lui. Che momento orribile!

---

[162] Lc 12,53

... Hanno riportato Gesù da Pilato, di ritorno da Erode.

"Guarda, figlia!" *Anima ad Anima, parla Gesù:*

Ora la Madonna sa che sono terrificata. Mette il Suo Mantello attorno a me ed ora riesco a vedere e sentire ciò che Lei sta vivendo in questo istante.

"Guarda come rimasi in silenzio davanti ad Erode[163], e lui non Mi lapidò, ma Mi rimandò da Pilato. Non vi daranno neanche l'opportunità di comparire davanti ai giudici, ma si faranno loro stessi giudici ed uccideranno l'innocente, ed assolveranno il colpevole, come vedrai tra poco quando Pilato si laverà le mani[164] e Mi condannerà, rilasciando il colpevole! Questa è la freddezza del cuore, questa è la mancanza di fede, e non in coloro che non Mi conoscono; sono coloro che dicono di conoscermi, i fedeli! Questo è lo Scisma, il *Grande Scisma*!

Sono Gesù di Nazaret, soffrendo gravemente per le Anime 'tiepide' che hanno distolto il loro sguardo da Me e dal Padre Mio in Cielo! Amen. Amen." *(Giovedì Santo, 18 Aprile 2019)*

99. DOVETE ANDARE DA LEI, E POI DA ME: È LA VOLONTÀ DEL PADRE MIO!

Gesù parla, Anima ad Anima, mentre viene portato via:

"Piccola Mia, quanto vorrei che molti Mi consolassero come lo fai tu. Se solo sapessero quanto li amo! Loro valgono molto più di ciò in cui si sono ingannati. Hanno ridotto sé stessi sotto il valore degli animali! Ma, persino adesso, se si pentono ed accolgono la croce che ho destinato per loro in unione con Me, si innalzeranno!

---
[163] Lc 23,9
[164] Mt 27,24

Figlia, sappi ora che vi trascineranno via! Dico questo alla Chiesa Militante. Molti di voi saranno lacerati, picchiati per far sì che Mi rinneghiate!... *e qui, Oh Signore!... Ah!... una Lacrima cade da Gesù piena di Sangue. Ah!... piangendo... Ah!... Signore, La raccoglierò e la cospargerò sulle Anime per le quale vuoi che io preghi...* "Se solo sapessero che rinnegarmi significherebbe morte eterna, ma comunque accetterebbero ciò per paura degli uomini!"

"Sono Gesù di Nazaret, che soffre qui per ognuno dei Miei figli."

Adesso presenta qualcosa di abbastanza diverso.

"Sono il Mediatore tra voi e Mio Padre, ma Mia Madre è la Mediatrix – Mediatrice tra voi e Me. Capite questo: dovete andare da Lei e poi venire da Me: è la Volontà del Padre Mio! Così capirete la Consacrazione e l'Amore che provo per la Mia Beata Madre, che tutti voi dovete accogliere- tutti voi Miei diletti figli, come questa piccola ed il suo sposo, Mio diletto, Io che sono il Diletto del Padre Mio - Gesù di Nazaret. Amen, Amen." *(Giovedì Santo, 18 Aprile 2019)*

*

Gesù parla Anima ad Anima: "Piccola Mia, Cleophas."

Iveta: 'Sì, Signore'.

"Vedi, ora porti la Mia Sofferenza, unita alla Mia Madre Beata. Si chiama *'sofferenza nascosta'*. Così la Mia *Chiesa clandestina* porterà la sofferenza. Molti membri talvolta verranno trascinati fuori, e dovranno testimoniare questo e soffrire! Vedi come Mi venerano? Questa è la derisione di coloro che hanno unito le forze.

Hanno diviso la Chiesa Militante e, anche nella gerarchia, si sono separati, formando una 'nuova chiesa'. Non sono diviso! Sono unito a Mio Padre, e Mio Padre a Me ed alla Mia

Sposa[165], la cui croce il vostro Santo Padre, da me benedetto, Mio Papa, Mio Pietro, porta ora, secondo quella che fu la Mia istruzione quel primo giorno in cui nominai Pietro, dicendogli che lui sarebbe stato colui al quale avrei dato le chiavi della Mia Chiesa, e che su di lui avrei edificato la Mia Chiesa.[166]

Vedi come Mi deridono? Questi sono coloro che disonorano Mia Madre in quello che è chiamato il 'movimento Carismatico', ispirato al Mio Cuore, tuttavia non con Amore! È solo un nome, ma ci sono alcuni, proprio nel movimento Carismatico, che onorano Mia Madre ed hanno devozione per Lei, lodando Me e venerando Lei, adorando Me e consacrando sé stessi al Suo Cuore Immacolato per appartenere a Me. Il Suo Cuore Immacolato co-redime con Me. Il Suo Cuore Immacolato riceverà tutte le Grazie conferitemi da Mio Padre ed i Doni che vi ho fatto conoscere.

Ora, quando spirerò e tornerò al Padre Mio e Padre vostro[167], sarà Lei a portare voi e la Mia Chiesa. In questo modo, se voi consacrerete voi stessi al Suo Cuore Immacolato, i vostri cuori saranno circoncisi da tutto il male.[168] Lei può tagliare il più spesso prepuzio del male, che soffoca il vostro cuore e non permette che riceviate la Mia Grazia attraverso Lei, e Lei vi presenterà a Me; Io sono l'*Avvocato* tra Me e Mio Padre, e Lei tra voi e Me; sono il Giudice Divino in Cielo; Lei, la Mia *Avvocata* sulla terra per portarvi a Me - e che vi preparerà nonostante tutte le vostre colpe, anche dopo che sono morto per voi. Ma voi continuate per la strada della perdizione![169]

Se vi pentiste e consacrereste voi stessi al Suo Cuore Immacolato, capireste che Lei vi preparerà, e sposterà perfino l'ago della bilancia chiamando delle Anime Vittime a soffrire

---
[165] Ef 5,25
[166] Mt 16,18
[167] Gv 20,17
[168] Dt 30,6 – Ger 4,4
[169] Mt 7,13

per voi, come questa piccola Mia, la vostra diletta sorella Cleophas, che sta soffrendo oggi per così tanti che si pentiranno e torneranno attraverso il Suo Cuore Immacolato, e La accetteranno come loro Madre, loro Mediatrix – Mediatrice ed *Avvocata*, Che co-redimerà per loro!

Gesù di Nazaret, Amen. Amen." *(Giovedì Santo, 18 Aprile 2019)*

*

Gesù parla ora Anima alla mia Anima:

Guarda, figlia: è quello che stanno facendo con delle corde in questo scisma tanto diffuso della Mia Chiesa. Come si può tirare fuori il midollo dall'osso? Separando sé stessi. Si stanno tirando fuori e stanno diventando come ossa vuote. Il midollo esiste nel Mio Pietro, la linea di discendenza della Grazia Sacramentale che dona Vita e Sangue della Mia Chiesa Cattolica, Mia Sposa.

Hanno iniziato una tale derisione di lui nella gerarchia, lo deridono in ogni istante. Non importa cosa dice, la loro decisione è stata presa – come senti la folla, i Farisei, i Sadducei, gli Scribi e tutti coloro che ho guarito e fatto stare bene – loro si sono voltati dall'altra parte e si sono tappati le orecchie, e vedendo non vogliono vedere, e sentendo non vogliono sentire![170] Ho già pronunciato queste parole, dicendo che nel vedere sono come coloro che non vedono, nel sentire sono come coloro che non sentono e nel percepire non riescono a percepire!

Capisci lo scisma ora? Hanno perseverato diligentemente, sanno tutto di Me, ma non hanno Fede! La Fede nasce con la Misericordia e l'Amore in ogni Anima. Quando non privi l'Anima dell'Amore per Dio, nella piccolezza dell'umiliare voi

---
[170] Mc 8,18

stessi e di non usare voi stessi per giocare a fare Dio, nell'Amore per l'altro, nella Misericordia che perdona, crescerete nella fede e diventerete ricchi di Amore! È allora che Io e il Padre Mio verremo ad abitare nella vostra Anima.[171] Noi rimarremo in voi e voi in Noi! È in questa fede che nascerete ad una nuova vita[172] con Me e il Padre Mio, e lì, Mia Madre sarà con voi. Attraverso il Suo Cuore Immacolato raggiungerete questa comprensione e strapperete via tutto ciò che vi soffoca e vi blocca dalla Vera Fede e dal Vero Amore, accogliendo la Mia Misericordia!

Gesù di Nazaret, che sta per essere condannato per molti... e Gesù lascia cadere una lacrima. Ah!... Questo per la consapevolezza delle Anime 'tiepide' che non cambieranno. Amen, Amen. (Giovedì Santo, 18 Aprile 2019)

100. QUESTO RIGUARDA COLORO CHE STANNO CHIEDENDO LE DIMISSIONI DEL MIO PIETRO, PER SPODESTARLO!

"Volete che rilasci Barabba (non riesco nemmeno a pronunciare il suo nome; solo guardando la scena, rabbrividisco dentro) o Gesù, Re dei Giudei? E loro urlano "Non abbiamo altro Re che Cesare[173], rilascia Barabba!"

"Non voglio avere niente a che fare con il Suo Sangue," dice Pilato a loro, "non trovo colpe in questo Uomo Innocente". "Il Suo Sangue ricada su di noi e sui nostri figli."[174]

Ora parla Gesù, Anima ad Anima:

"Capisci questo, piccola Mia, Cleophas?"

---

[171] Gv 14,23
[172] Gv 3,3
[173] Gv 19,15
[174] Mt 27,25

Iveta: "No, Signore... piangendo... sono solo una bambina, che significa ciò?

Parla Gesù:

"Questo riguarda coloro che stanno chiedendo le dimissioni del Mio Pietro, per spodestarlo! Sono coloro che lo chiamano l'anticristo, l'antipapa! Loro non capiscono neanche cosa stanno dicendo. Vogliono che il Suo Sangue ricada su loro stessi, sui propri figli. Stanno percorrendo il sentiero della perdizione[175], come ha detto Mia Madre. Questo è un veleno mortale che, dato che la Russia non è stata consacrata al Suo Cuore Immacolato in tempo, si è infiltrato tra gli Eletti ed i fedeli! Dovete comprendere e rimanere fedeli, voi che siete consacrati autenticamente al Cuore Immacolato di Mia Madre, la Mia Madre Beata, che soffre così tanto per il vostro mondo ora!

Gesù di Nazaret. Amen, Amen." *(Giovedì Santo, 18 Aprile 2019)*

101. TUTTA L'IRRIVERENZA CON LA QUALE GESÙ VIENE RICEVUTO

Gesù non protesta. Come un agnello condotto al macello in silenzio, neanche un belato![176]

Ora Gesù viene portato via e, mentre Lo preparano a ricevere la Sua Croce, tirano fuori la Croce.

La Madonna è tornata. Con "tornata" intendo che avevo avuto questa visione negli anni passati, in cui Lei stava raccogliendo – ripulendo - il Suo Sangue con la Sua Veste, e la moglie di Pilato arriva e Le dà degli asciugamani; e la guarda e dice: "il Figlio Tuo?" ... Ah!... La Madonna le fa cenno di non piangere per Lui ma per i suoi figli, per sé stessa, per le

---
[175] Mt 7,13
[176] Is 53,7

donne e per i loro figli, e continua a pulire. Raccoglie tutta la Sua Carne e La mette in un sacchettino che crea facendo una piega nella Sua Veste, e lo nasconde nella Sua Cintura per tenere stretta questa Carne.

Ora la Madonna mi parla:

"Piccola, Mia e del Mio Gesù, Cleophas, che soffri in questo giorno per molte Anime, non comprendi ciò che ho fatto. È quello che succede in molte comunioni dissacranti per tutta l'irriverenza con la quale Gesù è ricevuto: Frammenti che cadono a terra, Gesù lasciato abbandonato da coloro che non Lo vogliono ricevere, lasciato tra le panche delle Chiese e gettato via nell'incredulità! Così mando i Miei Angeli a raccoglierli, come una volta facevate voi.[177] Voi eravate come Angeli che si sottopongono alla riparazione che si deve fare, la riparazione necessaria - di preghiere per tali offese! Ora questa offesa è diffusa, e la condanna[178] si abbatterà sotto forma di persecuzione! Capite anche che questo è il male che avevo predetto, che la Russia avrebbe diffuso i suoi errori ed il lassismo sarebbe nato nell'incredulità verso la Vera Presenza di Gesù nella Santa Eucarestia, come Vera Carne e Vero Sangue!

Maria di Nazaret, co-redimendo con il *Mediatore*, come *Mediatrix -Mediatrice*. Amen" (*Giovedì Santo, 18 Aprile 2019*)

102. LA CHIESA CLANDESTINA È PREPARATA PER IL RESTO FEDELE

La Madonna viene sorretta da Maria di Magdala e da San Giovanni l'Apostolo. Ci sono molte donne dietro di Lei. È come un piccolo gruppo di fedeli, nel mezzo alla folla che sta urlando

---

[177] È successo spesso che Felix ed Iveta trovassero in alcune chiese pezzi della Santa Eucarestia gettati a terra nella miscredenza e Li raccogliessero con grande riverenza.
[178] 1Cor 11,29

"Crocifiggetelo!", e Gesù accetta la croce a braccia aperte. La appoggiano sulla Sua spalla destra.

Gesù mi parla, Anima ad Anima: "Piccola Mia, Cleophas, capisci ora?"

Iveta: No, Signore. Comprendo che devo portare la Mia Croce, ma non capisco nient'altro."

"Sì, nella fedeltà devi portare la tua croce,[179] ed è quella che la Mia Madre Santa poggerà sulla tua spalla in alcuni momenti del tuo esilio sulla terra, per essere unita a Me. Ora sappi e capisci che la *Chiesa clandestina* è preparata per il *Resto*[180] fedele che rimarrà fedele, e non per coloro che hanno abbracciato la via dello scisma, il male molto diffuso di coloro che una volta erano dei fedeli che accettavano la Mia Croce – ovvero che ricevevano la Grazia Sacramentale della Chiesa – ed ora tradiscono! Perché loro stanno giocando ad essere alla pari a Dio e sfruttano le vie di Dio, per abbassarlo ad un modo di pensare umano e demoniaco, acclamando di star costruendo una 'nuova chiesa'. E lo permetterò, ma ora la vostra fede verrà messa alla prova da ciò - e non dai non credenti - nel rimanere fedeli al Mio Pietro, il Papa regnante oggi, il vero Papa secondo il Mio Cuore, il Mio Sacro Cuore, ed il Papa nascosto. Questo dovete capire dell'antipapa, di come prenderà il suo posto!

E le preghiere del Papa nascosto sono per voi, la Chiesa Militante ora; mentre qualcuno emergerà per costruire una 'nuova chiesa', e quello sarà l'anticristo! Non lasciate che vi domini la paura, sapendo tutto ciò! Abbracciate solo le Mie vie, consacrando voi stessi al Cuore Immacolato di Mia Madre. Il Suo Cuore Beato regnerà e trionferà su tutti i Miei avversari in quei tempi!

---

[179] Mt 16,24
[180] Ap 12,17

E di massima importanza è la proclamazione del *Quinto Dogma*, come è stato fatto conoscere, affinché Lei venga proclamata *Mediatrice di ogni Grazia, Co-Redentrice* ed *Avvocata* per dispensare le Grazie necessarie al Mio Resto, il Mio vero Resto, non la 'nuova chiesa' – non esiste una cosa del genere! Sì, il Cielo e la terra passeranno, ma le Mie Parole non passeranno,[181] neppure il punto più piccolo![182]

Sono Gesù di Nazaret, che soffre ora per il *Grande Scisma* nella Chiesa, che porta questa Croce, che prega affinché molti rinuncino a queste falsità e tornino alla Verità: sono Io nella Mia Chiesa Cattolica, sempre eretta sulla Solida Roccia sulla quale l'ho edificata[183] - e rimarrà in piedi! Amen, Amen! Ora riposati, figlia, il tuo corpo è stanco." *(Venerdì Santo, 19 Aprile 2019)*

103. ABBIATE CORAGGIO, HO GIÀ PERCORSO QUESTO CAMMINO!

Ora Gesù mi parla, Anima ad Anima:

"Voi Mio *Resto*, la Chiesa Militante, come è stata conosciuta: rimanete fedeli! Rimanete fedeli! Ciò che hanno fatto a Me in quest'ora e nell'ora che porterà alla Mia Risurrezione, lo faranno anche a voi! Ma abbiate coraggio, ho già percorso questo cammino, dovrete solo seguirmi! Ed ora dovete capire, voi tutti Santi Ordini e coloro che rimangono fedeli a Me: tra voi ci sono quelli che faranno la stessa cosa che hanno fatto a Me - lo faranno anche a voi, ve l'ho già detto.

Questo è il grande castigo, la catastrofe della perdita di coscienza dell'umanità che porterà al regno dell'anticristo e dell'antipapa; eppure sono con voi in tutto.

---

[181] Mt 24,35
[182] Mt 5,18
[183] Mt 16,18

Nella *Chiesa clandestina* officerete, e porterete il frutto della Nuova Terra e dei Nuovi Cieli[184], il Nuovo Ordine, l'*Ordine del Mio Sacro Cuore e del Cuore Immacolato di Mia Madre,* per i Miei Sacerdoti e le Mie Spose. Capirete che allora, in quei tempi, imparerete il modo di "amalgamare", e sarò con voi attraverso tutto, e così anche il Mio Pietro. Gesù di Nazaret. Amen, Amen.".

Gesù parla, Anima ad Anima, mentre si sta avvicinando alla cima:

"I tanti documenti che stanno spargendo bugie malvage sul Mio Pietro stanno distruggendo le menti degli innocenti, dei loro bambini, ed aumenteranno nella loro falsità, perché lo permetterò. Diventeranno forti nel loro orgoglio, mentre le coscienze si spegneranno sempre più in ogni momento; ad ogni bugia non conosceranno la verità, quando sta davanti ai loro occhi. Questo è il *Grande Scisma*, non ce n'è mai stato uno simile! Ho fatto conoscere tutto questo chiaramente. È peggio per le Anime dei figli di Dio che hanno scelto di percorrere il cammino della perdizione, peggio degli effetti della terza guerra mondiale, che verrà!

Gesù di Nazaret, Vero Dio, Vero Uomo, ora pronto ad essere crocifisso, Amen. Amen." (*Venerdì Santo, 19 Aprile 2019*)

104. QUESTA SANTA CHIESA SIA RICOSTRUITA E CONSACRATA A ME SOTTO IL TITOLO DI 'MARIA, MADRE DELLA CHIESA, MADONNA DEL MONTE GANXIM-BATIM'

Parla la Madonna:

"Diletti figli Miei, Miei diletti figli di predilezione, dilette figlie Mie di predilezione, che profumo piacevole siete per Me! Vi siete riuniti in così tanti. Se solo capiste questo momento!

---

[184] Ap 21,1

Siete la forza che emergerà in queste ore di oscurità contro la cultura di morte, per costruire la *cultura della Vita* come Dio la voleva fin dal principio.

Desidero con un grande desiderio ringraziarvi immensamente. A voi che siete stati fedeli a Me fin dal primo momento in cui sono discesa su questo Santo Monte e l'ho rivendicato per Dio: capirete oggi! Siate pazienti con la vostra Madre Celeste, perché ho molto da rivelarvi.

Ora dico questo al Pastore di questa Diocesi, il Mio diletto figlio di predilezione, l'Arcivescovo, Sua Grazia l'Arcivescovo Filipe Neri Ferrao. Ti ringrazio immensamente per avermi accolto, anche se sapevo che tu non saresti stato presente qui. E ringrazio il Pastore della Diocesi conosciuta nel Cielo come la Diocesi sorella di Goa, Sua Grazia il Vescovo Alwyn Barreto.

Sono al corrente del fatto che la tua presenza è richiesta in un altro posto, ma è il dovere della tua Madre Celeste quello di accoglierti e renderti consapevole della Sua presenza, che scenderà su questo Santo Monte. Senza il tuo permesso, non sarebbe possibile. Ti ringrazio immensamente e ora desidero con un grande desiderio mettere un giogo sulla tua spalla.

Questo giogo: desidero tanto che questa santa chiesa - già un pieno e vivo Tabernacolo di Dio che riporta le Anime a Dio - desidero che questa chiesa, che giace in uno stato di semi-rovina, sia ricostruita e consacrata a Me con il titolo di 'Maria, Madre della Chiesa, Madonna del Monte Ganxim – Batim'.

Ve lo prometto, Miei diletti figli di predilezione: non lascerò questo peso sulle vostre spalle; chiedo a tutti i Miei diletti figli qui presenti, e a tutti quelli che stanno assistendo a questo momento attraverso i dispositivi elettronici resi disponibili, di portare questo giogo come fece Simone il Cireneo. Con il vostro aiuto, questa chiesa sarà ricostruita e voi ne comprenderete il significato nei giorni che verranno."

Ora si ferma, e parla di nuovo:

"Diletti figli Miei, Io, ora, come vostra Madre Celeste, vi avverto del grande male che sta lacerando il forum centrale della Chiesa Cattolica, sotto l'apparenza di vivere l'ortodossia della Chiesa Cattolica, ma in realtà staccandosi dal Santo Padre, il capo della Chiesa Cattolica. Come poi vedrete, diletti figli? Questo dico ai Miei fedeli ed ai Miei figli e figlie di predilezione coinvolti in questo movimento chiamato *(Iveta: non riesco a pronunciare quella parola, Madre)* scisma *(Iveta: non sono certa)*. Non preoccuparti, continua, capirai. *(Iveta: Okay.)*

Vi assicuro che questo Papa regnante non è né l'antipapa né l'anticristo. Quello verrà presto e siederà sul trono di Pietro come abominio della desolazione[185]. Il suo regno deve venire affinché la potenza e la gloria di Dio vengano conosciute. Ma non temete, sono con voi! Camminerò con voi, fuggirò[186] con voi e vi farò evitare questi momenti di oscurità! Semplicemente affidate tutto al Mio Cuore Immacolato! Amen.

Ora, desidero profondamente che preghiate per il Santo Padre, il Mio diletto figlio di predilezione, Sua Santità Papa Francesco I, in unione col Papa Emerito Benedetto XVI, il Papa nascosto, che prega per il vostro mondo. Sono consapevole del fatto che avete pregato per loro. Continuate così! Mi fa molto piacere e riceverete molte benedizioni per le generazioni che verranno. Amen."

Poi si ferma e parla dell'altro[187]:

"Ora desidero molto farvi conoscere il pozzo, quello che conteneva l'acqua Santa per recare prodigi e guarigioni, prima spirituali e poi fisiche, che deve essere benedetto di

---

[185] Mc 13,14
[186] Ap 12,6
[187] L'altro maligno

nuovo dai Miei diletti figli di predilezione qui presenti, perché le acque sono state manomesse. Dio non inganna, né può essere ingannato! Sappiate e comprendete che questo pozzo è dedicato a San Giovanni Battista. Qui avverrà la conversione dei peccatori che verranno a bere quest'acqua. Ed il Custode è San Michele, ma, a meno che Dio emetta un ordine, lui non può fare niente, eccetto guardare soffrendo, come faccio Io."
(*25° Anniversario della Prima Visitazione della Madonna, Batim, Goa, India, 24 Settembre 24th, 2019*)

105. "CAPISCI LA CHIESA DESIGNATA NEL MIO CUORE IMMACOLATO?"

Ora si ferma e parla ancora:

"Miei diletti figli di predilezione, su di voi poggia il peso di questa terribile oscurità. Ma non temete! Sappiate e comprendete la potenza che Dio vi ha affidato! Siete nel più alto rango dell'uomo. La vostra carica è di un mandato superiore. Non fate compromessi! Sappiate solo che avete la potenza di esorcizzare tutti questi figli dagli spiriti delle tenebre e portarli allo spirito della Luce. Sappiate e comprendete anche che dovete prendere la Grazia Sacramentale assegnatavi ed affidatavi da Gesù, Mio Divin Figlio e Sommo Sacerdote, i cui passi dovete seguire, per compiere questa Missione e guidare la Chiesa assieme al Santo Padre. Rimanete fedeli a lui!

E voi, su di voi, Mie dilette figlie di predilezione, Spose di Cristo, poggia un peso molto grande, quello di condurre ed educare i figli della Chiesa Domestica, di guidarli verso la comprensione della Volontà di Dio, verso la comprensione della cultura della Vita contro tutto ciò che viene predicato loro dalla cultura della morte. Capirete questi momenti. Amen."

Iveta: "Ora sembra che Lei stia tornando indietro."

La Madonna: "Comprendi la Chiesa (designata) nel Mio Cuore Immacolato?"

Iveta: "No, Madre, come potrei? Sono solo una bambina."

"Proteggerò la Chiesa. Sono la Madre di questa Santa Chiesa, donata da Dio a tutta l'umanità. E in questo preciso istante, pongo un altro giogo sulla spalla del Pastore di questa Diocesi. Quando questa chiesa sarà ricostruita, desidero che venga affidata in custodia all'ordine conosciuto come ordine Carmelitano. Il senso è questo, è semplice: lo Scapolare della *Mediatrice di ogni Grazia* ha la sua origine nello Scapolare Carmelitano, che è la Mia Veste.

Vi supplico ora, Miei diletti figli e figlie di predilezione, di avere un amore più profondo per venire su questo Monte e somministrare la cura pastorale necessaria per le pecore che verranno, che sono in difficoltà e hanno bisogno del vostro aiuto. Mi aiuterete?

Vi amo profondamente. Sono la vostra Madre Celeste. Vi aiuterò. Amen."

"Desidero ora con grande desiderio ringraziare tutti i diletti figli Miei qui presenti, perché avete camminato nella fedeltà per un quarto di secolo con Me, ma c'è ancora molto da compiere, e sarà compiuto, perché Dio non fallisce mai nella Sua promessa di amore e nella Sua promessa di portare amore a tutti gli uomini. Come Madre di tutto il genere umano, di tutta l'umanità, vi amo e vi ringrazio immensamente!

Sono la *Madre di Dio*, sempre presente, ricordando ancora una volta a tutte le madri che non consacrano i loro figli per nome ogni mattino, di affidarli al Mio Cuore Immacolato. Mi prenderò cura di loro. Sappiate solo che posso fare ciò in questi giorni. Vi amo tanto. Sono la *Madre di Dio, la Mediatrice di ogni*

Grazia, Co-Redentrice ed *Avvocata* in Cielo; aspetto di essere proclamata tale sulla terra. Amen."

Iveta: "Ora si eleva, ma lascia il miracolo del sole, affinché molti possano esserne testimoni."

San Michele Arcangelo, difendici nella lotta: sii il nostro aiuto contro la malvagità e le insidie del demonio. Supplichevoli preghiamo che Dio lo domini, e Tu, Principe della Milizia Celeste, con il potere che ti viene da Dio, incatena nell'inferno satana e gli spiriti maligni, che si aggirano per il mondo per far perdere le anime. Amen.[188]

Nel nome del Padre, del Figlio e dello Spirito Santo, Amen." (25° Anniversario della Prima Visitazione della Madonna, Batim, Goa, India, 24 Settembre 2019)

---

[188] n.d.t.: si riporta qui la versione italiana della preghiera a San Michele Arcangelo come la si trova in: https://www.vaticannews.va/it/preghiere/san-michele-arcangelo.html

ANNO 2020: QUANDO VERRÀ PROCLAMATA TALE, APRIRÒ LE PORTE DELLA PIENA DEL CIELO COSÌ CHE TUTTI I DILETTI FIGLI MIEI POSSANO SOPPORTARE QUESTA SOFFERENZA DELLA PERSECUZIONE DELLA MIA CHIESA

106. UNA PIAGA ANCORA PIÙ DEVASTANTE CADRÀ SUL GOA PER PURIFICARLA

Parla la Madonna:

"Diletti figli Miei, vi ringrazio immensamente per essere venuti dinanzi a Me oggi a quest'ora, l'ora in cui voi scegliereste di riposare; e sì, piccola, Mia e del Mio Gesù, Cleophas, su di te poggia un peso molto grande, il peso del peccato che si sta manifestando ovunque...

Il Vaticano nel Mio Cuore Immacolato, come ti ho fatto conoscere nella Mia Visitazione sul Monte Ganxim, Batim, deve essere inteso in questo modo: c'è un'epidemia diffusa... - ... *Non quella parola di nuovo, Madre. Scisma, scisma...*- continua figlia, è tutto a posto, loro capiranno... che si sta sollevando con rapidità per spodestare il Santo Padre. La preghiera - molta preghiera - è necessaria per sostenerlo in queste ore, è vitale capire questo. Sì, a Me fa molto piacere, ma sono perplessa del fatto che molti si stiano chiedendo perché devono pregare in questo modo. È come se non vedessero né capissero questi momenti: tanti pregano a quest'ora precisa. E sono qui dinanzi a Me attraverso i loro Angeli Custodi con le candele accese, pregando per il Santo Padre. Mi fa molto piacere!

Ora desidero con un grande desiderio far conoscere il senso di: 'Batim si trova nell'ombra di Fatima'. Quello che state vedendo ora è un turbamento[189]. Perché Gesù disse: 'I poveri li avrete sempre con voi, ma non avrete sempre Me'[190]. Dovete capire questo ora: il fumo di Satana è entrato perfino tra la gerarchia. La preghiera è necessaria! Dovete rimanere diligentemente in preghiera e in un amore unificato per Me! Vedete ciò che avevo chiesto: che il Goa fosse consacrato al Mio Cuore Immacolato, come avevo fatto sapere. Tuttavia non

---
[189] Ciò che avvenne sul Monte Batim
[190] Gv 12,8

fu così, ed ora patisce gli errori della Russia. Sì, addirittura sul Mio suolo Sacro! Sappiate e comprendete che c'è bisogno di preghiera! Il Santo Sacrificio deve essere innalzato! Devono esserci processioni! Questo romperà la forza che causerà grande scompiglio nella terra in cui Dio ha scelto di manifestare la Sua Gloria, il Piano Salvifico di Dio per il vostro mondo. Ciò deve essere inteso in questo modo: l'Era Eucaristica!"

Si ferma e una lacrima scende...

"Diletti figli Miei, desidero con un grande desiderio farvi sapere questo: se il Santo Sacrificio non venisse innalzato come l'ho chiesto, non solo il Primo Sabato ma molti Santi Sacrifici, per espiare per le vostre offese commesse contro il Sacro Cuore di Gesù ed il Mio Cuore Immacolato, una piaga ancora più devastante di quella[191] con cui nel passato Dio colpì il monte di Ganxim-Batim ed i paesi circostanti, cadrà sul Goa per purificarla. Eppure, il piano di Dio si realizzerà!

Affinché questo non avvenga, vi chiedo di essere diligenti nella vostra preghiera dinanzi a Me. Sono qui ad aspettarvi. Non abbiate paura! Non siate turbati! Non siate ansiosi! Non vi sarà fatto alcun male; solo attraverso la preghiera possiamo rovesciare il male! La preghiera che desidero molto è il Santo Rosario. Legherà le forze delle tenebre. Sì, anche nelle vostre famiglie, dovete pregare molti Rosari! Amen." *(Festa di Maria Madre di Dio, 1° gennaio 2020)*

107. QUESTA SOFFERENZA ERA PER FORTIFICARLO COME PAPA REGNANTE

"Diletti figli Miei, vi ringrazio moltissimo per avere risposto generosamente alla Mia richiesta in ogni ambito. Tuttavia c'è ancora una cosa che vi distrae. Sono i doveri della vostra

---

[191] Una peste bubbonica che accadde attorno all'anno 1750

vocazione.[192] Questi vi sembrano schiaccianti e state gestendo più di quanto dovreste. È bene per voi che preghiate per questi ambiti insieme e che arriviate ad una comprensione, finché permetterete che un aiuto venga e serva in questa Mia Vigna per il Signore. Tu, Mio diletto del Diletto, ti ringrazio per tutto ciò a cui stai rispondendo. E la Mia Promessa rimane; sono con te in tutto! Anche nei tuoi momenti di stanchezza, sarai in grado di fare più di quello che riesce a fare una persona in forze. Sappi e comprendi: è la Mia Grazia che intercede in tutti i momenti, però non essere distratto! È vitale più di qualsiasi cosa ciò che farò conoscere attraverso queste sofferenze - questa piccola, Mia e del Mio Gesù, tua moglie alla quale hai permesso così gratuitamente di soffrire, per riscattare le Anime. E in ciò soffri anche tu. Questo l'ho fatto conoscere."

"Ora desidero con grande desiderio rendere nota la sofferenza che ha sopportato il Mercoledì delle Ceneri, come è stato conosciuto, che dà inizio al periodo santo della vostra redenzione, per tutta l'umanità. Se solo la abbracciassero e si pentissero, questa redenzione sarebbe loro attraverso la Misericordia del Mio Divin Figlio Gesù, il *Redentore* ed Io, la *Co-Redentrice*. Ed attraverso questi molti piccoli vasi, che sono così pochi, conosciuti come Anime Vittime – come piccoli vasi che co-redimono con Me, che sono la *Co-Redentrice*, co-redimendo con il *Redentore*. Ciò offre una comprensione di ciò che è stato detto: "per compiere quello che manca alle Sofferenze" di Gesù il *Redentore*.[193] Tuttavia qualcuno potrebbe chiedere, come può essere? È stato voluto da Dio che voi portiate qualcosa di queste sofferenze. Amen.

Ora, Mio diletto del Diletto, sì, tu diresti: 'Madre, sei distratta'! No, ho parlato in questo modo di proposito. Qui sta la comprensione della sofferenza sopportata per il Santo Padre. Questa sofferenza, come l'ho reso noto è la sofferenza per la

---

[192] Il lavoro amministrativo legato al Saint Joseph Community Center a Foymont.
[193] Col 1,24

terribile immoralità, dissacrazione ed indifferenza dei fedeli, sia nella Chiesa Universale che in quella Domestica, per il male dello Scisma che strapperà la Chiesa e la porterà alla rovina; è pure da capire come sua purificazione, che segnerà i giorni della Chiesa Clandestina. La sofferenza sopportata da questa piccola era per il Santo Padre, il Papa regnante oggi che è diventato... *(Iveta: non riesco a pronunciare quella parola... non riesco a vedere chiaramente, perché il mio occhio destro è appesantito e sto cercando di leggere con l'occhio sinistro. Tornerò dopo, se Dio mi lascerà... un sinonimo di odio... lui è diventato...)* qualcuno che è odiato dai fedeli nel fraintendimento di ciò che dice, come vive e cosa fa - ma lui è Gesù e segue i passi del Signore, è il Vicario di Gesù Cristo.

Questa sofferenza era per fortificarlo, per consolarlo e per dargli la grazia di muoversi con amore e fedeltà secondo la sua vocazione di Papa regnante." *(Venerdì dopo il Mercoledì delle Ceneri, 28 Febbraio 2020)*

108. MOLTO PRESTO, LO SPIRITO SANTO VI SARÀ TOLTO E IL VOSTRO SPIRITO APPARIRÀ COME SE FOSSE LO SPIRITO SANTO!

La Madonna si ferma; e riprende a parlare.

Vedo questo: ovunque, come sul Globo, nel Mondo, così tante, così tante piccole tasche, e con ciò intendo dire che una volta queste stavano sotto il Mantello Immacolato della Madonna ed erano sotto la Sua protezione, ma ora c'è come un semi-Mantello, il Mantello è strappato[194]. Questi sono coloro che si hanno preso le distanze dal Santo Padre, ed ora vedo grandi centri-congressi dappertutto e stazioni radio. Sembrano essere persone ricche che hanno formato forze contro il Santo Padre. Dico questo di laici e di coloro che sarebbero considerati i futuri seminaristi provenienti da questi gruppi.

---

[194] Gv 19,24

Oggi la Madonna riscatta i tanti che partecipano a convegni e che non capiscono in che direzione andare, ma guardando ed ascoltando, stanno pianificando di abbracciare quel sentiero che li condurrebbe alla loro perdizione. Oggi, in questa sofferenza, la Madonna riscatterà tali Anime, dando loro la Grazia di discernere ulteriormente e di conoscere e comprendere la loro verità. La loro verità afferma: "Questo Santo Padre non è il Papa valido; è l'antipapa, oppure l'anticristo". Loro stessi non sono sicuri chi sia!

Ora la visione si chiude e la Madonna sta piangendo. E parla. Mentre parla, le Lacrime che cadono sulla Sua Veste Bianca si trasformano in macchie di Sangue; però sulle Sue Guance scorrono come Lacrime trasparenti – come acqua, come le nostre lacrime! Ma quando cadono sulla Sua Veste, sono come Sangue!

Adesso parla:

"Diletti figli Miei, questo momento è diventato doloroso: vedere così tanti tra voi consacrati al Mio Cuore Immacolato, che ora Lo strappate e Lo addolorate! E piango! Piango perché ritorniate al porto della Verità, la Chiesa Cattolica, al vostro Santo Padre, oggi il Mio diletto figlio di predilezione, il Vescovo di Roma, il vostro Santo Padre Papa Francesco I. Che Croce pesante porta! E sono con lui per consolarlo! Quanto spesso sente di non poter continuare, ma sono Io, che intercedo come *Mediatrice di ogni Grazia,* a dargli tutta la forza per proseguire.

Sappiate e capite: questo sentiero che state imboccando - coloro che lo hanno già scelto, se non tornerete – voi state percorrendo il sentiero della perdizione[195] - voi ed i vostri figli! Non c'è altra via! Non capite le vie di Dio! Avete fatto Dio a vostra immagine e somiglianza.[196] Ed è per questa ragione che vi considerate al di sopra della legge di Dio e che state diffondendo questo terribile male dello Scisma!"

---

[195] Mt 7,13
[196] Gen 1,27

Iveta: "*ecco quella parola di nuovo. Penso di averla capita bene, vero?*" La Madonna annuisce. "*Grazie Mamma*".

"Non Mi credi, figlia?"

Iveta: "*Credo, Madre, aiutami nella mia incredulità. Avevo guardato mio marito per vedere se avessi capito bene, invece di credere alla Mamma.*"

"Questi saranno ora conosciuti come 'scismatici'. Quanto addolorate il Mio Cuore Immacolato! Diletti figli Miei, siete giunti ad essere conosciuti come 'scismatici' ed ora state guidando altri lungo questo sentiero di perdizione. Molto presto lo Spirito Santo vi sarà tolto e il vostro proprio spirito apparirà come se fosse lo Spirito Santo! State in guardia contro tale iniquità emersa dall'orgoglio! Non considerate voi stessi al di sopra della legge! Perché Dio ha risparmiato voi ed i vostri figli per manifestare la bellezza dell'essere fedeli agli insegnamenti della Chiesa Cattolica, ma non secondo una concezione discriminatoria, come segregando voi stessi e separandovi dalla Verità, come se foste più santi di quanto lo siete! Solo Dio è Santo e solo Dio dichiara chi è Santo nella Chiesa Cattolica!

Diletti figli, desidero che ritorniate! Amen.

Sappi e capisci ora, piccola, Mia e del Mio Gesù: sopporterai questo per un periodo di ventiquattro ore - si tratta della sofferenza. Oggi è per la Chiesa Domestica, il giorno seguente passerà alla Chiesa Universale. Renderò noto nella tua sofferenza per chi sarai tormentata. Perché in questo modo le Anime che riscatterai, se esse non sceglieranno – coloro che stanno seguendo il sentiero come 'scismatici', nello *scisma* – loro abbandoneranno la Fede completamente e diventeranno avvocati di Satana. È per questa ragione che il Mio avversario ti tormenterà! Ma sono con te nonostante tutto. Proprio come fecero con Gesù nel Getsemani.

Vi amo profondamente. Ti ringrazio, Mio diletto del Diletto, per tutto quello che fai e, sì, perché ottieni dei risultati e lavori sopra. Quando sarà completato ne capirai il significato. Non preoccuparti dei mezzi finanziari. Mi occuperò di tutto. Fai solo ciò che ho fatto conoscere!

Vi ringrazio immensamente. Sono la Madre di Dio. Vi amo moltissimo, la *Mediatrice di ogni Grazia, Co-Redentrice* ed *Avvocata* in Cielo, e attendo di essere proclamata tale sulla terra. Amen. La vostra Madre Celeste che tanto vi ama. Amen." (*Venerdì dopo il Mercoledì delle Ceneri, 20 Febbraio 2020*)

109. QUESTE SONO LE PRIME DOGLIE DELLA GRANDE APOSTASIA

La Madonna si china per salutare, e parla:

"Diletti figli Miei, vi ringrazio immensamente perché pregate, pregate il Santo Rosario dinanzi a Me e Mi invocate in questi tempi di crisi. Piccola, Mia e del Mio Gesù, ti ringrazio immensamente per aver offerto te stessa come vittima nell'unione con Me, la *Co-Redentrice*. E noi siamo unite e dimoriamo nel *Redentore*, per completare ciò che Gesù ha detto che mancava[197] - però nulla manca, piccola, Mia e del Mio Gesù. È così che partecipiamo al Santo Sacrificio. Oggi questo Santo Sacrificio è stato sospeso ovunque[198]. Tuttavia, i Miei diletti figli di predilezione lo stanno innalzando nel modo in cui va intesa la *Chiesa clandestina*, quella di coloro che stanno in silenzio.

Ringrazio anche te, Mio diletto del Diletto, per aver permesso alla tua sposa di dare sé stessa in questa maniera. Non siate turbati! Non siate ansiosi! Vi ho fatto conoscere tutto ciò che

---

[197] Col 1,24
[198] Perché le Chiese erano chiuse durante il lockdown della Primavera - a causa dell'epidemia di Covid-19.

sta per arrivare, e tutto quello che ho reso noto succederà. Sì, è vero, queste sono le prime doglie della Grande Apostasia. Molti si tireranno indietro, quelli conosciuti come Cattolici borderline! Non sanno in che direzione andare. Pregate per loro! Anche loro sono Miei figli! Il Mio Cuore è addolorato!

Sappiate e comprendete che la sofferenza che questa piccola sopporta oggi è per l'altro polmone della Chiesa Cattolica, conosciuto come Rito Orientale, ed i loro Patriarchi. Sappiate e comprendete che, dietro le quinte, sono in disarmonia con il Santo Padre, e desiderano spodestarlo. Molti stanno accettando questo Scisma e stanno diventando Scismatici. È il potere dell'orgoglio, l'orgoglio spirituale – il più pericoloso per l'Anima! Oggi salverò quelli che sono indecisi e quelli -che appartengono ad entrambi i Riti, quello Latino e quello Orientale - che non sanno quale strada prendere. Verrò a ricevere questa sofferenza nelle prime ore del primo giorno, alla fine di questa giornata, a mezzanotte del primo giorno.

*

"Vi amo teneramente! Sono la Madre di Dio, la *Mediatrice di ogni Grazia, Co-Redentrice* ed *Avvocata* in Cielo, intercedendo per il vostro mondo. A coloro che Mi invocano sotto questo titolo fate sapere, riguardo alla 'Medaglia' concessa a tutti i Miei figli che la possiedono: devono baciarla continuamente quando sono nel dubbio. In questo modo, invocheranno la Mia intercessione.

Fate anche sapere loro che dovrebbero formare dei piccoli cenacoli e riunirsi per pregare il Santo Rosario sul Mio Monte Santo, conosciuto come Monte Ganxim-Batim. Se le porte della chiesa saranno chiuse, potranno formare dei piccoli cenacoli ad anello per sedersi e pregare dinanzi alla Mia statua di Madonna *Mediatrice di ogni Grazia, Co-Redentrice* ed *Avvocata*. Non vi abbandonerò, diletti figli! Non abbiate paura: è un momento di grande consolazione! La consolazione: avete ora il potere di intercedere per le Anime e di riportarle a Dio. È un momento in cui la vostra fede è in azione - credete soltanto! La vostra fede è "adesso" questa: si muoverà nell'ordine di Grazia e Verità - Gesù che dimora in voi! Sì, fate molte Comunioni Spirituali! Farò conoscere anche questa modalità! Ci sono molte forme di Comunioni Spirituali, ma è semplice. Semplicemente invitate Gesù nel vostro cuore!

Vi amo tutti profondamente, vi ringrazio immensamente! Sono la vostra Madre Celeste che intercede per voi, ed attraverso le vostre preghiere avverrà che sarò proclamata sulla terra *Mediatrice di ogni Grazia, Co-Redentrice* ed *Avvocata,* ed i Cieli apriranno le porte della Grazia che scorrerà per voi, per combattere in questi momenti. Amen." (*Venerdì dopo il Mercoledì delle Ceneri, 28 Febbraio 2020*)

110. DOVETE PRENDERE LA MEDICINA CHE HA UN DUPLICE SIGNIFICATO

"Diletti figli Miei, quanto vi ringrazio per avere risposto a questa crisi attraverso la preghiera. Quelli che sono ora 'tiepidi' stanno accendendo coloro che pregano, che hanno paura che gli uomini si sollevino e che vedono il male in ogni cosa, cioè il Mio avversario!

Alzatevi, diletti figli, alzatevi con Me recitando il Santo Rosario! E porremo una fine rapida a questo male che Dio ha permesso perché capiate - le prime doglie della Grande Apostasia.

Pregate per il vostro Santo Padre! Pregate per i vostri Vescovi! Pregate per i vostri Cardinali! Pregate per i vostri Sacerdoti! Pregate per i vostri Religiosi, che sono diventati indifferenti e, invece di guidarvi nella preghiera, hanno chiuso loro stessi le porte per paura di questo virus. Ma sono con voi che Mi avete chiamata e sono perfino con coloro che non Mi hanno ancora chiamata - e sono con coloro che pregano per loro. Vi ringrazio, diletti figli! È così: queste sono le opere di Misericordia[199] che abbracciate: amare i vostri nemici e pregare per loro[200], pregare per la Salvezza delle loro Anime!

Ora si ferma e parla:

"Diletti figli Miei, piccola, Mia e del Mio Gesù, Cleophas, e Mio diletto del Diletto, Felix Xavier, vi amo. Vi amo e vi ringrazio immensamente per aver risposto alla richiesta di pregare con Me, per vegliare. Gesù non vi abbandonerà, e nemmeno Io! Ora dovete iniziare la missione!

... Sappiate e comprendete ora che dovete prendere la medicina che vi ho fatto conoscere, che ha un duplice significato. La medicina che era usata nei tempi antichi per tossi come la tua *(Iveta inizia a tossire improvvisamente)* e per i virus nei tempi di epidemia.

Il primo significato è quello spirituale. Il Sale Benedetto e l'Acqua Santa devono essere benedetti con le preghiere della Chiesa per allontanare e scacciare uno degli spiriti del male. Il secondo è il frutto di Dio dato come medicina: la cipolla – rossa in natura, che ha una sfumatura che si potrebbe definire color malva, un malva profondo (viola) – ed il miele. Questo rimedio deve esser rivelato ora per combattere questa terribile ansia!... Sappiate e comprendete che le proporzioni sono così:

Del sale Benedetto un pizzico, come direste voi, o un pochino, o pochi granelli. Per l'acqua Santa, un cucchiaio o una goccia è una buona dose. Il miele si usa in proporzione alla cipolla. Per la cipolla: una piccola porzione corrisponde a cinque cucchiai, una porzione media a sette cucchiai, una grande a dodici cucchiai. Questi elementi devono essere messi assieme e fatti riposare una notte. Nella preparazione deve essere recitato

---

[199] Mt 25, 35-36
[200] Mt 5,44

il 'Credo', l'atto di Fede, di Fede Cattolica. Per concludere, deve essere portato ad ebollizione una volta, mentre devono essere recitati il 'Credo', il 'Padre Nostro', i tre 'Ave Maria', il 'Gloria' ed il 'Salve O Regina', la professione di Fede Cattolica e le preghiere della Fede Cattolica. Questa deve essere assunta tre volte al giorno in ventiquattro ore. Però, se si ha forti difficoltà respiratorie, deve essere somministrato immediatamente – un cucchiaio, un quarto di cucchiaino per i bambini. Sappiate e comprendete ora che questo viene tutto da Madre Natura, della quale sono La Regina, affinché voi possiate conoscere!

Vi amo profondamente, sono la Madre di Dio, la *Mediatrice di ogni Grazia, Co-Redentrice* ed *Avvocata*, allo stesso tempo vi chiedo di appellarvi al Santo Padre perché affidi a Me tutta l'umanità. Sono la *Madre di tutta l'Umanità*. Nella crisi si deve capire che solo Io posso aiutare!

Sono la vostra Madre Celeste che vi ama teneramente. Ringrazio tutti i Miei diletti figli perché pregano attraverso l'intercessione del Mio Titolo, *Mediatrice di ogni Grazia, Co-Redentrice* ed *Avvocata*. La *Madre di Dio*, sono Io. Amen."

La visione si chiude. Il nostro Altare ritorna. La Madonna si eleva. Gli Arcangeli vanno dietro di noi e tutti gli altri Angeli ascendono con Lei, eccetto tre cerchi di Angeli che ci circondano in questo posto – questo monte, Foymont.

... L'Arcangelo Raffaele tiene la Bilancia questa volta, e su essa, sull'estremità alla mia destra c'è la medicina, e sull'altra estremità ci sono coloro che credono. Questi sono come carbone d'incenso e c'è scritto: 'A coloro che credono, questa porterà il frutto della guarigione. A coloro che non credono, porterà condanna, perché deridono lo Spirito Divino nella Sua Santa Saggezza e Conoscenza.' L'Arcangelo Gabriele ascende. Amen. (Festività dell'Annunciazione del Nostro Signore, 25 Marzo 2020)

111. AFFIDATEGLI QUESTO SCIROPPO CHE HO RESO NOTO

Iveta, nella Sofferenza per la Chiesa Universale, vede in una Visione:

... la Madonna della Grazia ha le mani all'altezza della vita e una catena le lega. Piange!

La visione cambia.

Ora è la Madonna Mediatrice di ogni Grazia, Co-Redentrice ed Avvocata *con il Rosario appeso al dito medio destro e lo Scapolare nella mano sinistra. Indossa una Veste tutta bianca, con il Sole dietro di Lei che pulsa, ed emana raggi d'oro sulla Sua Veste e tutt'intorno a Lei, come nell'immagine della Madonna di Guadalupe. Gesù è nel Suo Cuore Immacolato, nell'Ostensorio, che è come un Calice. Le due chiavi di Pietro stanno sotto di esso. 'Gesù' è sospeso nel Suo Cuore Immacolato ed il Sangue gocciola dall'Eucarestia nel Calice, che è l'Ostensorio. Ora vedo di nuovo la catena che stava attorno alle Sue mani, le Sue mani che emanano raggi, ma non riescono a raggiungere la terra. Si diffondono e scendono solo su coloro che La invocano con il titolo di Mediatrice di ogni Grazia: 'Madre di Dio, Mediatrice di ogni Grazia, Co-Redentrice ed Avvocata.'*

Coloro che La invocano con questo titolo di Grazia, qualunque cosa Le chiedano e qualunque cosa Lei voglia rivelare loro, penetrano queste Anime e queste situazioni. Ma questi raggi non riescono a scendere su tutto il Mondo. La Madonna è su una nuvola, e sotto la nuvola c'è la stessa catena che prima si vedeva attorno alle Sue mani mentre veniva come Madonna di Grazia, con le Sue mani al livello della vita. Questa catena forma un cerchio attorno e sotto la nuvola. Questa catena sarà spezzata quando verrà proclamata Mediatrice di ogni Grazia, Co-Redentrice *ed* Avvocata, *il quinto ed ultimo* Dogma, *che Le permetterà di aprire le cateratte del Cielo affinché la Grazia penetri in tutti i Suoi figli, per dar loro la forza e tutto ciò che è necessario, i Doni dello Spirito Santo, per rafforzare i Suoi figli perché avanzino in questi tempi di persecuzioni della*

Chiesa Cattolica. Sotto la 'Chiesa Cattolica' c'è scritto 'Cristiani', e sotto a 'Cristiani' c'è scritto 'Tutti i figli di Dio, che ancora Lo devono conoscere. Amen.'

La Visione si chiude ma la Madonna è ancora qui...

Stavo pregando i trentatré 'Credo', meditando sui trentatré anni del Nostro Signore sulla terra e, quando ho raggiunto il diciassettesimo... abbiamo pregato 'l'Angelus' insieme (ore 13:00) ... ed il 'Padre Nostro' in unione con Sua Santità Papa Francesco I.

Ora vedo la Madonna Mediatrice di ogni Grazia dietro al nostro Santo Padre inginocchiato davanti a 'Gesù' nel Santo Sacramento, nell'Adorazione[201]. La Medaglia della **Mediatrice di ogni Grazia***, se non sbaglio, è nella Sua tasca destra e la Madonna, come* **Mediatrice di ogni Grazia, Co-Redentrice** *ed* **Avvocata***, è dietro di lui. Ora si alza e prende 'Gesù' nel Santissimo Sacramento nell'Ostensorio e si gira. La Madonna è dietro di lui, mentre procede con la Benedizione che sta per darci. 'Aprite le braccia e ricevete', queste sono le sue parole. Ora unite le vostre mani mentre pronuncia le ultime parole...* "Nel Nome del Padre, del Figlio e dello Spirito Santo. Amen." "IN NOMINE PATRIS ET FILII ET SPIRITUS SANCTI AMEN"

Si gira e depone Gesù sull'Altare, e recita le ultime preghiere.

La Madonna si gira verso di noi (mentre la Visione del Santo Padre si chiude), come **Mediatrice di ogni Grazia***, con 'Gesù' nel Suo Cuore Immacolato, e parla:*

"Diletti figli Miei, vi ringrazio immensamente per essere rimasti in questo momento con il Santo Padre, il vostro Santo

---

[201] In quel giorno, Papa Francesco condusse uno "straordinario momento di preghiera" sul Sagrato della Basilica di San Pietro a Roma. Vedi: http://www.vatican.va/content/francesco/en/homilies/2020/documents/papa-francesco_20200327_omelia-epidemia.html

Padre, oggi il Papa regnante, Sua Santità Papa Francesco I. Siete sotto la sua protezione e preghiera. Lui Mi ha invocata per aiutare[202]. In aggiunta, affidategli questo sciroppo che ho reso noto e lasciate che si diffonda! È una risposta alla sua preghiera di supplica per tutti i figli di Dio. Fategli sapere che desidero ancora che proclami il *Quinto Dogma*. Questo non è il Mio desiderio, della *Madre di Dio*, ma di Dio Stesso, Colui che oggi il Papa ha invocato sotto il primo titolo di 'Padre Nostro'.

Io lo amo molto. Sono con lui nonostante tutto. Lo proteggerò fino a quell'ora. Sono la sua Madre Celeste, lui è il Mio diletto figlio di predilezione per questi tempi, in unione con il Papa Emerito Benedetto XVI, il Papa che prega per il vostro Mondo. Li amo profondamente. Amen." *(Quarto Venerdì di Quaresima, 27 Marzo 2020)*

112. QUESTO VIRUS È IL FRUTTO DI UNA GUERRA CHIMICA

"Diletti figli Miei, che profumo piacevole siete per Me e per la Divina Trinità. Sappiate e comprendete quanto vi amo! Mi soddisfate immensamente pregando in questo modo e rimanendo in solidarietà con il Santo Padre. Oggi questa piccola, Mia e del Mio Gesù, Cleophas, soffre per la Chiesa Universale, conosciuta come 'di Rito Latino'. Soffre per i Santi Ordini, i Santi Ordini che rinnegano il Santo Padre e sono diventati scismatici in questa guerra tra bene e male; il male conosciuto come lo Scisma!

Sappiate e comprendete: questi, oggi, sono coloro che non si sono uniti in preghiera con il Santo Padre, perché sono

---

[202] "Cari fratelli e sorelle, da questo luogo che racconta della fede solida come la roccia Pietro, vorrei questa sera affidare tutti voi al Signore, attraverso l'intercessione di Maria, Salute del Popolo e Stella del Mare in tempesta." Papa Francesco, 27 Marzo 2020.

increduli nei suoi confronti e vanno a fare ciò che è malvagio agli occhi di Dio: la disobbedienza di primo grado! Hanno anche il Rito Orientale, che hanno accolto per unirsi a loro, e ci sono molti, anche di Rito Orientale, che desiderano seguirli! Ed oggi, mentre il Santo Padre ha chiesto a tutti i Cristiani di ogni confessione di unirsi a lui, loro non si sono uniti a lui ed hanno arrecato grande dolore al vostro Mondo![203]

Sappiate e comprendere che il Santo Padre è molto solo in questa guerra, e lui lo sa. Ma fategli sapere che sono con lui, che l'intera schiera di Angeli nel Cielo è con lui, che la Santa Trinità dimora in lui! È la potenza di Dio in queste ore di grande oscurità, specialmente durante queste prime doglie della Grande Apostasia. La sua preghiera oggi serve a tenere unificata la Chiesa ed a mantenere i fedeli nella fede della conoscenza di Gesù Cristo nella Chiesa Cattolica. La sua benedizione servirà per allontanare il male di questo virus, conosciuto come Coronavirus/Covid-19, e per conoscere e comprendere che questo modo di pregare ha mantenuto i fedeli intatti!

Comunque, coloro che sono indifferenti ed indecisi saranno attaccati da questo virus... A quelli che chiederanno aiuto, chiedendo il vostro aiuto, dovrete dare lo sciroppo senza far conoscere loro cosa c'è dentro. A questo sciroppo aggiungerete quello che viene chiamato sciroppo d'acero. Aggiungerete una dose di cinque, sette e dodici cucchiai; comprenderete queste cose più tardi. Sì, Mio diletto del Diletto, desideri che sia nel testo proprio. È giusto per il Dottore ..., il Mio diletto figlio, prendere questa dose ora. Però è questa la base di tutto ciò: al mattino a stomaco vuoto, prima di mangiare o bere qualsiasi cosa, dovete prendere la dose da un cucchiaino a un cucchiaio, per i bambini sarebbe una goccia o un quarto di cucchiaino, e poi un'ora prima del vostro pasto e di nuovo alla sera, la stessa dose. Sappiate e comprendete però che in casi seri, quando si

---

[203] http://www.vatican.va/content/francesco/en/angelus/2020/documents/papa-francesco_angelus_20200322.html

viene attaccati, in quel momento di difficoltà respiratorie, è giusto dare questa dose e spalmarlo anche come unguento sul petto e sulla schiena[204].

Perché deve essere così? Perché Dio ha dato la medicina della Natura e l'uomo ha scelto la guerra chimica, e questo virus è il frutto di una guerra chimica. Sono la *Regina della Natura* e come tale combatterò questo virus con la Medicina della Natura, che Dio ha dato al genere umano! Sappiate e comprendete che ci sono serie conseguenze alla disobbedienza verso Dio!

Vi amo profondamente, verrò a ricevere questa sofferenza a mezzanotte, alla fine di questo giorno ed all'inizio del prossimo.

Questa sofferenza è molto grave! Ora capirete la parola 'amalgamarsi' dei Santi Ordini, che non saranno più Santi Ordini, perché il fumo di Satana li ha consumati. Sappiate e comprendete, renderò noto un altro ambito nei prossimi giorni. Vi amo molto e ringrazio tutti i Miei diletti figli che hanno pregato in solidarietà con il Santo Padre oggi quando Mi sono unita a lui nell'innalzare questa preghiera come la *Mediatrice di ogni Grazia, Co-Redentrice* ed *Avvocata, la Madre di Dio*, dinanzi a Dio, e coloro che non conoscevano, ma continuarono a pregare, riceveranno le Grazie e la protezione volute dal vostro Santo Padre.

Per quanto riguarda coloro che lo hanno rifiutato, continuate a pregare per loro come vostri nemici[205], affinché i loro cuori si aprano in tempo. Vi amo profondamente, sono tanto addolorata per la perdita delle Anime che non hanno nessuno che preghi per loro! Amen." (*Quarto Venerdì di Quaresima, 27 Marzo 2020*)

---

[204] La concezione della Medicina Spirituale e Naturale è data nella sezione dell'appendice di questo libro.
[205] Mt 5,44

113. L'AFFLIZIONE DI QUESTO VIRUS NON DEVE PORTARE MORTE, MA È PER LA GLORIA DI DIO ATTRAVERSO QUESTA MEDICINA

"Diletti figli Miei, non siate ansiosi, né turbati! Siete pieni d'ansia, tuttavia sappiate e comprendete che Dio non vi lascerà. Lo Sposo sarà con voi, Io sarò con voi! Dovrete solo invocarci e sapere che non vi abbandoneremo.

Sì, è doloroso vedere com'è la Chiesa e come i Miei Sacerdoti stanno rispondendo nel lassismo al fatto che Gesù è con loro, ma loro selezionano e scelgono chi vogliono vedere! È doloroso il fatto che non capiscono che sono tutti loro fratelli e sorelle. È bene che prendano precauzioni, ma non è bene che scelgano chi vogliono vedere e chi non vogliono vedere, questo mostra mancanza di fede! Pregate che la loro fede cresca. Mi congratulo con molti dei Miei Sacerdoti che non hanno paura degli uomini ma hanno timore di Dio, obbedendo comunque alle autorità senza negare a Dio lo spazio appropriato, e sapendo che Gesù è Vero Dio e Vero Uomo, e che senza Gesù questa battaglia non può essere vinta[206]! Ma li amo profondamente lo stesso, e chiedo ai Miei diletti figli, mentre pongo un altro giogo su di loro, di pregare per i loro Sacerdoti, i loro Vescovi ed i loro Religiosi. Amen."

"Sappiate e comprendete questa sofferenza, ora abbastanza pesante su di voi. Con la parola 'abbastanza', intendo che è una sofferenza molto pesante; pur serena, molto dolorosa! Soffri per la Chiesa Domestica, il Rito Latino ed i matrimoni misti con il Rito Orientale, che stanno accettando lo Scisma nel peccato. Essi sono come coloro che si stanno sganciando dalla Santa Madre, la Chiesa Cattolica, sganciandosi dal cordone ombelicale senza testa, così deve essere inteso! Camminano senza le parti superiori del corpo, la testa, i polmoni e presto si getteranno in una furia di confusione! E molti si esporranno

---
[206] Gv 15,5

perfino al suicidio, come Giuda, quando scopriranno di aver tradito la Chiesa di Dio, che loro desiderano seguire con fedeltà, e che avevano seguito con fedeltà per tutti quegli anni! È l'orgoglio, l'orgoglio spirituale, che è entrato in loro inducendoli a pensare di essere al di sopra degli altri.

Sappiate e comprendete che la sofferenza che sopporta questa piccola, Mia e del Mio Gesù, la vostra diletta sorella Cleophas, riscatterà coloro che vogliono tornare indietro a questo punto, ma che sono anche smarriti. Conoscete molti di loro e ce ne sono alcuni che conoscono voi, ma voi non conoscete 'loro'. Verrò a ricevere questa sofferenza alla fine di questo giorno ed all'inizio del successivo, a mezzanotte."

Sappi e comprendi che la settimana prossima, conosciuta come Settimana Santa, sopporterai questa sofferenza per la Chiesa Domestica e Universale, ogni giorno. Questa sofferenza si placherà dopo l'ora della Divina Misericordia, ed inizierà di nuovo il giorno seguente, alla fine del giorno precedente, a mezzanotte.

Ogni giorno offrirò una piccola Parola del suo significato, per la Chiesa Domestica ed Universale di entrambi i Polmoni, quello Orientale e quello Latino. Quello Orientale si trova in una situazione di devastazione più grave riguardo alla comprensione del Santo Padre, il Papa regnante. Loro credono in ciò che dice, ma non vogliono stare sotto di lui! Ancora una volta si vede l'orgoglio spirituale! Questo se ne deve andare! Amen.

Si ferma e riprende a parlare:

Sappiate e comprendete che molti saranno afflitti da ciò; l'inflizione di questo Virus non deve portare loro la morte, la prima morte, ma è per la gloria di Dio[207] attraverso questa medicina. Vi farò conoscere come dovrete farla loro conoscere.

---
[207] Gv 11,4

Vi amo teneramente, vi ringrazio immensamente! Sono la *Madre di Dio*, la *Mediatrice di ogni Grazia, Co-Redentrice* ed *Avvocata*, aspetto di essere proclamata tale sulla terra. Attraverso questo titolo sarò in grado di aiutare i Miei figli, Consacrati al Mio Cuore Immacolato, che sono giunti a capire che sono il loro Rifugio, ed attraverso Me raggiungono Gesù, nel Quale dimora la pienezza della Divinità[208] del Divino Dio Trino, la Pienezza di Dio. Amen.

Vi amo teneramente, vi amo teneramente. Amen." *(Quinto Venerdì di Quaresima, 3 Aprile 2020)*

114. NON SANNO QUELLO CHE FANNO

"Diletti figli Miei, vi ringrazio immensamente perché continuate a tenermi compagnia in questo momento di massimo dolore, dolore per coloro che non abbracciano la Croce e per coloro che affliggono gli altri con il veleno di Satana. Vi ringrazio immensamente, vi amo teneramente! Ti ringrazio, piccola, Mia e del Mio Gesù, perché soffri oggi per la Chiesa Universale, per i Riti orientale e Latino.

Sappiate e comprendete che oggi soffrite per questo peccato che sta distruggendo la Chiesa. Il forum interiore della Chiesa è dilaniato da coloro che seguono queste guide che predicano contro il Santo Padre, il Papa regnante. Sono coloro che praticano il peccato di Sodoma e, dato che il Santo Padre non vuole dare loro l'autorizzazione di fare ciò che vogliono nel Rito Orientale ed in quello Latino, i Sacerdoti ed i Religiosi stanno marciando contro di lui, utilizzando dispositivi elettronici per diffondere il veleno di Satana, proclamandolo come anticristo ed antipapa. Non sanno quello che fanno!

Oggi, piccola, Mia e del Mio Gesù, Cleophas, soffri per coloro che sono attratti a seguirli in questo modo. Strapperò

---
[208] Col 2,9

queste Anime dalle loro grinfie. Mentre per loro, prega affinché vedano sé stessi per come li vede Dio turnino indietro– hanno distrutto i loro templi, che sono i loro corpi – il tempio di Dio; tuttavia le loro Anime attendono ancora il giudizio. Affinché non vengano giudicati per l'Eterna dannazione, userò questa sofferenza per coloro che si pentono e non vogliono seguire questo sentiero di perdizione[209].

Hai sopportato questa sofferenza cominciando con il piede destro, la Ferita di Gesù, la Ferita nascosta di Gesù sul tuo piede destro, poi iniettando il suo veleno all'osso dell'anca sinistra, dove il loro veleno sta distruggendo i Sacerdoti nel Rito Latino ed i Religiosi nel Rito Latino per far sì che pensino come loro. Viene poi iniettato nel cordone ombelicale, dove hai sentito forte dolore, nell'area del tuo ombelico, come se ti stessero tirando il cordone ombelicale, come avviene per quelli che abortiscono i bambini. Ora sentirai anche il dolore di Gesù quando venne gettato sulla Croce, dopo essere stato spogliato dei Suoi vestiti eccetto uno, il Mio Manto avvolto attorno alle Sue Sacre Parti. Riceverò questa sofferenza alle ore 15, l'ora della Divina Misericordia. È per la Misericordia di Dio che stiamo pregando, prima che si abbatta la Divina Giustizia! Amen."

Si ferma e riprende:

"Ringrazio tutti i Miei diletti figli per essersi uniti a questa piccola, Mia e del Mio Gesù, Cleophas, la vostra diletta sorella! Rimanete in solidarietà con Me! Ho reso noto che risponderò alle vostre preghiere. In questo modo marceremo contro le forze dell'oscurità mentre pregate il Santo Rosario. È nel vostro potere ora innalzarvi come Chiesa Militante per proteggere la Chiesa Universale contro la distruzione che Satana sta pianificando per farla chiudere. Tuttavia avete ancora un po' di tempo alla luce del giorno prima delle prossime *doglie* della

---

[209] Mt 7,13

Grande Apostasia. Presto scoprirete rigenerazione e ritorno! Non dimenticate ciò che può fare il Mio avversario! Vegliate e fate quello che vi ho chiesto!

Vi amo tanto, sono la *Madre di Dio, Co-Redentrice* ed *Avvocata* in Cielo; ciò sarà proclamato sulla terra attraverso le vostre preghiere. Vi amo molto. Amen." *(Giovedì della Settimana Santa, 7 Aprile 2020)*

115. DESIDERANO SEGUIRE DIO, MA HANNO CREATO LA LORO IMMAGINE PERSONALE DI DIO

La Madonna è già qui. Gesù è nel Suo Cuore Immacolato. Non abbiamo nessun Altare. Ma, là dove si trova la Tilma della Madonna di Guadalupe, Lei vi si trova, vestita tutta in bianco, con il Rosario nella mano destra e lo Scapolare della Mediatrice di ogni Grazia nella mano sinistra. Lacrime stanno scorrendo dagli occhi, ma sorride e Si china per salutare. Gli Arcangeli sono prostrati dinanzi a Lei, San Michele davanti, nel mezzo, l'Arcangelo Gabriele alla Sua destra e l'Arcangelo Raffaele alla Sua sinistra. I nostri Angeli Custodi sono prostrati dinanzi a Lei, dietro a San Michele; e Lei parla:

"Diletti figli Miei, che tempesta sta gravando su tutto il mondo, ma se solo le persone pregassero, Dio rimuoverebbe velocemente quest'ombra scura che si è abbattuta su tutto il genere umano in questa guerra tra bene e male. Sappiate e comprendete ora che vi ringrazio immensamente perché pregate, e ringrazio tutti i diletti figli Miei che hanno preso il Rosario - persino coloro che non l'avevano mai fatto hanno iniziato a pregare! Tuttavia ci sono molti che pregavano in passato, ma ora non pregano più! Pregate per loro, affinché possano tornare a quest'ordine di preghiera.

Sappi e comprendi ora: ti ringrazio, diletta figlia Mia, piccola, Mia e del Mio Gesù, Cleophas, perché porti la Croce della Chiesa Domestica oggi. Soffri per coloro che desiderano seguire Dio ma hanno creato la loro immagine personale di Dio. Questi sono coloro che fanno studiare a casa i propri figli - non tutti, ma molti rinnegano le parole del Santo Padre, prendendolo alla leggera e credendo che lui sia l'antipapa. L'orrore di questi momenti sta nel fatto che lo stanno inculcando nei loro figli.

Oggi sopporti questa sofferenza per salvare questi bambini dalla schiavitù dei loro stessi genitori, che cercano di insegnare nel modo giusto. Per seguire la Fede Cattolica, respingono la concezione dell'autorità del Vicario di Cristo, Pietro, la Roccia, Mio diletto figlio di predilezione che soffre per il vostro mondo, Sua Santità il Papa regnante, oggi Papa Francesco I, il successore di Pietro, il primo Papa, camminando nei panni del Pescatore.[210]

Sappiate e comprendete che questa è la Chiesa Domestica, nel Rito Latino e nel Rito orientale, caduta in preda a questo modo di pensare. Quanto vorrei salvarli! Mi compiaccio nel loro zelo per mantenere la fede Cattolica, ma il lievito del loro modo di pensare consiste nel fatto che essi pensano di essere l'élite! Ma solo Dio sceglie chi vuole riscattare per procedere verso i tempi della futura Chiesa, in ciò che è conosciuto come il *Resto*. Non si sceglie di diventare il *Resto*, nemmeno Io posso dirvi che voi siete il *Resto*. Solo Dio nella Prima Persona segnerà la Croce della Seconda Persona sulla fronte di coloro che Lui ha scelto per ciò. Con *Resto* si intende anche che essi patiranno la morte, il primo passo nei tempi che ci attendono, conosciuti come persecuzione.

Vi ringrazio immensamente. Ringrazio tutti i diletti figli Miei. Grazie, Mio diletto del Diletto, per avere permesso alla tua sposa di sottoporsi a questa sofferenza. Capisco che è difficile vederla come se si stesse consumando. Sono con lei

---

[210] Mt 4, 18-19

in ogni momento. La porterò attraverso questi momenti e benedirò tutti quelli che la benediranno e pregheranno per lei. Ed a tutti quelli che la maledicono, ma che lei benedice, Dio renderà il Suo giudizio. Vi ringrazio immensamente, vi amo teneramente. Amen."

Si ferma, poi parla:

"Verrò a ricevere questa sofferenza nell'ora della Divina Misericordia. Sarà tolta dal tuo corpo. Capisco, figlia, che è pesante dalla testa ai piedi. Tuo corpo la sta sopportando, specialmente la testa, che è molto appesantita, perché è la sofferenza dell'intelletto che pensa di essere più saggio di Dio.

Sappi e comprendi: inizierai la prossima sofferenza allo stesso modo, ma sarà tolta a mezzogiorno dopo l'Angelus, e riposerai così per prepararti alla sofferenza imminente del Triduo, dei tre giorni. Sarà una sofferenza pesante, ma sappi che ti porterò attraverso questo momento. Lo sopporterai con Me. Lo sopporterai come co-redimendo con Me, la *Co-Redentrice* unita al *Redentore* ed a tutti i figliuoli, i diletti figli Miei, che desiderano pregare ed unirsi a te, offrendo ogni piccolo sacrificio per le intenzioni del Mio Cuore Immacolato, per consolarmi e per consolare Gesù - piccoli vasi che co-redimono con te: li benedirò mentre benediranno te!

Sono la *Madre di Dio*, la vostra Madre Celeste addolorata perché così tanti stanno percorrendo il sentiero della perdizione[211], ma li salverò, attraverso questa sofferenza – molti, molti, figlia, avrai il privilegio di vederli, quando questa sofferenza sarà tolta! Pregate per il vostro Santo Padre ora. La sua sofferenza inizia in questo Triduo. Amen."

Il nostro Altare torna. Gli Arcangeli si prostrano, pregando con noi. La Madonna si eleva. Non La vedo più.

---

[211] Mt 7,13

L'Arcangelo Michele si eleva e torna ai piedi del Monte. Ora Lo si vede all'entrata di Batim con la Sua lancia conficcata nel suolo. (Mercoledì della Settimana Santa, 8 Aprile 2020)

116. QUESTA SOFFERENZA OGGI È PER CIÒ CHE ORA È CONOSCIUTO COME LE RADICI EBRAICHE DI GESÙ

Parla la Madonna:

"Vi ringrazio, diletti figli Miei, per amarmi e consolarmi, perché rimanete con Me in preghiera, una Veglia quotidiana, una preghiera costante - il vostro compito dato al momento della vostra vocazione, il compito che vi è stato posto sulle spalle come giogo, la Croce di Gesù, che portate in modo più intenso ora. Ti ringrazio, piccola, Mia e del Mio Gesù, Mia diletta figlia Cleophas, perché soffri in questo modo.

Questa sofferenza che sopporti oggi è per ciò che ora è conosciuto come le *Radici Ebraiche di Gesù e Mie* - gli Ebrei che ancora non credono e sono sordi nei confronti della verità, sono come un'infezione nell'orecchio del Santo Padre. Oggi la tua sofferenza è per la loro conversione. Fanno parte di questo Scisma, ma devi capire questo: anche se essi mostrano la loro unione con il Santo Padre, non stanno con lui, e sarebbero molto felici se lui venisse spodestato! Desidererebbero un Patriarca invece, che prendesse il suo posto e che nascondesse la loro bugia. A loro piacerebbe disprezzare gli insegnamenti del Santo Padre, che sono gli insegnamenti di Gesù, nel Quale loro non credono, pur avendo visto e letto tutto quello che era stato predetto, e fino ad oggi leggono su di Lui! Questa, la sofferenza che stai sopportando, sta nella mente. Loro sono pensatori 'saggi', dominati dal pensiero umano... Anche la Parola di Dio viene da loro messa in azione in una saggezza umana e manca di comprensione Divina in questo senso letterale, in certi momenti. Verrò per ricevere questa sofferenza alle ore dodici, conosciute come l'ora dell'Angelus, oggi, a mezzogiorno.

La tua sofferenza durante il Triduo inizierà alle ore 21. Non essere distratta! Sei molto distratta, piccola, Mia e del Mio Gesù. Prega solamente!

Ti amo teneramente. Ti ringrazio immensamente. Sono con te in ogni cosa. Ringrazio tutti i diletti figli Miei che stanno co-redimendo uniti alla tua sofferenza, che co-redime con Me, come *Co-Redentrice*, assieme al *Redentore* Gesù Cristo, Nostro Salvatore. Grazie, Mio diletto del Diletto, Felix Xavier, per la tua risposta e fedeltà verso di Me. Ti amo immensamente! Sappi ora che sarai in profonda comunione, in questa sofferenza, con la tua sposa, mentre lei si sottopone all'immensità della sofferenza. Questa è per il Santo Padre e per tutte le cose che si stanno abbattendo su di lui. È come una consolazione ed un manto attorno a lui, un manto di conforto, un manto di fedeltà, un manto di forza d'animo, un manto di speranza, un manto di Fede totale! Lo amo molto e sarò con voi in questa sofferenza, perché anch'Io la sopporterò.

Sono la *Madre di Dio*, la *Mediatrice di ogni Grazia*, *Co-Redentrice* ed *Avvocata* in Cielo, e attendo di essere proclamata tale sulla terra. Accadrà attraverso le vostre preghiere, diletti figli. Amen."
(Giovedì Santo, 9 Aprile 2020)

117. PREGHERETE ANCHE PER CHI SE N'È GIÀ ANDATO DURANTE QUESTA TERRIBILE PIAGA CONOSCIUTA COME PANDEMIA

Ora si ferma... e parla:

"Nel corso di questa sofferenza, pregherete anche per chi se n'è già andato durante questa terribile piaga, conosciuta come pandemia, con il suo nome diabolico di Covid-19/Coronavirus.

Questi sono nomi diabolici dei quali uno può rompere il potere - 'uno' significa: o laici o diletti figli Miei di predilezione, i Sacerdoti – cioè recherà liberazione. Oggi, come Cattolici battezzati, avete il potere di farlo! Liberatevi a vicenda da questo terribile peso! Però, la medicina è necessaria. Questo avverrà!... La verità vincerà questo male.

Vi amo tutti teneramente, sono la Madre di Dio, sono la *Regina della Natura* e, come *Mediatrice di ogni Grazia* in Cielo, intercedo per ottenere le Grazie necessarie in questo momento. Amen." *(Giovedì Santo, 9 Aprile 2020)*

118. DURANTE QUESTA PANDEMIA, HO RISCATTATO MOLTI CHE HANNO IMPLORATO MISERICORDIA NEI LORO ULTIMI MOMENTI!

Gesù mi parla, Anima ad Anima:

"Molti di voi, Sacerdoti Miei, subiranno questo tipo di tortura. E tu, Pietro Mio, subirai la derisione - Mi rinnegano! – prima che colui che è conosciuto come l'antipapa, sieda sul tuo trono per realizzare l'abominio della desolazione[212]. Hai appena sopportato la Mia solitudine, il Mio isolamento – nel modo in cui il Mio popolo, i Miei figli, Mi hanno abbandonato per seguire le vie del mondo, e non desiderano tornare indietro.

Tuttavia durante questa piaga, conosciuta come pandemia, ho riscattato molti che hanno implorato Misericordia nei loro ultimi momenti! Non sarebbe stato così se non Mi avessero voltato le spalle.

Questo è l'isolamento che soffri, Pietro Mio, Mio diletto Pietro: su di te poggia il peso della Chiesa. E riguardo a te, Mio Pietro

---

[212] Mc 13,14

nascosto: le tue preghiere sono vittoriose. Vi amo entrambi! In questo modo porterete la Mia Chiesa in questi tempi. Ora, sarà sotto la Chiesa Domestica: la Chiesa Universale si nasconderà. La Chiesa dovrà diventare clandestina: questo è il Mio *Resto*. Non saranno loro a scegliere di essere il *Resto*, ma coloro che avrò scelto Io per essere il *Resto*. Tuttavia tutti cercheranno di entrarvi, e durante le *seconde doglie* e le *terze doglie* dell'*Apostasia* - la *Grande Apostasia* – molti subiranno il Martirio, perché ci saranno molti tra loro come Giuda, traditori di ogni tipo!

Sono Gesù di Nazaret, che soffro per la sofferenza di questi scismatici di entrambi i Riti che porti, Mio Pietro – entrambi Polmoni! Amen, Amen."

Gesù mi parla, Anima ad Anima:

"Piccola Mia, Cleophas, diletta figlia della Mia Madre Benedetta, supporti l'agonia per confortare il Mio Pietro sulla terra, che porta la Croce della Chiesa oggi, la Mia Croce! Fagli sapere che lo amo. Lui lo sa, ma è un conforto quando lo sente da un'altra fonte che Mi ama - una fonte che ama la sua Chiesa, una fonte che porta la sua Chiesa nella sofferenza, per la Chiesa. Fagli sapere che ho detto: "Quando verrò, si troverà la fede?[213]" Questa sofferenza serve a fortificare la sua fede contro gli assalti dei Miei nemici, contro gli assalti della Mia Chiesa mentre i malfattori proseguono per le loro vie malvage. La Mia Chiesa è obbligata a chiudere le Sue porte dalle autorità, alcune delle quali sono parte di questo Scisma ed alcune appartengono all'anti-mondo, ovvero l'anticristo ed antipapa!

Coloro che Mi appartengono pregano e lavorano duro per trovare una soluzione per aprire le Mie porte, le porte della Mia Sposa, la Chiesa Cattolica. Ti amo, Mio Pietro, tu che siedi oggi sul trono di Pietro, conosciuto come Papa Francesco I.

---

[213] Lc 18,8

Gesù di Nazaret, che soffre ora per voi nel vostro mondo. Amen, Amen."

Ora, ancora una volta, Lui mi parla, Anima ad Anima:

"Diletti figli Miei, amati da Me e dal Padre Mio, amati da Mia Madre, voi che state co-redimendo con questa figlia che co-redime con Mia Madre, la *Co-Redentrice* redimendo con Me, per riportare le Anime a Me, vi ringrazio! Continuate in questo modo, siete un profumo piacevole per Dio, Nostro Padre! Vi assicuro che un giorno sarete con Me in Cielo.

Gesù di Nazaret, che muore per amore per voi, che sacrifica la Mia Vita, il Vostro Salvatore, il Vostro *Redentore*. Amen, Amen."

*

Anima ad Anima, alla Madonna:

"Madre, porta il Mio Pietro, suscita in lui una fame e sete di Anime. Molte Anime stanno scappando oggi, oggi stesso sulla terra, dalla Chiesa Cattolica non credendo nella Mia Presenza. Non comprendono questo momento! Madre, riscattale attraverso questa figlia che soffre per Me, Madre Santa."

La Madonna:

"Avvenga per Me secondo la Tua Volontà[214]. Tua Madre, Maria di Nazaret, nata Serva Tua. Mio Dio, Io ti amo. Amen."

Anima ad Anima, Gesù mi parla:

"Piccola Mia, Cleophas, diletta figlia della Mia Madre Beata, ti ringrazio per avere sete di Anime in questo modo, perché soffri con Me oggi. Rendi noto il Mio desiderio che più

---
[214] Lc 1,38

Anime accettino la Mia Croce come Anime Vittime. Ce ne sono molto poche ora che desiderano soffrire, ma ce ne sono molte in questo giorno, in questa epidemia, come è stata conosciuta – pandemia, Coronavirus, una piaga! Molte sono le vittime e la stanno sopportando, implorando Misericordia per sé stessi, affinché le loro famiglie Mi conoscano! Loro sono i Miei Santi che si lavano nel Mio Sangue.

Gesù di Nazaret, il Sommo Sacerdote, Vostro Dio, Vostro Redentore. Amen, Amen." *(Venerdì Santo, 10 Aprile 2020)*

119. CONOSCETE E COMPRENDETE CHE QUESTI ORDINI, CHE SONO INFESTATI DA QUESTI MALI, HANNO UN VIRUS PIÙ GRANDE DEL CORONA VIRUS

Gesù parla, Anima ad Anima con la Sua Beata Madre:

"Madre, porta il Mio Pietro! Pulisci la sua faccia, e fai conoscere ai Miei diletti figli di portarlo nelle loro preghiere e nella loro sofferenza, pulendogli la faccia come Veronica pulì la Mia. Amen, Amen."

Lei annuisce: "Sì, Mio diletto Divin Figlio. Amen."

La Settima Stazione, Gesù cade per la Seconda Volta. "Madre?" *Anima ad Anima, parla alla Madre:* "Madre, aiuta il Mio Pietro quando sarà nel dubbio e nell'angoscia a causa dei peccati commessi contro il Magistero e commessi da coloro che giurano fedeltà al Magistero."

Lei annuisce: "Non parlare, Figlio Mio!", *dice, attraverso quel volto sofferente, mentre tirano dei calci a Gesù per farlo riprendere, per farlo rialzare, tirando la Sua Croce! Noi siamo come Simone il Cireneo, che porta la Croce di Gesù. Anche noi, come Simone, cadremo con Gesù lì.*

"Madre," *Gesù parla, Anima ad Anima, alla Sua Madre Benedetta:* "porta i Miei figli!"

"Diletti figli Miei, obbedite a vostra Madre, la Mia Madre Beata che vi farà conoscere chiaramente, che soffre oggi per il vostro mondo. Gesù di Nazaret, il Sommo Sacerdote. Amen, Amen."

La Madonna risponde: "Avvenga per Me come hai detto tu[215]. Amen."

Ci spostiamo all'Ottava Stazione.

Gesù parla alle Donne di Gerusalemme[216]. Dice loro di non piangere per Lui, ma per sé stesse e per i loro figli. Esse piangono ora per sé stesse ed implorano Misericordia per sé stesse e per i propri figli, che affrontano questa sofferenza, mentre Gesù inizia l'annientamento Dio-Uomo, operato dalle Nazioni. Questa è una piccolissima dose per aprire i cuori induriti dei peccatori, affinché si pentano. Sembra crudele, ma in proporzione alle offese commesse contro Dio, ogni secondo, ogni giorno, è davvero poco!

Gesù parla, Anima ad Anima, alla Madre Santa:

"Madre, porta i Miei figli, porta il Mio Pietro. Sono Gesù di Nazaret, il Sommo Sacerdote che agonizza per la chiusura delle Mie chiese. Amen, Amen."

Risponde la Madonna: "Avvenga per Me come l'hai voluto tu[217]. Amen."

La Nona Stazione: Gesù cade per la terza volta.

---

[215] Lc 1,38
[216] Lc 23,27-31
[217] Lc 1,38

Che caduta! "Madre," *attraverso questa angoscia, Lui parla alla Madonna, Anima ad Anima:*

"Madre, a Te sarà affidata tutta l'umanità ed i cuori di tutto il genere umano quando Io sarò trafitto. Porta il Mio Pietro, porta i Miei figli! Ora porta i Miei Sacerdoti, le Mie Spose che stanno diventando stanche. Loro si trovano in mezzo a quelli che commettono le offese come scismatici, diffondendo questa eresia, un'eresia come mai ci fu, né mai ci sarà, e tutto in nome della giustizia e vivendo come se fossero Cattolici ortodossi.

Sono Gesù di Nazaret che agonizzo per i Miei figli. Affido tutto al Cuore Immacolato della Madre Santa Mia, il vostro Rifugio - ed attraverso quel Rifugio conoscerete il Rifugio del Mio Sacro Cuore per essere condotti al Padre Eterno. Vi avverto attraverso la Mia Madre Beata: la strada è stretta[218], seguitela! Madre, insegna loro a fare questo! Gesù di Nazaret, il Sommo Sacerdote, che agonizzo per i Miei Sacerdoti che sono diventati ansiosi nel tentativo di salvare sé stessi ed hanno dimenticato di nutrire i Miei Agnelli per il futuro, le Mie Pecore[219]! Amen, Amen."

La Madonna risponde: "Avvenga per Me come hai voluto tu[220]."

La Decima Stazione.

Qui, come viene chiamata: la decima stazione. Gesù cammina e raggiunge il luogo dove sarà crocifisso. Sono arrivati in cima al monte. Ci sono due ladri su entrambi i lati di Gesù. Questi vengono prima gettati a terra, già spogliati, e nella Presenza, mentre Gesù li guarda esser crocifissi, inchiodati alla Croce, urlano, e bestemmiano ogni tipo di parola blasfema, e Gesù li ascolta. Le loro croci vengono prese e poste nei buchi... innalzate e fissate, sono in agonia e le bestemmie continuano.

---

[218] Mt 7,13
[219] Gv 21,15-18
[220] Lc 1,38

Gesù parla, Anima ad Anima, con la Sua Beata Madre – Lei sta in piedi a distanza. Vengono tenuti indietro dalle guardie.

"Madre, porta il Mio Pietro. Bestemmieranno e lo insulteranno in questo modo; non lasciare che si abbatta! Porta anche i Miei Sacerdoti che verranno insultati e maledetti! Viene da coloro che diffondono l'eresia dello Scisma nella Mia Chiesa."

Ora Lui parla, Anima alla mia Anima: "Come spogliano Me, spoglieranno la Mia Chiesa, per la quale stai soffrendo, piccola Mia, Cleophas, diletta della Madre Mia Benedetta. Ma ti ho fatto conoscere che sarò con voi fino alla fine del tempo[221]!"

Anima ad Anima, il Sommo Sacerdote: "Madre, veglia sui figli Miei, come questa piccola Mia, e proteggili dalla paura e dall'ansia, proteggili dal nemico che verrà per depredarli, facendo credere loro che la loro sofferenza è inutile[222]! Gesù di Nazaret, il Sommo Sacerdote. Amen, Amen."

"Avvenga per Me secondo la Tua Parola[223]. Figlio Mio, Mio Dio, Ti amo, Maria di Nazaret. Amen."

Ora Lo stanno svestendo. Oh! Mio Dio!... Valgo così tanto? Oh! Ah!!! Valiamo così tanto che sopportasti tutto ciò per noi, Gesù? Ti amo. Ah!... Tutto quello che vuoi per me, mi sia fatto, non come voglio io, ma come vuoi Tu per me. Lo spogliano e Lui ha i brividi dal dolore. Mentre stanno spogliando le Sue parti intime, la Madonna arriva e dà loro il Suo Manto da avvolgergli attorno. Il centurione prova compassione per Lei e dà il Manto alle guardie per farlo avvolgere attorno a Gesù, coprendo le Sue Sacre Parti di Purezza. Sacre e Pure!

---

[221] Mt 28,20
[222] Is 49,4
[223] Lc 1,38

Il Santo Gesù mi parla, Anima ad Anima questa volta, mentre Lo prendono e Lo gettano sul legno della Croce. Ah!... Lui non protesta, eccetto un lieve sospiro, un sospiro molto lungo.

"Piccola Mia, Cleophas, sappi e comprendi che ti ringrazio perché soffri per il Mio Pietro assieme a Me attraverso la Mia Madre Beata. Stai soffrendo per coloro che desiderano spogliarsi dalla Virtù di Purezza. Nel loro Sacerdozio, li ho chiamati per questo! Deve essere il Sacerdozio di Purezza! Il desiderio di contaminarsi con le donne; contaminare sé stessi con l'abominio dello scambiare il Santo Atto con un abominio con gli uomini, uomini con uomini, donne con donne, tale orrore, profanando il tempio di Dio in sé stessi! Soffri ora per riscattarli, perché si sveglino e chiedano la Mia Misericordia! Quelli che hanno profanato sé stessi con questo abominio, accettando anche lo Scisma, sono diventati Scismatici. Tuttavia ce ne saranno alcuni che si pentiranno, e le loro Anime saranno salvate; però i loro corpi dovranno essere distrutti. Riceveranno, se conserveranno la loro fedeltà dopo essersi pentiti, un nuovo corpo nella Risurrezione!

Mio Pietro, Francesco I, Papa, come vieni chiamato, quanto è grave la tua sofferenza a causa di tali offese nel Clero, tra i Religiosi!

Sappiate e comprendete che questi Ordini, che sono infestati da questi mali, hanno un virus più grande del 'Coronavirus' - le prime doglie della Grande Apostasia. Chiuderanno le chiese ed arriverà il tempo di ciò che ho fatto conoscere a questa Mia figlia nel 'Segreti'; ne comprenderete il significato, verrà tutto velocemente come quando una madre è in travaglio per mettere alla luce un bambino: le doglie non cessano, ma arrivano una dopo l'altra! Quando finiscono, proprio come una madre ha un po' di tempo per respirare, siate pronti per le prossime!

Io ti amo, Mio Pietro; Mia Santa Madre ti porterà al superamento di questi momenti. Gesù di Nazaret, il Sommo

Sacerdote, il cui Spirito riposa su di te ed in e - tuttavia la tua umanità non ti è stata tolta! Ed è per questa ragione che hai bisogno della Mia Beata Madre, e come Lei consola Me per rafforzarmi, così farà anche con te! Amen. Amen."

Anima ad Anima, parla alla Sua Madre Santa:

"Madre, porta il Mio Pietro nella sua umanità[224]. Nella sua Divinità lui è forte, perché sono con lui. Nella sua umanità, ha bisogno del Tuo aiuto! Gesù di Nazaret. Amen, Amen."

"Avvenga per Me secondo la Tua Volontà[225], Maria di Nazaret, nata Serva Tua. Amen." *(Venerdì Santo, 10 Aprile 2020)*

120. QUANDO LEI SARÀ PROCLAMATA TALE, APRIRÒ LE CATARATTE DEL CIELO

Gesù mi parla Anima ad Anima:

"Piccola Mia, Cleophas, obbedisci a Tua Madre in tutte le cose, piccole e grandi. Mio diletto, sposo di questa piccola, Io che sono il Diletto dal Padre: obbedisci a Mia Madre in tutte le cose, piccole e grandi, Felix Xavier."

È come se tirasse il fiato nei Suoi polmoni addolorati, e poi parla, Anima ad Anima:

"Fai sapere al Mio Pietro, il Mio Papa, come è stato conosciuto, Papa Francesco I, ed al Mio Papa nascosto, conosciuto come Papa Emerito Benedetto XVI, il Pietro orante, che devono proclamare Mia Madre come *Mediatrice di ogni Grazia, Co-Redentrice* ed *Avvocata*. Lei ha già questo titolo in

---

[224] Vedi sopra: "Colui il Cui Spirito riposa su di te." Un dono divino che è stato conferito al successore di Pietro.
[225] Lc 1,38

Cielo ed intercede per coloro che La invocano con questo titolo sulla terra. Le ho conferito ciò sulla terra. Quando sarà proclamata tale, aprirò le Cataratte del Cielo, per far sì che tutti i Miei diletti figli possano affrontare questa sofferenza della persecuzione della Mia Chiesa, che dovrà avvenire come sta scritto nelle Scritture. Le Scritture devono compiersi[226]!

Gesù di Nazaret, il Sommo Sacerdote. Amen, Amen."

La nostra Mamma Santa parla a Gesù, Anima ad Anima:

"Avvenga per Me come hai voluto Tu[227]. Sono Tua Madre, nata Serva Tua, unendo oggi tutta la Mia sofferenza. Ti amo! Amen."

Ora c'è silenzio, silenzio nel Cuore di Gesù. È come se stesse dando tutto a Suo Padre e come se stesse facendo un resoconto di tutto il lavoro che ha completato per Suo Padre nei Cieli. Pietro sta guardando da lontano e piange, ma non si vuole avvicinare: è terrorizzato!

Gesù parla, Anima alla mia Anima:

"Guarda come Pietro sta lontano, ha paura delle autorità. Ha paura di essere picchiato. Oggi anche tu provi quella paura! Per obbedienza alle autorità le Mie chiese sono state chiuse, ed Io agonizzo oggi per coloro che non sono a conoscenza della Mia Divina Presenza con loro nella Santa Eucarestia. Posso ripristinare ogni cosa! Pregate, pregate per un aumento della Fede, incominciando dal Mio Pietro, oggi il vostro Papa Francesco I, pregate per i Miei Sacerdoti! Benedico coloro che se ne sono fatti carico coraggiosamente aprendo la chiesa per la preghiera, e coloro che hanno coraggiosamente compreso la Mia Presenza e stanno nutrendo i Miei Agnelli e

---

[226] Mc 14,49
[227] Lc 1,38

le Mie Pecore[228] che vengono a pregare, Io li Benedico! Questi lavorano per diventare futuri Santi, tra voi al giorno d'oggi!

Sono Gesù di Nazaret, Uomo-Dio, Dio-Uomo, Vero Dio e Vero Uomo, il Sommo Sacerdote. Amen, Amen." *(Venerdì Santo, 10 Aprile 2020)*

121. RISORGERANNO ALLA MESSA DI RISURREZIONE DEL SANTO PADRE

... La Madonna è qui. È vestita con un Manto Blu Marino, come era vestita alla Crocifissione; con due Manti. Il Suo Manto interno è bianco. Le Sue mani sono come nella Medaglia della **Mediatrice di ogni Grazia, Co-Redentrice** *ed* **Avvocata***.*

Gli Arcangeli sono prostrati e ci sono anelli di Angeli tutt'intorno a Lei. Sopra di Lei ci sono i cori Celesti degli Angeli e sotto ci sono gli Angeli Terreni. Ora il coro Celeste degli Angeli discende sotto di Lei, come se il Paradiso si fosse svuotato di tutti gli Angeli. Loro[229] saranno elevati alla Messa di Risurrezione della Veglia pasquale, per un giorno di Risurrezione Benedetto e Santo!

Ora ci sono molti altri Angeli al di sotto, Angeli che pregano, ed anche loro formano un anello. Questi[230] sono gli Angeli di coloro che stanno morendo o che sono morti a causa di questa terribile piaga, i cui corpi vengono cremati in grande numero, alcuni sono stati cremati in grosse fosse. La sofferenza oggi sarà per far sì che risorgano nella Risurrezione, quando Gesù risorge, in ognuno dei diversi stadi[231]! Questi sono come candele accese, ed i loro Angeli Custodi tengono le loro candele.

---

[228] Gv 21, 15-17
[229] Coloro i cui Angeli Custodi sono appena stati menzionati.
[230] Idem
[231] Vedi sezione: "La Tesi sul Purgatorio'.

Alla Messa di Risurrezione del Santo Padre, risorgeranno e sarà dato loro un nuovo Corpo[232] in Cielo, e attraverseranno i tre diversi stadi in base al loro pentimento nell'ultima ora della loro agonia. La Misericordia di Dio per loro farà anche pendere la bilancia a favore di coloro che hanno pregato ed implorato Misericordia per sé stessi. Anche la Madonna fa pendere la bilancia per farli entrare. Non ci sarà nessuno nel terzo stadio, nell'ultimo livello, che è il più vicino all'Inferno - nessuno può attraversare per andare all'Inferno[233] - è solo per capire. Tutto questo sta in Cielo per la loro purificazione! La Madonna sposta l'ago della bilancia, come ho detto, come loro Avvocata attraverso la nostra intercessione. Ora, mentre mi sottopongo a questa sofferenza, la sofferenza dei diversi stadi - che è un lamento ed un'agonia per la loro sofferenza - con la Misericordia di Dio essi si pentono attraverso quest'agonia.

Vedo altri Angeli Custodi arrivare. Sono quelli di coloro che non sono stati contati eppure sono morti, dimenticati, non amati! Questo per capire che altrimenti queste Anime sarebbero rimaste legate alla terra. In questa speciale Messa di Risurrezione, Dio li eleverà, molti di loro; molti, non tutti! Quando dico 'non tutti', la comprensione sta in quello che la Madonna mi fa vedere, ovvero che il Santo Sacrificio è stato innalzato dalle loro famiglie e dai loro amici e Sacerdoti, che pregarono per queste Anime, Anime individuali per nome, mentre per tutti si tratta della Risurrezione di Nostro Signore, cioè la Santa Messa celebrata dal Santo Padre e da tutti i Sacerdoti, i Vescovi, i Cardinali, questi innalzeranno il Santo Sacrificio.

Adesso c'è molta poca preghiera che giunge per me, perché tanti hanno pensato che fosse tutto finito; non erano al corrente che anch'io avevo bisogno di preghiera, quindi devo sopportare questa sofferenza in modo crudo! (Sabato Santo, 11 Aprile 2020)

---

[232] Non il *corpo glorificato*, ma vengono *vestiti di* un corpo Celeste, assomigliando agli Angeli. Vedi n.137.
[233] Lc 16,26

122. LA GIUSTIZIA DI DIO DEVE SCENDERE

La Madonna sorride. Si china per salutare. È in piedi su una nuvoletta, e parla:

"Diletti figli Miei, quanto vi ringrazio per avere risposto alla Mia richiesta di pregare oggi su questo Santo Monte, Monte Foymont. Questa Visitazione è quella che stavo per effettuare il venticinquesimo giorno del dodicesimo mese dell'anno duemila diciannove (25 Dicembre 2019). Vi rispondo oggi. Sarebbe stata sul Santo Monte di Monte Ganxim, Batim.

Sappiate e comprendete la ragione per la quale ciò avviene oggi. Il viaggio incomincia alla radice, con la Mia prima Visitazione, fatta conoscere a questa piccola, Mia e del Mio Gesù, Cleophas, fatta conoscere in questa piccola casa, che una volta era un ospedale ed ora è una casetta in cui Mi sono presentata a Lei. Lei non sapeva nulla di Me ed oggi l'apro al mondo. Qui il mondo comprenderà il momento che vive.

Io, come *Mediatrice di ogni Grazia, Co-Redentrice* ed *Avvocata* - questo titolo Mi è stato conferito da Dio Nostro Padre, da Dio il Figlio, il Mio Divin Figlio Gesù, Nostro Salvatore, e da Dio lo Spirito Santo - Io desidero profondamente, con questa Mia *Visitazione*, rivelare l'ora in cui vi trovate – anche se non è ancora piena: le *prime doglie* della *Grande Apostasia*. Quanto addolora il Mio Cuore Immacolato vedere così tanti dei Miei figli che sono già persi nella ricerca di un altro dio! Hanno abbandonato il Vero Dio!

Sappiate e comprendete che dovete prepararvi ora per le seconde doglie. Queste saranno molto dure per voi, se non vi preparerete! Dovete comprendere il *sistema del baratto*. Dovete capire come essere autosufficienti, affinché non cadiate in preda all'avversario, che vi darà tutto gratuitamente, ma al prezzo della vostra Anima!

Diletti figli, sappiate e comprendete che sono qui per farvi conoscere questo momento in cui vi accolgo nel Mio Cuore Immacolato. Lì, vi ripongo nel Sacro Cuore del Nostro Divino Salvatore Gesù, al sicuro! E nessuno vi prenderà o vi strapperà da Me, se solo rimarrete fedeli alla vostra Consacrazione a Me nelle prime ore di ogni mattino, ogni nuovo giorno.

E voi, tutte voi madri, vi invoco ancora una volta perché affidiate tutti i vostri figli per nome al Mio Cuore Immacolato. Molte di voi stanno fallendo e stanno diventando ansiose! Non è necessario che riflettiate. Non potete fare nulla! Io posso fare ogni cosa, perché Dio ha affidato questo momento a Me, come *Nostra Signora della Salvezza!* Amen."

Si ferma e riprende:

"Diletti figli, è qui, oggi, che comprenderete il Piano Salvifico di Dio, di essere autosufficienti ed allo stesso tempo soddisfare i bisogni di coloro che hanno meno attraverso la *Saint Joseph's Charity*, conosciuta dal mondo come il *Saint Joseph Community Center at Foymont*. Esso dovrà attraversare i cinque Continenti del mondo. Lì, porterà frutto per preservare il *Resto* per la futura Chiesa.

A coloro che non comprendono questo momento: vi prego di essere fedeli al Vangelo ed al Santo Magistero della Chiesa Cattolica, al Santo Padre. Così comprenderete, diletti figli, fino al punto di essere pronti a sacrificare la vostra vita per la Verità; la Verità, ovvero Gesù, che verrà ad abitare in voi e vi darà la forza di sostenere questo momento come ha l'fatto per tutti i Santi e Martiri. Amen.

Oggi scendo su questo Monte per sottolineare il senso del mio essere *'la Madonna Mediatrice di ogni Grazia, Co-Redentrice ed Avvocata, la Madre di Dio'*. Sono Io, in questo Santo giorno di Festa dedicato a Me come *'Madonna di Monte Carmelo.'* Vi è un legame con questa festa e lo comprenderete attraverso lo

Scapolare, che è il Mio Manto d'amore per tutti i Miei figli, Mia Veste, con la quale vi vestirò e vi proteggerò contro le forze delle tenebre che vogliono strappare le vostre Anime!"

Sembra che cammini tutt'intorno. Sta coprendo l'intero Monte con la Sua Veste... Eccola lì... la Nostra Signora del Monte Carmelo... Arriva.

"Vi ringrazio immensamente per avere risposto alla Mia richiesta di pregare in quest'ora! Venite tutti, diletti figli Miei che vi siete uniti a questo momento di preghiera, che vi è stato fatto conoscere, per pregare con questa piccola, Mia e del Mio Gesù, Cleophas, vostra diletta sorella. Amen.

Sappiate e comprendete ora che vi preparerò alle prossime doglie della *Grande Apostasia*. Sarà un momento doloroso, ma dovrà accadere perché la Giustizia di Dio deve scendere, affinché quelli che sono stati fedeli possano essere preservati nella Fede e nella loro fedeltà, per il *Resto*, per la futura Chiesa, la Sposa di Cristo. Amen."

Si ferma e riprende a parlare:

"Ringrazio il Mio diletto figlio di predilezione, il vostro Padre Spirituale che ha innalzato il Santo Sacrificio oggi per questo momento. Sarò con lui sempre! Lo ringrazio per avervi accolto e perché vi porta in questo momento. In questa stessa ora, è unito in preghiera con voi... Amen.

Ora desidero profondamente rendere noto questo: la Pace di Gesù discenderà su di voi e nei vostri cuori, su tutti coloro che hanno pregato sul Santo Monte di Ganxim-Batim, anche se addolora il Mio Cuore Immacolato vedere in che stato si trova. Sappiate e comprendete che è una grande sofferenza per i Miei figli portare quella croce, ed i Pastori che non hanno prestato attenzione alla Mia richiesta hanno arrecato molto dolore. Ma li amo! Pregate per loro! Amen.

Sappiate e comprendete, mi rivolgo ora a tutti i Pastori in questo tempo in cui i Miei figli soffrono e muoiono di fame di Luce di Gesù: devono tornare ai Sacramenti! Dovete aprire loro i vostri cuori. Dovete aprire loro le porte e dare le vostre vite per le pecore che vi sono state affidate. È da voi che il Signore esigerà un resoconto delle pecore perse[234] che si smarriscono!

Sono con voi! Prendete coraggio, non vi sarà fatto alcun male! Vi ho anche fatto conoscere il semplice rimedio conosciuto come il 'Rimedio Spirituale e Naturale'... Sono con tutti voi, diletti figli! Vi amo teneramente!

Sono la *Madre di Dio, la Mediatrice di ogni Grazia, Co-Redentrice* ed *Avvocata* in Cielo. Attendo di essere proclamata tale sulla terra! Vi ringrazio per le vostre preghiere e perché chiedete al Santo Padre, e pregate per lui!"

... Guarda quelle nuvole che danzano, tutte formano un cerchio attorno a Lei... Eccola subito lì. Grazie, Mamma!

"Pregate, pregate diletti figli, per il vostro Santo Padre. Ha bisogno delle vostre preghiere! La Croce pesa molto sulle sue spalle, per entrambi i Riti, Orientale e Latino, perché molti nella gerarchia hanno abbracciato la contaminazione, ed il fumo di Satana è entrato, addolorando il Santo Padre, e sono in disaccordo con lui riguardo alla Verità, e introducono la visione dell'avversario, l'avversario di Dio!

Vi amo teneramente, sono la vostra Madre Celeste. Ora ricevete la Benedizione di pace che Gesù Mi ha affidato - la Santissima Trinità dimora in Me: "IN NOMINE PATRIS ET FILII ET SPIRITUS SANCTI AMEN."

La Pace di Gesù... datela agli altri! Amen." *(Festa della Madonna di Monte Carmelo, 16 Luglio 2020)*

---

[234] Mt 18,10-14

123. DIVENTATE COME QUESTO BAMBINO GESÙ TRA LE MIE BRACCIA

Parla la Madonna:

"Sappiate e comprendete: la medicina che ho reso nota, dovete prenderla per proteggervi dallo spirito demoniaco del 'Coronavirus', conosciuto come 'Covid-19'. Se non lo farete, dovrete sopportarne la sofferenza.

State attenti, presto inizieranno le *seconde doglie*. Questa piccola, Mia e del Mio Gesù, ha pregato perché vi sia dato tempo, affinché le chiese si possano riaprire e possiate ricevere il Corpo ed il Sangue del *Redentore* per affrontare questi momenti.

Ho interceduto per questa intenzione, per voi, ma *(Iveta: il mio cuore è pesante, Madre)*, non trascurate questo tempo che vi sto donando! Prestate attenzione alla Mia richiesta, fatela conoscere agli altri, persino a quelli che non sono nella Fede. Dovete preparare ora e dare loro (la medicina), se lo desiderano. Amen.

Vi amo teneramente. Sono la *Madre di Dio, la Mediatrice di ogni Grazia, Co-Redentrice* ed *Avvocata*; aspetto di essere proclamata tale sulla terra. Amen."

La Madonna mi parla: "Ora, piccola, Mia e del Mio Gesù, verrò nell'ora della Divina Misericordia per ricevere questa sofferenza per l'intenzione che ti ho fatto conoscere, per la quale soffri."

... Adesso indica il piccolo Gesù Bambino, e mi mostra che il calice sta strabordando con la sofferenza di così tante Anime che hanno abbandonato la Chiesa. E il Bambino Gesù, il cui volto è spaventato, pur tra le braccia della Madre, si gira e La guarda, e solleva la Sua Manina sinistra per toccarle il mento, e riceve consolazione e forza.

La Madonna parla: "Diventate come questo piccolo Bambino Gesù tra Mie braccia. Amen." *(Anniversario della Prima Visitazione della Beata Madre Nostra sul Monte Batim, 24 Settembre 2020)*

124. LA CONSACRAZIONE DI TRENTATRE GIORNI

Parla la Madonna:

"... Fai di nuovo conoscere ai diletti figli Miei, che è di grande importanza per loro accogliere ciò che è stato conosciuto come il 'Rimedio Spirituale e Naturale', lo sciroppo che vi ho fatto conoscere. Sembra sciocco agli occhi dei saggi, ma in esso stanno la Potenza e la Grazia di Dio – il Sacramentale, che distruggerà la potenza del male, che nessun altro può distruggere. È una battaglia tra bene e male.

State giungendo alla soglia delle *seconde doglie*. Vi rivelerò nei prossimi giorni come dovrete prepararvi..."

Si ferma, poi riprende:

"Mio diletto del Diletto, ti ringrazio immensamente perché lavori su ciò che è chiamato il secondo libro, *"Sofferenze e Tesi sul Purgatorio"*. È importante che tu lo finisca diligentemente. Ti darò la Grazia.

Sappi e comprendi che i Miei diletti figli hanno bisogno di sapere che direzione prendere. È ciò che colui che fu vostro Padre Spirituale, ora con Me in Cielo, una volta chiamava 'affermazione'. Avranno bisogno di affermazione!

Molte cose avverranno. Ti ringrazio immensamente perché fai tutto quello che ti ho chiesto. Ti aiuterò. Continua in questo modo ed insegna agli altri a fare lo stesso.

Chiedi loro di fare ciò che è stato conosciuto come la "Consacrazione di Trentatre Giorni" di San Luigi Maria Grignon de Montfort. Ti ringrazio immensamente!"

Iveta era in sofferenza per le persone che hanno abbandonato la propria Fede, in queste prime doglie della Grande Apostasia, conosciuta come pandemia, e che desiderano tornare a Dio. Hanno assistito alla morte dei loro cari ed ora i loro cuori desiderano tornare a Dio ed alla loro Fede Cattolica! Questa sofferenza darà loro la Grazia per tornare alla Fede Cattolica. (Primo Giovedì, Primo Venerdì di Novembre, 5 e 6 Novembre 2020)

125. COME SATANA COMPLOTTA ORA PER PORTARE CIÒ CHE SARÀ COME LA SANTA TRINITÀ

Parla San Michele:

Vengo oggi su Sua richiesta Sua per rendere noto l'intenzione di questa intensa sofferenza...

Questa sofferenza si abbatte su di voi a causa di ciò che è stato conosciuto come il *'vaccino di natura diabolica'*[235]. 'Diabolico' è l'uomo che gioca a farsi Dio: gli uomini sono diventati complici del piano di Satana per distruggere gli eletti di Dio! Cattolici e Cristiani moriranno a causa di quest'opera di

---

[235] Questo messaggio NON condanna la vaccinazione contro il Covid-19, ma offre disapprovazione diretta di un *tipo di vaccino molto specifico* tra i molti vaccini che erano testati in quel periodo, cioè il vaccino che usa linee cellulari di feti abortiti nella sua ricerca e nel suo processo produttivo. Questo messaggio offre degli elementi di discernimento spirituale. Vedi il discernimento morale e dottrinale dato nella 'Nota sulla moralità dell'uso di alcuni vaccini anti-Covid-19' della Congregazione per la Dottrina della Fede del 21 Dicembre 2020, ed il Messaggio dell'8 Gennaio 2021 in questo libro.

Satana, come Martiri, ed erediteranno una Corona Eterna per sempre – come i Santi prima di voi. Questa sofferenza per questo vaccino deve essere compresa per coloro che lo ricevettero sotto pressione perché vogliono appartenere al mondo e non comprendono la Salvezza delle loro Anime[236], perché non prestano attenzione agli avvertimenti già fatti conoscere e che sto facendo conoscere ora! Questa sofferenza (ri)conquisterà queste Anime che hanno intenzione di ricevere questo vaccino, diventando quindi gli avvocati di Satana.

Sappiate e comprendete: la Madre Beata, la nostra Madre Santa, Maria Sempre Vergine, verrà a riceverla[237] nell'ultima ora di questo giorno che segna anche l'inizio di un nuovo giorno, il Primo Sabato, domani, il giorno che è il quinto del dodicesimo mese dell'anno duemila venti. Sono qui mentre Mi invocate, per proteggervi."

... Ed ora San Michele mi mostra come l'avversario sta guardando ovunque...

"... E distruggerò e confonderò la sua visione su di voi e sul Piano di Dio... e mi mostra come Satana complotta per portare quello che sarà come la Santa Trinità – la "trinità" anti-Dio. E c'è lo stesso spirito di Satana nel mondo: per confondere i Cattolici e gli insegnamenti, il Magistero della Santa Chiesa Cattolica, il Cattolicesimo! Amen."

"Sono San Michele, qui con voi oggi mentre la Madonna vi porterà fra poco... La nausea che proverai è quella che provano le donne incinte, ed è a questo stadio che i bambini vengono

---

[236] Il messaggio del 1° gennaio 2021 ci dice anche gli effetti negativi di questo vaccino sulla salute stessa.
[237] La sofferenza di Iveta.

abortiti per prelevare i tessuti necessari per questo vaccino[238]. Questi tessuti sono in contraddizione con la Medicina fatta conoscere dalla vostra madre Beata; essa contiene - quello che distruggerà il male e l'intenzione malvagia nei confronti del Tempio di Dio, il corpo umano – Acqua Santa e Sale Benedetto, con le preghiere e la potenza della Chiesa Cattolica, nel Cristo personificato, il Suo Sacerdote obbediente al Vescovo ed obbediente al Santo Padre. Amen."

La visione si chiude ed io non vedo nient'altro, solo le parole:

"San Michele che sta in Presenza di Dio, qui dinanzi a voi in questo giorno, e con voi. Amen." (*Primo Venerdì di Dicembre, 4 Dicembre 2020*)

126. VERRETE SOTTO IL SUO REGNO E DIMORERETE NEL SUO SACRO CUORE

La Madonna è vestita con una veste blu intenso, blu cielo, comunque come Madonna Mediatrice di ogni Grazia, Co-Redentrice ed Avvocata, ha il Rosario bianco perla nella Sua mano destra, e lo Scapolare nella Sua mano sinistra. Ha Gesù sospeso nel Suo Cuore Immacolato. Nell'Ostensorio c'è la Santa Eucarestia. Le due Chiavi di Pietro sono sotto l'Ostensorio, la Sua veste interna è bianca. Ci sono stelle che ricoprono tutta la Sua veste esterna blu. Sotto i suoi piedi c'è la Luna, sulla quale Ella sta. La Madonna si china per salutare e ci sorride. Poi parla:

"Diletti figli Miei, vi ringrazio per esservi preparati per Me recitando il Santo Rosario che Mi soddisfa molto e porta

---

[238] Questo si riferisce direttamente solo al vaccino che utilizza linee cellulari di feti abortiti nel processo di ricerca e produzione. Vedi note a piè di pagina n. 235 e 236.

tanta consolazione al Mio Cuore Addolorato ed Immacolato, che è in agonia e trafitto da così tante frecce d'ingratitudine e persino da frustate perché mi si nega come *Madre di Dio* - sono Io, perché Dio l'ha voluto per il vostro bene e per questa generazione perversa; tuttavia, figli Miei, vengo per avvertirvi contro ciò che è stato conosciuto come 'il vaccino.'[239]

Preparano molti vaccini, ma questo che contiene i 'tessuti' dei feti abortiti, abortiti per questa ragione, è un'offesa orribile ed oltraggiosa contro Dio! Questo viene fatto da Satana stesso che desidera giocare a farsi Dio ed essere "dio" nel vostro mondo!

Siate consapevoli che ora sta schernendo la Santa Trinità venendo in tre persone[240]: l'anticristo, l'antipapa ed il suo spirito, facendo finta di essere lo Spirito Santo Divino, mandando falsi profeti e falsi messaggeri per tormentare le menti persino degli eletti di Dio... e sì, lui usa la Parola di Dio, la Bibbia, che ha deturpato per lo scopo suo [241].

Vengo per avvertirvi, diletti figli Miei, attraverso questa piccola, Mia e del Mio Gesù, Cleophas, che soffre a causa di ciò oggi, su Mia richiesta, fatta conoscere attraverso il Principe delle Schiere Celesti, San Michele. Egli vi difenderà contro queste forze quando Lo chiamerete, mandando l'Esercito Celeste, del quale Lui è il Comandante, per vegliare su di voi, perché Dio Gli ha dato questo incarico!

Vengo ora per avvertirvi, come una madre avvertirebbe i suoi figli: siete in grave pericolo se pensate di accettare questa forma di appartenenza a Satana. Una volta che l'avrete

---
[239] Questo si riferisce direttamente solo al vaccino che utilizza linee cellulari di feti abortiti nel processo di ricerca e produzione. Vedi note a piè di pagina n. 235 e 236.
[240] Vedi Ap 13,1-17.
[241] Vedi Lc 4,1-13.

accettata e ricevuta[242], verrete sotto il potere del suo dominio, rigettando Dio, pur facendo tutto come se fosse per Dio. Farete ciò prima respingendo il Santo Padre, il Papa regnante Francesco I, Mio diletto figlio di predilezione, che sta subendo molte offese nei suoi confronti e nei confronti del suo papato. Verrete sotto il dominio di Satana respingendo il Santo Magistero della Chiesa Cattolica, diventando persino i persecutori degli eletti di Dio! Molti di voi appartenenti alla stessa famiglia[243]: alcuni sceglieranno Dio, ed altri sceglieranno Satana attraverso l'anticristo e l'antipapa, lo spirito di Satana nel mondo.

Sappiate e comprendete che voglio radunarvi. Quando scegliete di respingere questa forma di male che viene posta davanti a voi, fate la scelta di seguire l'Eterna Promessa con Gesù, Mio Divin Figlio, il solo e vero Cristo, Gesù Cristo, il vostro Re di Eterna Gloria. Verrete sotto la Regalità del Cuore Immacolato, e dimorerete nel Mio Cuore Immacolato, come state facendo ora – per coloro che hanno accettato di rispondere con la Consacrazione di Trentatré giorni al Mio Cuore Immacolato, preparando voi stessi per il Compleanno del Nostro Signore Gesù. Questo sarà un compleanno unico. Lo comprenderete quando si avvicinerà. Molti gioiranno e molti piangeranno! Amen.

... Desidero con un grande desiderio che ritorniate al Sacramento di Riconciliazione, la Confessione, e riceviate Gesù nella Santa Eucarestia, perché arrivano i giorni in cui, ancora una volta, vi rinnegheranno chiudendo le Chiese.

Sono vostra Madre Celeste. Non vi abbandonerò! Rimanete fedeli alla vostra Consacrazione a Me, poiché ora molti di

---

[242] Questo si riferisce direttamente solo al vaccino che utilizza linee cellulari di feti abortiti nel processo di ricerca e produzione. Vedi note a piè di pagina n. 235 e 236.
[243] Vedi Lc 12, 52-53

voi stanno rispondendo alla Mia richiesta. Il Mio Sposo, lo Spirito Santo, vi guiderà. Siate vigili nell'ascoltarlo rimanendo in silenzio. E seguite la via che Lui vi indicherà, anche se sembra così lontana! Dio sa cosa è meglio. Sbarazzatevi del mondo e dei suoi piaceri, andate verso la semplicità, la moderazione e la preparazione per il *sistema del baratto*. Il *sistema del baratto* è una via dell'amore vicendevole e di condivisione con l'altro quando uno possiede meno di una tale cosa, o anche semplicemente di condivisione con coloro che non hanno nulla di tutto ciò – ciò che è necessario per sostenere i bisogni basilari del corpo. Dio provvederà, non preoccupatevi! Preoccupatevi solo con una preoccupazione gioiosa di sostenere il vostro spirito e di dimorare nel Mio Cuore Immacolato, e, attraverso di Me, nel Sacro Cuore di Gesù.

Comprenderete cosa intendo con queste Mie parole nei giorni futuri. Vi amo teneramente, vi ringrazio immensamente!

Sono la vostra Madre Celeste, che attende di essere proclamata sulla terra *Mediatrice di ogni Grazia*, *Co-Redentrice* ed *Avvocata* – lo sono in Cielo - affinché possa portarvi il dono di Dio e tutto ciò che vi sarà necessario per sopportare questi momenti di persecuzione. È conosciuta come la persecuzione dei Cristiani, ma il livello più alto di persecuzione sarà quello della Chiesa Cattolica.

Amo tutti i Miei figli di tutte le fedi, le fedi Cristiane. Sono comunque la Madre Celeste loro. Devono ancora comprendere il Mio amore per loro. Amen. *(Primo Venerdì di Dicembre, 4 Dicembre 2020)*

127. SATANA SI É FATTO IL 'CREATORE'

Parla la Madonna:

Ora, piccola, Mia e del Mio Gesù, riceverò questa sofferenza e sarà per coloro che sono ignoranti riguardo al vaccino[244], e conferirò loro questa Grazia, donando loro l'opportunità di scegliere quello che hanno già scelto nei loro pensieri.

Salverò anche molte donne, le Mie dilette figlie, che si sono sottoposte a questa concezione di massa dell'aborto dei loro bambini e sono diventate schiave di Satana! Le salverò da questa schiavitù impartendo la Grazia di conoscere ciò che è male, ed attraverso l'Esercito Celeste le porterò sotto la protezione di cui hanno bisogno, e le nasconderò da lui[245], recuperandole per essere figlie di Dio.

Sappiate e comprendete: il metodo più devastante utilizzato ora per abortire i bambini consiste in quello che è stato conosciuto come la 'tecnologia laser', in cui quelle donne, Mie dilette figlie, sono state attratte. Le donne Cattoliche sono state attratte dall'idea che i loro corpi non saranno sfigurati, tuttavia saranno sterili e non saranno più in grado di avere figli, ciò per cui furono create.

Ci sono altri metodi, e Satana, l'avversario, sta inducendo tutti a credere che è la maniera in cui possono essere felici ed avere bambini. I bambini sono la continuità di Dio per il genere umano. I bambini, dei quali Dio è l'Autore, saranno i figli *della Luce*, e quelli di cui Satana, usando la creazione di Dio, ha reso sé stesso il 'creatore' – ciò che non sta a lui portare – saranno i figli *delle tenebre*[246].

---

[244] Questo si riferisce direttamente solo al vaccino che utilizza linee cellulari di feti abortiti nel processo di ricerca e produzione. Vedi note a piè di pagina n. 235 e 236.
[245] Satana.
[246] Questo riguarda la clonazione umana.

Siate al corrente di ciò, diletti figlie! Molte di voi, il cui grembo il Signore ha chiuso per un periodo – capite che c'è una ragione –, non cercate tali metodi diventando così avvocate di Satana! Vengo per avvertirvi di questo, e coloro che hanno abbracciato ciò, sceglieranno facilmente il mondo Satanico e rinnegheranno a Dio - che li creò - il suo diritto. Tutto questo per una falsa felicità!

Ti ringrazio per avermi permesso di portarti questa parola, piccola, Mia e del Mio Gesù, per il tuo collaborare con lo Spirito Divino, anche se sei molto turbata ed ansiosa, perché non dai tutto velocemente a Me. Semplicemente affida tutto al Mio Cuore Immacolato ed il Mio Sposo Divino ti guiderà. Ti amo teneramente, ti ringrazio immensamente, piccola, Mia e del Mio Gesù, Cleophas. Amen. *(Primo Venerdì di Dicembre, 4 Dicembre 2020)*

ANNO 2021: CONFIDATE IN DIO ATTRAVERSO DI ME!

128. DISTRUGGERÀ LA VOSTRA VITA E LA VOSTRA SALUTE

Parla la Madonna:

"Piccola, Mia e del Mio Gesù... Sì, il prossimo venerdì sopporterai questa sofferenza, ancora una volta per "il" vaccino[247]. Ne comprenderai la necessità, specialmente per i fedeli, affinché capiscano ciò che è stato conosciuto come il vaccino che contiene i feti abortiti. Dio richiederà una vita per una vita. Satana lo ha promesso (*il vaccino*), non per ripristinare le loro vite, ma per distruggerle.

Sì, stanno sviluppando altri vaccini. Aspettateli, se desiderate un vaccino. Conoscete e comprendete la semplicità della Mia medicina, conosciuta come il *Rimedio Spirituale e Naturale,* nella forma più semplice per capire come combattere questa battaglia. E coloro che accetteranno quel vaccino[248] conoscendone il contenuto, diventeranno avvocati del demonio! Sappiate e comprendete che tali avvocati demoniaci avranno bisogno di essere esorcizzati quando abbandoneranno il male e torneranno a Dio. Oggi, nel vostro Mondo, mancano Sacerdoti per assumere questa missione di esorcizzare il demonio da molti che sono già posseduti da lui.

Io vi avverto, non accettate un tale potere demoniaco! Non c'entra con il ripristino della vostra vita; distruggerà la vostra vita e perfino la vostra salute!

Tornate a Dio, tornate a Me. Non sono la Madre vostra che vi ama? Sono qui per aiutarvi, e vi aiuterò come Madre di Dio, come vostra Madre Celeste e *Mediatrice di ogni Grazia,*

---

[247] Questo si riferisce direttamente solo al vaccino che utilizza linee cellulari di feti abortiti nel processo di ricerca e produzione. Vedi note a piè di pagina n. 235 e 236.
[248] Questo si riferisce direttamente solo al vaccino che utilizza linee cellulari di feti abortiti nel processo di ricerca e produzione. Vedi note a piè di pagina n. 235 e 236.

Co-Redentrice ed *Avvocata* in Cielo. Quando Mi invocate con questo titolo, ho la possibilità di ripristinarvi sia spiritualmente che temporalmente. Confidate solo in Dio attraverso di Me! Vi porterò al sicuro nel Cuore di Dio, il Mio Divin Figlio Gesù, dove tutto riposa, e nel seno del Padre vostro Celeste il cui Amore è Gesù nel vostro mondo. Avete bisogno di Lui nella Santa Eucarestia. Vi ringrazio immensamente! Amen. *(Festività di Maria Madre di Dio, 1° gennaio 2021)*

129. SOFFERENZA PER LA GERARCHIA CHE PRENDE DECISIONI CHE NON APPARTENGONO ALL'ORDINE DI DIO

San Michele fa un passo avanti e parla:

"Sono San Michele, che sto nella Presenza di Dio, nominato per proteggere gli eletti di Dio, qui dinanzi a voi, piccola di Gesù e della Santa Madre nostra, Cleophas, diletta sorella nostra – e tu diletto del Diletto, Felix Xavier, fratello nostro – che oggi soffri per il vostro mondo, specialmente per la Chiesa Cattolica, per la Gerarchia che prende decisioni che non appartengono all'ordine di Dio – che prende decisioni a proposito del vaccino che contiene il feto abortito di un bambino non nato, creato ad immagine e somiglianza di Dio, abortito come nei giorni dell'uccisione dei bambini nella terra del Messico[249] - oggi si preparano ad adorare Satana- sì, i fedeli, perfino nella Gerarchia! Questa forma di guerra diabolica porterà la Chiesa Cattolica – ovvero la sua struttura - alla rovina! Tuttavia la Chiesa rimarrà in piedi, nella *Chiesa Domestica e Clandestina*. Sappiate e comprendete che questo è la preparazione per spodestare il Santo Padre; la sua ora viene!

Questo vaccino serve per preparare – anche i fedeli che lo abbracceranno non saranno più fedeli ma giureranno

---
[249] Vedi la Visitazione di Guadalupe, Messico.

fedeltà a Satana e si uniranno al movimento pensando di essere fedeli alla Chiesa Cattolica – il movimento anticristo, per spodestare il Santo Padre e per permettere all'antipapa di sedersi sul trono di Pietro.

Siete alla soglia delle *seconde doglie* e questo vaccino porterà lassismo ed infedeltà, anche tra i Religiosi ed i Sacerdoti. Molti cadranno, e formeranno i propri Ordini a partire degli Ordini che stanno servendo. Molti Ordini chiuderanno! Questo è ciò che si intende con seconde doglie."

... Si ferma... poi riprende:

"Non abbiate paura, non siate turbati, fate solo conoscere – con fiducia totale e pieni di fiducia nel nostro Dio che è Dio – ciò che vi è stato fatto conoscere, e camminate a testa alta. Questa è l'ora per la quale vi preparate: mantenete la vostra fedeltà, consacrandovi al mattino, e la vostra fedeltà verso la medicina che vi è stata fatta conoscere come *il Rimedio Spirituale e Naturale*, prendendola tre volte al giorno. Dovrà essere fatto conoscere come un Ricostituente che vi rafforzerà contro queste forze. Amen". *(Secondo Venerdì del mese, 8 Gennaio 2021)*

130. IL POTERE SARÀ DATO ALL'AVVERSARIO PER TORMENTARE TUTTE LE PERSONE NELLE CITTÀ

Parla San Michele:

"Sappiate e comprendete ora, diletti figli, che dovete fare conoscere ai figli, i vostri diletti fratelli che vivono nelle città, che questa è l'ora in cui devono andare via dalle città, perché il potere sarà dato all'avversario per tormentare tutte le persone nelle città. Molti cadranno, e molti moriranno come Martiri, e coloro che daranno ascolto a questa chiamata non salveranno solo i loro corpi, ma anche le loro Anime.

Sappiate e comprendete che entrate in momenti molto, molto, molto pesanti. Tuttavia Io, San Michele, sono con voi, con tutti i cori di Angeli. Rendete nota la recitazione della mia Coroncina, e ne comprenderete il significato. Amen."

... Si ferma, poi riprende a parlare:

"La Madre Santa verrà nell'ora conclusiva di questo giorno per ricevere questa sofferenza che sopporti serenamente, anche se provi l'immensità della debolezza del tuo corpo per tutta la settimana. Questo deve essere interpretato come le conseguenze che subirà il proprio corpo quando uno si farà il vaccino[250] – 'uno' si riferisce qui all'Anima dei fedeli. E questo porterà al deterioramento del corpo e li sottoporrà alle Leggi della *cultura della morte*, conosciute come Eutanasia, perché i loro corpi non saranno più in grado di funzionare in modo normale. E la legge implementata verrà usata contro di loro. Tra questi ci saranno anche bambini, giovani – *che io sto vedendo... ora una visione si è presentata* – di tutti i tipi, non saranno solo gli anziani... anche i più forti che vogliono salvare i propri corpi, li perderanno in questa maniera.

La visione si chiude e San Michele continua a parlare, dopo una pausa.

... Vi amo teneramente, vengo nel nome della Madre del Nostro Dio, qui dinanzi a voi, e che Mi ha comandato di venire nel Suo nome. Vi proteggerò, semplicemente invocatemi!

Sono San Michele, Servo di Maria, sempre Vergine, *Mediatrice di ogni Grazia*, *Co-Redentrice* ed *Avvocata* in Cielo, che aspetta di essere proclamata tale sulla terra. Pregate, pregate, pregate per il Santo Padre vostro, pregate molto! Amen."

---

[250] Questo si riferisce direttamente solo al vaccino che utilizza linee cellulari di feti abortiti nel processo di ricerca e produzione. Vedi note a piè di pagina n. 235 e 236.

La visione rivela ancora San Michele che tiene il bambino mentre si eleva - il piccolo bambino abortito - e la bilancia della Giustizia.

"La Giustizia di Dio si opporrà a loro nel senso di... "una vita per una vita"! Amen."

La visione si chiude, non vedo più San Michele, l'altare nostro torna. Non vedo più la Beata Madre Nostra, ma la Sua Presenza è qui. Amen. (Secondo Venerdì del mese, 8 Gennaio 2021)

131. LA CLONAZIONE UMANA DIVENTERÀ LA MODA DEL NUOVO UOMO, DEL NUOVO MONDO

... San Michele è presente qui... Questa volta viene con la spada nella mano destra, e la spada è sopra la Sua testa, pronta a colpire. Ha una catena nella mano sinistra, pronta a legare, e prende la Sua posizione, di fronte a Me alla mia sinistra, più vicino a te, mio marito, ma sopra di te.

La Mamma arriva: è stata qui per tutto il tempo, ma solo ora Si presenta. È vestita con una veste blu marino, con una veste interna bianca. Le mani sono unite con il Rosario che drappeggia attorno alle dita, anche con lo Scapolare, come nella statua della Madonna di Fatima a casa nostra. Apre le mani e vedo il Calice nel Suo Cuore Immacolato. Il Calice trabocca ed il Sangue di Gesù scende sulle Anime in questo momento, che Lei riscatta. E questa sofferenza è unita alla Sofferenza di Gesù per queste Anime. E mentre il Sangue scorre, oggi tutti i Santi Sacrifici sono celebrati ovunque sulla Terra dai Sacerdoti, Sacerdoti validi nella Chiesa Cattolica, validi, obbedienti al Santo Padre ed obbedienti ai propri Vescovi, quei Vescovi e Cardinali che non sono nello stato decaduto, – coloro che sono nello stato decaduto dalla Grazia sono esonerati a causa della loro disobbedienza – ma obbedienti al Santo Padre, il Papa oggi regnante, Sua Santità Papa Francesco I.

San Michele si fa avanti e parla:

"Sono San Michele Arcangelo, che sta nella Presenza di Dio: Mi presento ancora una volta dinanzi a te, piccola di Gesù Nostro Divino Salvatore e della Beata Madre nostra, Cleophas, diletta sorella.

Vengo ora per ricevere questa sofferenza che hai sopportato, i suoi meriti – per riscattare le Anime verso le quali la Beata Madre nostra Mi guiderà – e per legare Satana, che li affligge con la confusione – quelli della Gerarchia che desiderano seguire Dio e si sono pentiti anche solo di aver pensato di abbracciare il vaccino contenente il feto abortito di un bambino creato ad immagine e somiglianza di Dio. Ora, la Beata Madre nostra riceverà questa sofferenza. Presento dinanzi a voi la Nostra Madre Addolorata – che agonizza per ciò che accadrà! Amen"

... e fa un passo indietro.

La Madonna si fa avanti, in piedi su una nuvoletta. La luna sta sotto di Lei, e sotto il serpente che Lei distrugge. Si china per salutarci e parla:

"Piccola, Mia e del Mio Gesù, Cleophas, ti ringrazio, ti ringrazio immensamente perché consoli il Mio Cuore Addolorato, che è così afflitto dalle frecce che lo trafiggono, frecce di coloro nella Gerarchia che una volta erano fedeli ed ora Mi hanno respinta, e hanno respinto gli insegnamenti del Magistero della Santa Chiesa Cattolica!

Sappi e capisci oggi che, attraverso questa tua piccola sofferenza, riscatterò molti di quelli che non desiderano seguire coloro che hanno deciso di diventare infedeli. Qui parlo della Gerarchia, di quelli in diversi Ordini (Ordini Religiosi), di molti Sacerdoti e di molti delle Chiese che svieranno i fedeli con il loro modo di pensare, accettando questo vaccino che instaurerà ciò che Satana sta attendendo... *Ah!!!...* *Oh, il mio cuore è pesante...*

per realizzare questo omicidio di massa, di massa! Questi aborti ora aumenteranno ad una scala più alta e la clonazione umana diventerà la moda del nuovo uomo, del nuovo mondo, come lui[251] pianifica di fare – *l'ordine mondiale unico, il governo mondiale unico, la religione mondiale unica* – che Dio permetterà.

Ma voi, diletti figli Miei–parlo a tutti voi – rimanete fedeli attraverso la vostra Consacrazione al Mio Cuore Immacolato, Consacrando voi stessi, le vostre famiglie e tutto ciò che avete al Mio Cuore Immacolato! In questo modo potrò proteggervi contro queste forze! Ecco, molti di voi affronteranno il Martirio, e sì, molti dei Miei Sacerdoti, che andranno alla sbarra per respingere questa forma di guarigione e di ripristino della vita umana[252], affronteranno il Martirio.

Pregate, pregate, pregate molto per il vostro Santo Padre! Un terribile peso si abbatterà su di lui nei prossimi giorni, perché molti nella Gerarchia cercheranno di persuaderlo a pensare differentemente nella terminologia... *Oh, cos'è questo, Mamma? I miei occhi stanno bruciando...* conosciuta come 'Chiesa Pellegrina'. *(Secondo Venerdì del mese, 9 Gennaio 2021)*

132. LE VIE DI DIO NON POSSONO ESSERE CAMBIATE, LA VERITÀ DI DIO È VERITÀ!

Sappiate e comprendete che le vie di Dio non possono essere cambiate. La Verità di Dio è Verità! Questa Verità deve essere mantenuta per sostenere ogni bambino creato ad immagine e somiglianza di Dio. Amen."

"Ora, piccola, Mia e del Mio Gesù, Cleophas, cadrai in un sonno molto profondo nelle ore del nuovo giorno. Questo sonno

---

[251] Satana
[252] Questo si riferisce alla clonazione umana e ad una interamente nuova visione del mondo.

è necessario, è come un anestetico, e poi quando ti sveglierai, proverai dolore in diverse parti del tuo corpo, lasciandoti debole. Stai in guardia e compi i tuoi doveri lentamente e dolcemente, solo quelli che non sforzano il corpo. Sarò con te per tutta la settimana. Ti ringrazio, e ti amo, piccola, Mia e del Mio Gesù."

... Ora si ferma e parla di nuovo:

"Desidero pure con un grande desiderio ringraziare tutti coloro che pregano per te, che sapevano di questo momento che avresti affrontato oggi. Li ringrazio immensamente! Li benedico per essere rimasti in solidarietà con te, per affrontare questa sofferenza per riscattare le Anime, ed accetto anche tutte le loro intenzioni che hanno posto mentre pregano per te e li aiuterò!

Desidero con un grande desiderio solo far sapere che bisogna rimanere fedeli agli insegnamenti della Chiesa Cattolica, al Magistero, della Santa Chiesa Cattolica, fondata sulla Pietra, conosciuta come Pietro, oggi il Papa regnante, Suo Successore, Papa Francesco I. Pregate per lui! Pregate anche per il *Papa nascosto*, Sua Santità Papa Benedetto XVI, che porta la Chiesa in questi tempi attraverso la sua sofferenza e le sue preghiere.

Sono la *Madre di Dio*.

Sono la Madre di tutta l'umanità.

Sono la Madre Celeste vostra, *Mediatrice di ogni Grazia, Co-Redentrice* ed *Avvocata* in Cielo, intercedendo per coloro che Mi invocano sotto questo titolo, attendendo di essere proclamata tale sulla terra. Attraverso le vostre preghiere ciò avverrà.

Io vi amo tutti teneramente. Amen. "

La visione si chiude. Non vedo più la Madonna. (Secondo Venerdì del mese, 9 Gennaio 2021)

GESÙ PREGA NEL GETSEMANI, Disegno di Iveta

"In preda all'angoscia, pregava più intensamente;
e il Suo sudore diventò come gocce di sangue che cadevano a terra."
"Così non siete stati capaci di vegliare una sola ora con Me?"
Quando Gesù apparve, Mi diede il permesso di catturarlo (disegnarlo).
O, guarda quegli occhi amorevoli del Nostro Dio, che ci chiama a Lui!
Tale amore anche quando Gli causiamo una tale agonia.

Disegno originale benedetto dal Rev Padre Duffy, Marzo 2005

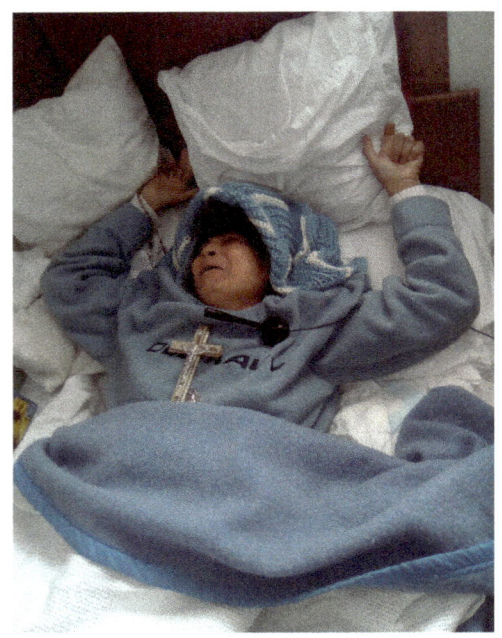

Iveta nella sofferenza a Foymont, Canada
© Centro Comunitario Saint-Joseph a Foymont

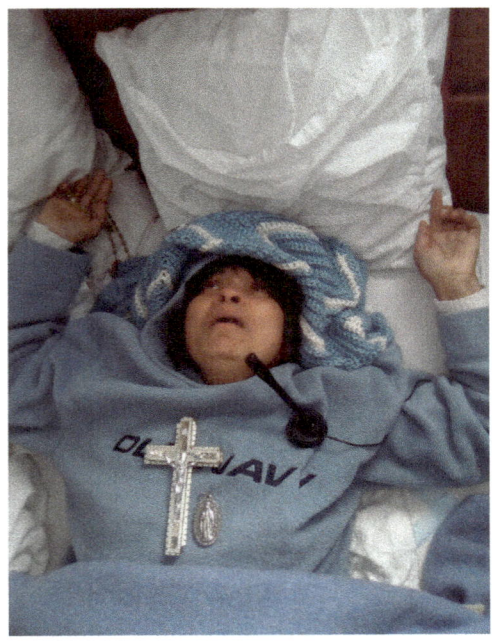

Chiesa di San Simone e San Giuda sul Monte Batim, Goa, India
© Centro Comunitario Saint-Joseph a Foymont

Pozzo Miracoloso sul Monte Batim, Goa, India
© Centro Comunitario Saint-Joseph a Foymont

Statua della Madonna sul
Monte Batim

Statua di San Michele sul
Monte Batim

© Centro Comunitario Saint-Joseph a Foymont

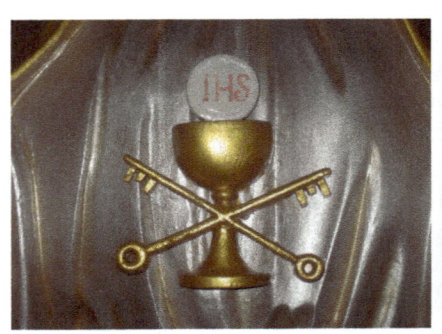 

Iveta durante una Visitazione della Madonna sul Monte Batim
© Centro Comunitario Saint-Joseph a Foymont

Felix ed Iveta a Goa
© Centro Comunitario Saint-Joseph a Foymont

TESI SUL PURGATORIO

Fonti:

Trattato del Purgatorio di Caterina da Genova: https://www.google.com/search?client=firefox-b-d&q=trattato+sul+purgatorio+di+santa+caterina+da+genova+pdf

Catechismo della Chiesa Cattolica: https://www.vatican.va/archive/catechism_it/p123a12_it.htm

LA PURIFICAZIONE FINALE, O PURGATORIO
SECONDO IL CATECHISMO DELLA CHIESA CATTOLICA

"Coloro che muoiono nella grazia e nell'amicizia di Dio, ma sono imperfettamente purificati, sebbene siano certi della loro salvezza eterna, vengono però sottoposti, dopo la loro morte, ad una purificazione, al fine di ottenere la santità necessaria per entrare nella gioia del cielo.

La Chiesa chiama *purgatorio* questa purificazione finale degli eletti, che è tutt'altra cosa dal castigo dei dannati. La Chiesa ha formulato la dottrina della fede relativa al purgatorio soprattutto nei Concili di Firenze e di Trento. La Tradizione della Chiesa, rifacendosi a certi passi della Scrittura, parla di un fuoco purificatore:

«Per quanto riguarda alcune colpe leggere, si deve credere che c'è, prima del giudizio, un fuoco purificatore; infatti colui che è la Verità afferma che, se qualcuno pronuncia una bestemmia contro lo Spirito Santo, non gli sarà perdonata né in questo secolo, né in quello futuro (*Mt* 12,32). Da questa affermazione si deduce che certe colpe possono essere rimesse in questo secolo, ma certe altre nel secolo futuro».

Questo insegnamento poggia anche sulla pratica della preghiera per i defunti di cui la Sacra Scrittura già parla: «Perciò [Giuda Maccabeo] fece offrire il sacrificio espiatorio per i morti, perché fossero assolti dal peccato» (*2 Mac* 12,45). Fin dai primi tempi, la Chiesa ha onorato la memoria dei defunti e ha offerto per loro suffragi, in particolare il sacrificio eucaristico, affinché, purificati, possano giungere alla visione beatifica di Dio. La Chiesa raccomanda anche le elemosine, le indulgenze e le opere di penitenza a favore dei defunti:

«Rechiamo loro soccorso e commemoriamoli. Se i figli di Giobbe sono stati purificati dal sacrificio del loro padre, perché dovremmo dubitare che le nostre offerte per i morti portino loro qualche consolazione? [...] Non esitiamo a soccorrere coloro che sono morti e ad offrire per loro le nostre preghiere»."

Catechismo della Chiesa Cattolica, n.1030-1032

133. LA STORIA DEL DISEGNO MISTICO

La Santa Immagine e la sua comprensione furono ricevute da una piccola Anima[253], il Sabato Santo, 1997 (tra le ore 13 e le ore 15:30).

Prima, la "piccola Anima" sentì la Voce di Gesù, suo Salvatore.

Parla Gesù:

"Ti do la Mia Pace. Io ho vinto la morte ed ora voi non sarete più prigionieri. Ho acquistato per Dio il Suo Popolo ed ho creato per Lui una Nazione. Gioite, perché anche coloro che stanno dormendo sono risuscitati! Perché sono la Risurrezione e La Vita. Amen."

Visione esteriore: incorporati nell'immagine miracolosa ci sono molti altri inspiegabili volti ed immagini di uomini e donne Santi. John è l'artista che disegnò e colorò questa bellissima Immagine.

*

Spiegazione del Disegno Mistico:

Vedo il Signore Risorto. Lo si riesce a vedere a malapena. Lui è tutta Luce. Lo Spirito Santo mi ha dato la grazia di far scorrere la mia matita avanti e indietro, come per tracciare, ed il Volto apparve da sé, da solo. Dato che il disegno non è fatto da me, ciò non sarebbe così, poiché nell'originale si vedono solo le tracce delle Sante immagini fatte conoscere a me; tutto ciò che dovevo fare era far scorrere la mia matita avanti e indietro, mentre eravamo in preghiera e le Sante Immagini apparivano. Amen.

---
[253] Iveta Fernandes

Il Signore chiama San Michele, il Suo Glorioso Principe, il Difensore del Suo Esercito Celeste, il Difensore delle Anime. In questa visione, il Signore dà a San Michele Arcangelo la Scala che venne usata per calare il Suo corpo dalla Croce. La Scala viene posta sulla spalla destra di San Michele mentre le Anime salgono dal Purgatorio.

La Sua Croce redentrice va davanti a Lui mentre Lui appare in tutta la Sua Gloria. Amen.

Dal Cuore Sacro e Misericordioso del Signore Gesù appaiono tanti raggi di color rosso, blu ed oro che cadono sulle Anime che cercano la Sua Misericordia. Amen.

La Sua mano sinistra è aperta e da essa cadono granelli di color oro simili a polvere dorata o sabbia per rivelare la vittoria sulla morte. Amen.

Ora si vede anche la Madonna. La mano destra della Madonna appare come se mantenesse quelli battezzati in una piscina d'acqua, una sorgente nella terra sul terreno roccioso, come quella che si vede a Batim[254] (India), il luogo della Visitazione della Madonna.

Si vede la Madonna che aiuta queste Anime a salire sulla Scala, la Via di Gesù, il Suo Divin Figlio. Amen.

Si vede San Michele in un modo molto diverso da molte immagini dipinte di lui. Appare come un Principe Reale preparato per la battaglia. Dolci sono i lineamenti del suo viso, ma feroci come colui che non tollererebbe le assurdità, solo la Verità! La Verità come Gli è stata rivelata da nessuno fuorché

---

[254] Situato a Goa, Monte Batim è una collina sulla quale è eretta la chiesa dedicata a S. Simone e Giuda. Si dice che questo fu il luogo in cui San Francesco Xavier S.J. battezzò centinaia di abitanti del Goa. È anche il luogo delle 'Visitazioni' della Beata Maria Vergine legate ad Iveta e Felix Fernandes. Queste Visitazioni non hanno ancora ricevuto l'approvazione della Chiesa.

Dio, come direbbe lui - "Chi è come Dio? Nessuno eccetto Te, nessuno eccetto Te, O Dio! Amen."

134. LA COMPRENSIONE DEI TRE STADI DEL PURGATORIO

Iveta: Lei mi parla, Anima ad Anima.

"Piccola, Mia e del Mio Gesù, Cleophas, che co-redimi con Me, la *Co-Redentrice* unita al *Redentore*, questo Venerdì Santo. Qui desidero far conoscere la comprensione dei tre stadi, come sarebbero chiamati, resi noti a voi, del Purgatorio.

*

Qui Gesù Mio, Nostro Salvatore, cade - nell'interpretazione delle Anime che soffrono in Purgatorio. Offri ora questa tua sofferenza; saranno i tormenti della tua Mente.

Questi sono per i peccati quando un'Anima non respinge i pensieri e permette a questi pensieri di entrare nella mente, nella coscienza, nell'inconscio e nei pensieri inconsci.

Capirai di più attraverso quello che farò conoscere nei prossimi giorni. Qui offri questa sofferenza per le Anime in Purgatorio. Questa sofferenza la prenderò Io, mentre tu co-redimi per loro, e per quei peccatori che non si pentono, per salvare molti e portarli al pentimento. Coloro che desiderano bloccare questi pensieri, pensieri peccaminosi, pensieri non caritatevoli: li aiuterò con questa Grazia affinché, non entrino nella seconda caduta. Ora devi comprendere che applicherò questa Grazia domani, quando riunirò tutte le preghiere per le Anime in Purgatorio e le applicherò quando il Divin Salvatore Nostro, il *Redentore* risusciterà, come Lui preannunciò. Amen."

*

Sono la Madre di Dio. Sono la *Madre di Dio*, sono la vostra Madre Celeste sofferente in questo giorno: co-redimo ed ottengo tutte le Grazie necessarie perché voi sosteniate voi stessi. Comprenderete il Mio ruolo di *Mediatrice di ogni Grazia* nei prossimi giorni. Amen." *(Venerdì Santo, 14 Aprile 2017)*

135. QUESTO È IL SECONDO STADIO DEL PURGATORIO

"... ora la seconda caduta di Gesù. Gesù è esausto. Guarda Sua Madre.

"Madre, Madre"... e fa una pesante caduta. Cade come se cadesse sul Volto, ma il Volto Suo si posa sulla Croce, una parte della Croce. Cercano di tirarlo su, ma non riescono!

Redentore a Co-Redentrice:

"Madre, aiutami, salva coloro che continueranno nei loro peccati e non si pentiranno."

Adesso la Madonna rivela un'altra conoscenza:

"Piccola, Mia e del Mio Gesù, Cleophas, che co-redimi con il *Redentore,* attraverso Me la *Co-Redentrice.* Il tuo cuore si sta spezzando! È molto pesante!

Comprendi ora, questo è ciò che fa il peccato quando entra nel cuore. Questo avviene quando loro non lo respingono al principio e vi si soffermano; ed ora è entrato nel cuore per contaminarlo. Questo è il secondo stadio del Purgatorio per com'è conosciuto. Coloro che soffrono per questi peccati sono passati alla Risurrezione pregando la Divina Giustizia, perché si sono pentiti nell'ultima ora! Sappi questo: tu co-redimi nella sofferenza per coloro che si soffermano su questo peccato. Sono una grave offesa: i peccati della carne, che profanano il

Tempio di Dio! Ora redimerai molti, molti, piccola Mia. Userò questa Grazia per aprire e recidere i loro cuori induriti affinché non vi si soffermino più!

Ora riposa un po', il tuo cuore è pesante, riposa nel Mio Manto Materno, riposa nel Mio Cuore Immacolato! Amen."

... Lui (Gesù) vede tutte le donne lamentarsi e piangere per Lui. Nonostante tutta la Sua sofferenza e dolore, solleva la testa e si ferma, le guarda e dice: "Non piangete per Me, ma piangete per voi stesse e piangete per i vostri figli.[255]"

Anima ad Anima, Cuore a Cuore, parla alla Madre: "Madre, Madre, aiuta questi figli Miei. Loro Mi vedono in questo modo e non capiscono che è per il loro bene che sopporto questo, e così fai anche Tu. Ti amo, Madre, sei Benedetta tra tutte le Donne[256], perché ai messo al mondo il Figlio di Dio. Santa sei Tu tra tutte le Donne perché hai obbedito alla Volontà di Dio, e co-redimi ora con Me, come *Co-Redentrice*. Amen, Amen."
(Venerdì Santo, 14 Aprile 2017)

136. COLORO CHE COMMETTONO E DANNO IL CONSENSO AL PECCATO CONOSCIUTO COME EUTANASIA

Iveta nella sofferenza per l'Eutanasia.

Parla San Michele: "Sono San Michele che sta nella Presenza di Dio. Vengo al vostro cospetto in questo giorno, diletti figli di Dio, che siete graditi da Dio quando continuate con questo digiuno, con le preghiere e con la sofferenza di questa piccola, la nostra diletta sorella Cleophas, figlia della Nostra Beata Madre e del Nostro Signore Gesù.

---
[255] Cfr. Lc 23,28
[256] Lc 1,42

Questa sofferenza non è in alcun modo piccola, perché è una grave *sofferenza di silenzio* e di deterioramento dell'Anima e del cuore, che diventa insensibile e freddo verso Dio, di coloro che commettono e coloro che danno il consenso al peccato conosciuto come Eutanasia, consenso a morire ed a commettere questa offesa che ruba le vite degli altri senza consenso, discretamente! È una grave offesa davanti a Dio!

Vengo al vostro cospetto in questo giorno per accettare la sofferenza di questa piccola e riporla in una coppa."

... ed ora l'Arcangelo San Raffaele si alza e sta alla sinistra della Madonna, ed ora si sposta davanti e la coppa di profumi Gli viene portata da un altro Arcangelo, sembra. È sulla terra in questo momento e tiene la coppa con questi profumi e la sofferenza viene messa dentro, ed il nostro digiuno viene messo dentro, e le preghiere degli Angeli ed Arcangeli vengono messe dentro. Questi Arcangeli sono quelli di molti Sacerdoti e Religiosi che stanno morendo con questa stessa comprensione nel silenzio. Sono stati messi a morte - perfino Vescovi e Cardinali.

... San Michele, che era in silenzio da un po', parla di nuovo: "Porto al vostro cospetto il messaggio della Madre del nostro Dio per che comprendiate questo grave momento. Sono il Suo servo qui dinanzi a voi, San Michele."

Parla la Madonna:

"Diletti figli Miei, vi ringrazio per aver sostenuto questo digiuno, questo giorno in totale astinenza da carne, la carne dei Miei animali. È gradito immensamente da Dio e, avendo consumato la Carne ed il Sangue Viventi del Nostro Signore nella Santa Eucarestia, avete sostenuto voi stessi con ciò."

"Questo grave abominio, conosciuto come Eutanasia è l'errore della Russia non Consacrata al Mio Curo Immacolato, che ora gioca a farsi Dio. Prima, l'abominio del consenso di uccidere - nell'aborto – gli innocenti che non hanno né diritto né voce per parlare per loro stessi! Ora il consenso per coloro che hanno voce: danno il consenso che venga rubata la loro vita, perché le loro menti sono diventate distorte, con la concezione che la sofferenza non sia necessaria. Non comprendono la grave offesa che stanno commettendo! Eppure, molti sono Cattolici!

Oggi con questa sofferenza, impedirò a molti di scappare dalla sofferenza, anche a coloro che hanno sottoscritto un modulo di consenso. Dio Stesso interverrà per liberarli dai loro corpi ed entreranno... *(ora mi viene mostrato l'ultimo stadio del Purgatorio)*. Questo perché molti stanno pregando contro questo terribile crimine contro Dio. E per coloro che muoiono in questa maniera, che danno il consenso, *(Iveta: Oh santo cielo!)* molti cadranno nell'Inferno, ma attraverso la preghiera di molti, alcuni entreranno nell'ultimo stadio del Purgatorio *(dove vedo una candela che brucia)* e non usciranno da questo stadio fino all'ultimo giorno del giudizio, il giudizio finale! Se solo conoscessero questa sofferenza, abbraccerebbero questa sofferenza, che è la Croce che Dio ha dato loro da portare per la loro stessa Salvezza, la Salvezza delle loro Anime! E gioirebbero con la Corona che Dio poserebbe... su di loro, accogliendo loro a Casa, avendo conservato la loro Croce e non cercando di abbandonarla.

Questo abominio si diffonde in molte Nazioni. Chiamo tutti i Miei figli oggi a dire 'No' a tale male! Non date il consenso! Solo Dio ha il diritto, in quanto Creatore di ognuno di voi, di liberarvi dai corpi fatti di argilla, di permettervi di essere liberati da essi, quando è stato ottenuto il Suo proposito di glorificarlo sulla terra e nel Cielo. E poi tornerete alla polvere ed alcuni diventeranno Santi con questa sofferenza, ed incorruttibili, per mostrare la potenza di Dio solo! Amen.

Sono la Madre di Dio, la *Mediatrice di ogni Grazia, la Madonna Addolorata (ecco perché è vestita con una Veste blu marino e bianca, ma con una fascia rossa che drappeggia alla Sua destra), Co-Redentrice,* che intercede per voi che Mi chiamate e per coloro che meditano su questo tipo di morte."

La Madre di Dio: "Vi avverto di non entrare negli ospedali se non è necessario. Imparate a chiamarmi ed abbandonatevi nel Mio Cuore Immacolato, offrite questa sofferenza che si abbatte su di voi per la Salvezza delle Anime in Purgatorio e la Salvezza delle Anime che hanno bisogno di conversione sulla terra, anche i membri della vostra famiglia! Lì[257] vi aspettano - cioè il Mio avversario che è entrato in molte Anime e che ora desidera giocare a farsi Dio. Quando sentite parlare di ciò, pregate per loro! Pregate molti Rosari, perché molti Rosari sono necessari! Vi amo profondamente. Amen."

*

"Io vi amo teneramente, vi ringrazio immensamente perché consolate il Mio Cuore Addolorato così ferito per la perdita di così tanti dei Miei figli, Perfino i fedeli che hanno osservato la legge di Dio, in questi ultimi stadi Lo hanno abbandonato ed hanno abbracciato la legge di Satana.

Sono la vostra Madre Celeste, la *Mediatrice di ogni Grazia, Co-Redentrice* ed *Avvocata* in Cielo, intercedendo per voi e per tutti quelli che Mi chiamano. Ringrazio tutti i piccoli Miei che pregano per questa loro diletta sorella. Sì, in questo modo vi benedirò. Voi la rafforzate perché possa soffrire per queste gravi offese in questo suo piccolo e debole corpo, che però è forte con la Grazia di Dio. Anche lei prega per ognuno di voi davanti a Me in azione di grazie. Benedirò voi e le vostre famiglie. Continuate in questo modo perché molto si abbatterà su di lei nei giorni a venire, conosciuti come Settimana Santa. Vi amo teneramente. Amen."

---

[257] Negli Ospedali

Ora si ritira, la piccola pergamena è arrotolata e San Michele la dà alla Madonna. Questo messaggio è giunto su una pergamena, ed ora Lui spiega perché la sua spada è abbassata.

Lui non ha autorità sulla volontà umana e quindi non può nemmeno salvare le loro Anime dal precipitare nell'Inferno, ma ora alza la sua spada e la tiene sopra la sua testa, e regge la Bilancia Divina nella mano sinistra, e la catena è appesa attorno al suo avambraccio sinistro; con le nostre preghiere lui può spingere la spada – lui ce lo mostra, quando preghiamo per coloro che hanno commesso l'Eutanasia – contro Satana stesso, e Satana fugge, e l'Anima è ora posta sulla bilancia della Giustizia Divina e viene portata in Cielo.

Questo è il primo giudizio, ed attraverso le nostre preghiere l'Anima accede agli ultimi stadi del Purgatorio, e lì mi mostra gli Angeli associati al rango delle Potestà, l'ultimo livello del Purgatorio più vicino all'Inferno... e c'è silenzio. Ora San Michele mi fa anche capire il Purgatorio:

Quando preghiamo per queste Anime che hanno commesso l'Eutanasia, non quelle che le uccidono, ma quelle che muoiono a causa dell'Eutanasia – questo spirito malvagio, San Michele sta all'entrata dell'ultimo stadio del Purgatorio e gli Angeli delle 'Potestà' vengono per prendere il Calice da Lui e per versarlo su di loro... rivelando loro... la loro sofferenza. Il calice viene restituito e la porta si chiude. San Michele prende il Calice e poi lo dà alla Madonna che sta lì ed osserva tutto. Amen.

La Visione si chiude. (Quinto Venerdì di Quaresima, 2018)

137. LA RIPARAZIONE CHE DEVE ESSERE RESA PRIMA CHE L'ANIMA GIUNGA AL PARADISO

"Sappi e comprendi ora che tu stai per soffrire per le Anime in Purgatorio[258]. A te è data una comprensione in piccole porzioni della Tesi sul Purgatorio: Gesù[259] discende agli Inferi ed è notte. Ecco, quando risorge *in memoria* del primo giorno della Sua risurrezione dai morti, un grande Scisma ebbe luogo. Lui diede al Diavolo il suo posto, e in Cielo - che è un'interpretazione di un mondo Spirituale, il Mondo di Dio - fu creato un posto conosciuto come 'Purgatorio'[260].

Lo scisma consiste in due concezioni: Cielo ed Inferno. L'Inferno deve essere inteso come al di sotto del Cielo. Lo scisma deve essere inteso così: una volta che l'Anima è condannata all'Inferno, non potrà mai entrare in Paradiso[261]; ma quando

---

[258] L'esperienza di Iveta è diversa da quella di Caterina da Genova. A Caterina venne data un'esperienza spirituale personale che era simile all'esperienza delle Anime in Purgatorio, che le fornì una comprensione del Purgatorio che i suoi discepoli scrissero. Iveta racconta la sua esperienza di sofferenza per le Anime in Purgatorio all'interno di un'esperienza co-redentiva, durante la quale riceve una comprensione del Purgatorio che suo marito registrò e scrisse.

[259] L'esperienza di Iveta accadde durante la Settimana Santa. Riceve un'intuizione di ciò che avverrà durante la notte imminente, durante la celebrazione Eucaristica della Veglia Pasquale che celebra la Risurrezione del Nostro Signore.

[260] Il Purgatorio è presentato qui come parte del Cielo. Pertanto, viene sottolineata la differenza radicale tra Purgatorio ed Inferno. "E perché le anime che sono nel Purgatorio sono senza colpa di peccato, perciò non hanno impedimento tra Dio e loro, salvo quella pena la quale le ha ritardate, sicché l'istinto non ha potuto avere la sua perfezione." (Caterina da Genova, Trattato del Purgatorio, Cap. IV,1)

[261] "E per esser quelli dell'Inferno passati di questa vita con la mala volontà, la loro colpa non è rimessa, né si può rimettere; perché più non si possono mutare di volontà, poiché con quella son passati di questa vita; nel qual passo si stabilisce l'anima in bene o in male, come si trova con la volontà deliberata." (Caterina da Genova, Trattato del Purgatorio, Cap. IV,4)

che si trova nel primo giudizio, entra in Cielo e negli stadi del Purgatorio in cui Dio la manderà per essere purificata.

Questa purificazione è intesa come riparazione che deve essere fatta prima che l'Anima giunga in Paradiso e nella Presenza di Dio, dove non c'è contaminazione[262]: un Dio che è solo bontà, e tutto è buono, cristallino! Qui si comprende lo scopo delle Anime: Lodare, Adorare e Glorificare Dio incessantemente!

Ora, quando si viene a conoscenza dei propri antenati che sono in Purgatorio e non si prega per loro per liberarli attraverso le proprie preghiere, affinché loro possano Lodare, Adorare e Glorificare Dio incessantemente per voi ed ottenere le Grazie e la Fede necessarie, si vede la perdita di Fede sulla terra; sì, perfino nelle famiglie in cui una volta predominava la Fede, giuste dinanzi a Dio!

Tuttavia la comprensione del peccato che si commette - pure una persona giusta pecca sette volte al giorno - deve essere inteso come una necessità di purificazione per quella persona giusta quando lui o lei entra in Cielo. Ma quando l'Anima cade nell'Inferno: è il posto assegnato al Diavolo e ai suoi angeli, gli angeli caduti - è il suo dominio personale, per capirsi.

Proprio come ci sono livelli e stadi del Purgatorio, la Coroncina di San Michele[263], come è stata conosciuta, rivela il potere degli Angeli. Il Diavolo ha lo stesso potere all'Inferno, ma non ha il Potere di Dio su ogni cosa.

---

[262] Ma ben vedo quella divina essenza di essere di tanta purità e nettezza, (e molto più che immaginar si possa) che l'anima, la quale in sé abbia tanta imperfezione, quanta sarebbe un minimo bruscolo, si getterebbe più presto in mille Inferni, che trovarsi in presenza della divina maestà con quella macchia. (idem. Cap. IX,2)
[263] Vedi il contenuto della Coroncina di San Michele nella sezione dell'appendice di questo libro.

Quando un'Anima cade nell'Inferno – ovvero è condannata all'Inferno – non è il desiderio di Dio fare ciò, ma questo è stato provocato da una carenza di preghiera e dal desiderio dell'Anima di rinunciare a Dio e di scegliere il Diavolo – nel senso della libera volontà[264], il Dono che Dio dà ad ogni Anima quando viene creata: la volontà di scegliere il giusto piuttosto che ciò che è sbagliato, il bene piuttosto che il male, di scegliere Dio o il Diavolo, e di servire Dio sulla terra – com'è creata – o scegliere di servire il Diavolo con l'aiuto dei suoi angeli decaduti.

Questo è il sentiero che le Anime stanno percorrendo, della perdizione, e se non preghiamo, molte Anime si perderanno in questo modo!

Ancora di più circa questa comprensione sarà dato nei tuoi prossimi giorni, diletta figlia Mia, piccola, Mia e del Mio Gesù. Io, l'*Immacolata Concezione*, attraverso lo Spirito Santo Mio rivelerò questa comprensione per purificare le Anime da catene e tentazioni legate agli antenati. Questa è la preparazione per le Anime che entreranno a far parte del Resto ed un'interpretazione per le Costituzioni conosciute come Costituzioni dei Santi Ordini dedicati al *Sacro Cuore di Gesù* ed al *Cuore Immacolato Mio*!

Sono l'*Immacolata Concezione, la Mediatrice di ogni Grazia, Co-Redentrice* ed *Avvocata* in Cielo, la *Madre di Dio*, che intercede, con le vostre preghiere, per le Anime anche in Purgatorio quando offrite le vostre preghiere per loro. Il vostro sacrificio può essere offerto anche per loro! Le vostre opere buone e le vostre azioni, le vostre parole gentili, possono anche essere offerte per queste Anime! Loro pagano

---

[264] "Di qui si vede esser manifesto, che la perversa volontà contro la volontà di Dio, è quella che fa la colpa; e perseverando la mala volontà, persevera la colpa." (idem, Cap. IV,3)

la Giustizia Divina di Dio[265] - ed è giusto perché si sono pentite[266] - anche se i loro numerosi peccati hanno accolto la Misericordia di Dio, sia durante la loro vita o sia nell'ora della loro morte. È attraverso le preghiere di molte Anime Vittime che la Grazia viene concessa ad essi, ma anche la Scelta di Dio Che conosce ogni cuore."

Ed ora questa visione Mi viene concessa.

"Quando ricevetti la spada che trapassò il Mio Cuore Immacolato ai piedi della Croce per rivelare ai cuori ed alle Anime dei Miei figli che si consacreranno al Mio Cuore Immacolato e consacreranno tutti i loro cari e tutti quelli che sono cari ai loro cuori, i loro amici, e questo ogni mattino, per nome, come ho chiesto alle madri di fare con i loro figli attraverso le preghiere per i loro figli: sarà concessa loro la Grazia - come per le Anime che sono consacrate al Mio Cuore Immacolato - di vedere sé stessi come Dio li vede prima che esalino il loro ultimo respiro sulla terra[267].

Ora devi soffrire, piccola, Mia e del Mio Gesù, Cleophas, con il Signore. Ti amo teneramente e ti ringrazio, Mio diletto del Diletto, Felix Xavier, perché Mi aiuti, donando il permesso alla tua sposa di sopportare ciò ed attraverso le tue preghiere,

---

[265] "E vedendo per certezza quanto importi ogni minimo impedimento, ed essere per necessità di giustizia ritardato esso istinto, di qui nasce in loro un estremo fuoco, simile a quello dell'Inferno." (idem, Cap. IV,2)

[266] "Restano così quelle anime purificate come quando Dio le creò: e per essere passate di questa vita mal contente e confessate di tutti i loro peccati commessi, con volontà di non più commetterne, Iddio subito perdona loro la colpa, e non resta loro se non la ruggine del peccato, della quale poi si purificano nel fuoco con pena." (idem, Cap.VI,2)

[267] Questo è un immenso dono di grazia: ad un'Anima è concessa la grazia "di vedere sé stessa come Dio la vede prima di esalare il suo ultimo respiro sulla Terra", e quindi di pentirsi ed accogliere la Grazia di Dio prima della morte. Il sentiero 'normale', secondo Caterina da Genova, è: "La causa del Purgatorio che hanno in loro, la vedono una sol volta nel passare da questa vita, e poi mai più la vedono." (idem Cap. I).

ed il tuo rimanere in solidarietà con lei, uniti anche nella stanchezza e nella sofferenza, stai anche co-redimendo ed offrendo le tue preghiere per queste Anime! Amen."

Iveta: La mia testa è pesante, il mio corpo è paralizzato, le mie mani non riescono a muoversi, i miei occhi stanno subendo la peggiore sofferenza[268]. Sono ciechi a tal punto! Io non riesco a vedere nulla di interno o esterno.

Mio Dio, quanto tempo mi lascerai in questo stato? Quando mi dirai di venire da Te? Dio Mio, non lasciarmi così, è Te che desidero! Sono circondata da fiamme, ma il mio corpo non può essere consumato da esse, né ci sono vermi che lo mangiano. Ho la Veste di un corpo glorificato[269], ma la mia Corona mi attende ancora! Mio Dio, non vedo l'ora di indossare la mia Corona. Quando mi dichiarerai giusta e degna di venire nella Tua Presenza per Lodarti, Adorarti e Glorificarti con tutti gli Angeli ed i Santi? Anche se siederò nel grado più basso, sarò contenta perché vedrò Te, Mio Dio. La Visione Beatifica della quale mi era stato detto sulla Terra, è vera, esiste! Qui posso solo esistere e ringraziarti per avermi permesso di essere risparmiata dalla dannazione eterna dell'Inferno, dove non Ti avrei mai visto, e dove le fiamme non si sarebbero mai spente, bruciandomi con dolore!

Ora il mio dolore è l'angoscia della mia Anima per vedere Te! Ti amo, Mio Dio, disseta la mia sete! Amen."

La Visione si chiude. (Sabato Santo, 31 Marzo 2018)

---

[268] "È vero che l'amor di Dio, il quale ridonda nell'anima (secondo ch'io vedo) le dà una contentezza sì grande, che non si può esprimere; ma questa contentezza, alle anime che sono in Purgatorio, non leva scintilla di pena. Anzi quell'amore il quale si trova ritardato, è quello che fa loro la pena; e tanto fa pena maggiore, quanta è la perfezione dell'amore del quale Iddio le ha fatte capaci. Sicché le anime in Purgatorio hanno contento grandissimo e pena grandissima, e l'una cosa non impedisce l'altra." (idem, Cap. XIV, 4-6)
[269] Vedi nota a piè di pagina n. 30

138. GESÙ HA PAGATO IL PREZZO PER QUESTE ANIME, DAL PRIMO ALL'ULTIMO UOMO CHE SARÀ CREATO

Iveta: Per favore, dammi una goccia d'Acqua Santa, "Bubs"[270]... grazie, grazie.

"Mio diletto del Diletto, Felix Xavier, capisci cosa hai appena fatto? È in questo modo che, quando preghi per le Anime in Purgatorio, posso offrire loro una liberazione da una posizione all'altra[271] - la posizione non è di natura fisica, è di concezione Spirituale - e ciò porta sollievo al loro spirito. Proprio come questa piccola, Mia e del Mio Gesù, la tua diletta sposa Cleophas, ha ricevuto una gioia. È così che posso portare questa gioia, anche se fosse per un breve istante!

È una gioia più grande quella di spostare l'Anima da uno stadio all'altro; farò conoscere come si muovono nei prossimi giorni.

Questa svolta è un'interpretazione del tempo sottratto loro, ridotto[272]!

Iveta: "adesso si presenta una Visione, e vedo la Madonna in piedi alla porta che si apre su ciò che appare oscuro all'inizio. Ora la Sua lucentezza brilla, e poi l'Arcangelo Michele viene da un rango di Angeli conosciuto come il Coro - degli Angeli - dei Serafini. Opere di carità; un'Anima che era carente di queste opere, ora riceve liberazione da una posizione all'altra."

---

[270] Iveta chiama suo marito Felix con questo nome familiare.
[271] Caterina da Genova parla anche del sentiero per le Anime in Purgatorio che sperimentano "un gran contento, il quale non manca mai; anzi va loro crescendo tanto, quanto più si approssimano a Dio." (idem, Cap.XVIII,5)
[272] "Il dolore non diminuisce mai, anche se il tempo lo fa." (idem, Cap. II)

Parla la Madonna:

"Vi ringrazio! Sarà molto fruttuoso; quando la Madre Santa, la Chiesa Cattolica celebrerà ciò che è conosciuto come la Veglia Pasquale – la Risurrezione di Nostro Signore – molte Anime entreranno in Cielo! Sono le Anime che stanno negli stadi vicino al Cielo, specialmente tutte le Anime nei primi livelli – conosciuti come Limbo – dei bambini piccoli da aborti spontanei o che sono stati abortiti, e pure le Anime che hanno sofferto e sono morte in modo doloroso, e che pagano la Giustizia Divina in Purgatorio.

Sarà un grande momento! Tutte le preghiere che recitate ora e coloro che stanno pregando, venerando i Miei sette dolori, queste preghiere saranno applicate per questo momento. Le userò per riscattare le Anime dal Purgatorio. Loro risusciteranno con il Signore in memoria di quel primo giorno! Possiate voi conoscere e comprendere che la prima Risurrezione portò avanti le Anime dal primo uomo creato all'ultima Anima che morì quel giorno. Ora sappiate e comprendete che Gesù ha pagato il prezzo per queste Anime dal primo all'ultimo uomo che sarà creato. Questo è il valore della sofferenza!

Il Signore ha percorso questa via! Quando offrite il Santo Sacrificio, la Santa Messa per le Anime in Purgatorio, a volte sarà utilizzato solo per quella particolare Anima[273]. Ma se pregate per le diverse Anime, come la Chiesa prega durante ogni Messa, è in questo modo che queste Anime nel Limbo vengono liberate per tutta l'Eternità. Esse sono come Angeli che Adoreranno, Loderanno e Venereranno Dio, e porteranno grande Gioia in Cielo[274].

---

[273] L'Anima per la quale la Santa Messa è offerta.
[274] "Così, vi dico, ci sarà più gioia in cielo per un peccatore convertito, che per novantanove giusti che non hanno bisogno di conversione." (Lc 15,7)

Sono la *Madre di Dio*. Sono la Madre, che co-redime per queste Anime in Purgatorio attraverso le vostre preghiere e la vostra sofferenza, *Mediatrice di ogni Grazia* ed *Avvocata*, che raccoglie la Grazia delle preghiere di quelli liberati dal Purgatorio, i vostri Antenati, e la applica alle Anime di quella linea ancestrale, dando loro la Grazia di tenersi stretti alla loro fede e di trasmetterla alla prossima generazione." *(Sabato Santo, 31 Marzo 2018)*

139. ALLE ANIME IN PURGATORIO SONO CONCESSI I DONI DELLE LINGUE DEGLI ANGELI

Iveta: Bubs[275], puoi girarmi un po' di più?

"Diletti figli Miei, conoscete e comprendete!"...

"Grazie, Mio diletto del Diletto. Questo è il modo in cui dovete trattare coloro che stanno soffrendo: con Amore! Sì, potrebbe sembrare che ciò sta prendendo tutto il vostro tempo, ma è il tempo più prezioso per la vostra Anima e per l'Anima che sta soffrendo!

Sappiate e comprendete che le Anime in Purgatorio non parlano come i mortali sulla Terra. A loro sono concessi i Doni delle Lingue degli Angeli. Parlano a Dio gridando tutto il tempo nelle Lingue degli Angeli. Colui che sente le loro Lingue molto chiaramente è il loro Angelo Custode che sta facendo l'Adorazione per loro. Ed è il loro Angelo Custode che spesso porta un messaggio di preghiera.

Come molte volte, c'è chi fa dei sogni dei propri antenati o di Anime che vengono da loro. Non è l'Anima che sta

---

[275] Iveta chiama suo marito Felix con questo nome familiare.

venendo, è il loro Angelo Custode che porta la loro visione sulla terra, davanti all'Anima che prega per queste Anime in Purgatorio - l'Anima sulla terra!" *(31 Marzo 2018, Sabato Santo)*

140. LA CONFESSIONE DEVE ESSERE CAPITA COME ESORCISMO CONTRO IL PECCATO MORTALE

"Sappiate e comprendete quanto valore ha la sofferenza! Così capirete il significato del Dono del Sacramento di Riconciliazione con la Santa Madre, la Chiesa Cattolica.

Quando andate a confessarvi, lo conoscete anche sotto questo termine, quando confessate i vostri peccati al Sacerdote, la riparazione viene accolta da Gesù!

Quando vi confessate nell'ora della vostra morte ed implorate Misericordia per tutti i vostri peccati, il Dono della Misericordia vi viene concesso, proprio come nella riconciliazione in confessione.

Sappiate e comprendete che è per la riparazione – la Giustizia Divina – che l'Anima entra negli stadi del Purgatorio. Ovvero, Dio, il Giudice Divino, il Signore Gesù, Vero Dio e Vero Uomo, ora Dio seduto sul Trono del Giudizio, giudicherà nella prima giustizia, nel primo Giudizio, quando un'Anima giunge al cospetto di Dio, ed emette la sentenza in base al Suo Amore Misericordioso ed alla Giustizia Divina!

È importante, cari figli, che entriate in confessione spesso: quando commettete un'offesa, specialmente di natura mortale. Sì, anche i peccati veniali, è bene che li confessiate, così che non li aggraviate, cioè che non li ripetiate, facendoli diventare peccati mortali se non li correggete. La Confessione è la Santa Riconciliazione con Dio attraverso il Sacerdote, il Sacerdote Cattolico, al quale è stata data l'autorità dal Sommo Sacerdote di assolvervi, assumendo cioè la riparazione! Le sofferenze del Signore e spesso le vostre sulla terra rimedieranno per quella Giustizia Divina!

È un momento bellissimo! Perfino le sofferenze che si abbattono su di voi a causa delle vostre iniquità saranno portate per guarire, se credete in questo grande Dono.

La Confessione deve essere intesa come esorcismo contro il peccato mortale, perché lì l'avversario fugge e venite guariti. Se confessate i vostri peccati con pentimento e non li nascondete al Sacerdote, non vergognandovi, comprendendo che la vostra Anima diventa pura come fu come quando siete stati battezzati, e che vengono rafforzati i vostri doni per aiutare gli altri, avrete il coraggio e la forza di "esorcizzarli", per riportare Anime a Dio! Non sto dicendo che dovete diventare Sacerdoti, nessuno può prendere quel posto! Questo è solo per coloro che sono stati chiamati in questo modo dal Mio Figlio Divino Gesù, il Sommo Sacerdote." *(Sabato Santo, 31 Marzo 2018)*

141. PREGATE, DILETTI FIGLI MIEI, MOLTI ROSARI PER LE ANIME DEI VOSTRI ANTENATI CHE HANNO SETE DELLE VOSTRE PREGHIERE: VI AIUTERANNO

"Pregate, pregate, pregate, diletti figli Miei, molti Rosari per le Anime dei vostri antenati che hanno sete delle vostre preghiere: vi aiuteranno! Li potete invocare perché preghino per i vostri bisogni. Se solo comprendeste questo grande Dono del Creatore ed il Suo desiderio di riconciliare ognuno di voi a Lui, dal vostro stato decaduto a causa del Peccato Originale!

A voi è stato dato il dono del Santo Battesimo. Molti non sono battezzati! Fatelo sapere loro, affinché siano battezzati nella Chiesa Cattolica, dove Gesù li attende. Lui ha la piena autorità di Sommo Sacerdote, affidata al trono di Pietro, la

Roccia sulla quale Lui edificò la Sua Chiesa, e nessuno può portare via ciò, nemmeno l'avversario[276]! Lui[277] può portare grande sofferenza e dolore, ma non ha potere di portare via l'Autorità della Chiesa Cattolica, perché il suo capo sta in Gesù, Vero Dio e Vero Uomo! Se comprendeste questo dono della vostra Fede, non esitereste, né lo nascondereste! Lo testimoniereste coraggiosamente agli altri attraverso il vostro amore per loro ed attraverso le vostre opere di Misericordia, Amore e Perdono!

Quanto sarebbe facile riportare indietro le Anime se solo comprendeste la vostra fede e pregaste per il dono della fede!

Sono la *Madre di Dio, la Mediatrice di ogni Grazia, Co-Redentrice* ed *Avvocata* per voi, che intercedo per i vostri cari attraverso Me con questo Mio titolo. È da essere inteso come l'ultimo titolo ed il primo titolo, l'inizio e la fine! Sono Io che Dio fece emergere nel vostro Mondo per la Sua Gloria Personificata. Vi amo tutti teneramente. Amen." *(Sabato Santo, 31 Marzo 2018)*

142. È PIÙ PROFICUO ED EFFICACE RECITARE IL ROSARIO CON LA SUA MEDITAZIONE IN QUESTA MANIERA

"Diletti figli, è più proficuo ed efficace recitare il Rosario con la sua meditazione in questa maniera:

1. Pregate il Rosario per i non nati e per bambini da aborti spontanei: la meditazione è l'Annunciazione, il primo Mistero Gaudioso – tutti i Misteri Gaudiosi!

2. Il secondo per l'Eutanasia: coloro che firmano volontariamente per la loro morte. Pregate i Misteri Luminosi.

---
[276] Mt 16,18-19
[277] L'avversario

3. Per le Anime che commettono il suicidio, nelle settantadue ore prima che l'Anima venga al cospetto di Dio per il giudizio, pregate i Misteri Dolorosi.

4. E per le Anime che muoiono di vecchiaia, pregate i Misteri Gloriosi, la Risurrezione. Amen." *(Sabato Santo, 31 Marzo 2018)*

143. CI SONO TRE STADI NEL PURGATORIO, ED IN OGNUNO CI SONO TRE LIVELLI

Iveta: "Sono entrata per soffrire nel secondo stadio ora, dove c'è mobilità. Riesco a muovere le mie mani, le mie dita – muoversi per così dire, ma non lateralmente. Amen.

Ora mi viene concessa la Saggezza attraverso la Madonna, la Saggezza per comprendere il Purgatorio più profondamente. Ecco la Saggezza presentatami adesso:"

"Ci sono tre stadi nel Purgatorio[278], ed in ognuno ci sono tre livelli. San Michele è il custode delle Anime, e per ogni livello è stato assegnato un coro di Angeli[279]. Quando preghiamo per le

---

[278] "Così la ruggine (cioè il peccato) è la copertura delle anime, e nel Purgatorio si va consumando per il fuoco; e quanto più consuma, tanto più sempre corrisponde al vero sole Iddio. Però tanto cresce la contentezza, quanto manca la ruggine e si discopre l'anima al divin raggio. E così l'un cresce e l'altro manca, sin che sia finito il tempo. Non manca però la pena, ma solo il tempo di stare in essa pena." (Santa Caterina da Genova, Trattato del Purgatorio, Cap. II,3-4)

[279] "Abbiamo parlato dei nove ordini di Angeli perché sappiamo che le Sacre Scritture testimoniano chiaramente di Angeli, Arcangeli, Virtù, Potestà, Principati, Dominazioni, Troni, Cherubini e Serafini. Quasi ogni pagina delle Sacre Scritture testimonia l'esistenza di Angeli ed Arcangeli. I libri dei profeti, come è saputo, parlano spesso dei Cherubini e dei Serafini. E l'apostolo Paolo enumerò i nomi dei quattro ordini quando disse agli Efesini (1:21): al di sopra di ogni Principato e Autorità, di ogni Potestà e Dominazione. Ancora, scrivendo ai Colossesi (1:16) disse: Troni, Dominazioni, Principati e Potestà." (Papa San Gregorio Magno, Sermone 34)

Anime, San Michele, che va con la Madonna, apre la porta del Purgatorio e porta ristoro a queste Anime attraverso le nostre preghiere. Ed il coro di Angeli sono quelli che li accompagnano attraverso i differenti stadi quando il tempo è stato completato secondo la Giustizia Divina e la Santa Volontà di Dio, e spostano le Anime allo stadio successivo fino a quando raggiungono il Paradiso. Qui, la Madonna li saluta e cammina con loro."... *C'è di più!*

Avendo completato la sofferenza nella prima ora[280] del terzo stadio in Purgatorio.

"... il coro di Angeli assegnato a questo stadio in basso, più vicino all'Inferno, altrimenti sarebbero all'Inferno, è il Coro delle Potestà. Il livello successivo è il Coro delle Dominazioni, ed il livello successivo più vicino al Secondo Stadio in Purgatorio è il Coro dei Principati. Amen."

Percorro ora il secondo stadio, soffrendo ora... ho completato la sofferenza del secondo stadio in questa seconda ora, ed ecco che la Saggezza mi viene concessa attraverso la Madonna:

"Il coro di Angeli assegnato al livello più basso del secondo stadio, che è più vicino al terzo stadio, è il Coro delle Virtù, e sopra c'è il Coro dei Troni, e sopra quel livello c'è il Coro degli Angeli, degli Arcangeli, a questo livello appartiene San Michele."

In questo livello mi viene concessa questa sapienza. "C'è mobilità, ovvero come se una persona costretta a stare a letto avesse l'abilità di muoversi un poco. Questa è solo un'idea della sofferenza ridotta dalle nostre preghiere, che portano un po' di sollievo all'Anima per essere un po' mobile. Ci si può muovere solo da un lato all'altro o si possono muovere gli arti un pochino per portare sollievo, a differenza del terzo stadio

---

[280] La prima ora della sofferenza di Iveta.

in cui non si ha affatto nessuna mobilità. Immensa preghiera è richiesta solo per la mobilità!"

Mi sarà concessa di più a questo proposito nei prossimi giorni.

Ora sono entrata nel primo stadio, cioè lo stadio più vicino al Paradiso.

"Sono al terzo livello, che è il livello più basso del primo stadio nel Purgatorio. C'è mobilità nel primo stadio, per muoversi, per essere come una farfalla. C'è anche una certa gioia in alcuni momenti; l'Anima sa che si avvicina al vedere il suo Creatore, e qui le viene data la Grazia di pregare una preghiera di ringraziamento a Dio per averla salvata. In questo primo stadio, l'Anima sembra essere in uno stato gioioso[281], sapendo che presto sarà con il Creatore, costantemente ringraziando Dio per averle dato questo dono! Qui capisco che possiamo applicare le nostre preghiere di ringraziamento alle Anime in questo stadio affinché si muovano più velocemente tra i livelli in questo stadio, accorciando quindi il loro tempo di servizio della Giustizia Divina."

Una volta ancora la Saggezza Divina si presenta attraverso la Madonna. Ora possiamo comprendere mentre mi viene data questa conoscenza:

"In questi livelli l'Anima ha mobilità; non una mobilità in compagnia, ma mobilità in un'area limitata, ovvero ogni Anima ha una specie di stanza, separata dalle altre Anime, le quali tutte hanno la loro stanza personale.

---

[281] Non credo che si possa trovare contentezza da comparare a quella di un'anima del Purgatorio, eccetto quella dei santi del Paradiso. E ogni giorno questa contentezza cresce, per l'influsso di Dio in esse anime, il quale va crescendo, siccome va consumando l'impedimento dell'influsso. (Santa Caterina da Genova, Trattato del Purgatorio, Cap. II,1)

Non c'è luce in nessuno degli stadi del Purgatorio, se non quando le nostre preghiere si innalzano e la Madonna arriva con San Michele da loro con la Luce di Dio che splende attraverso il Suo Cuore Immacolato, ed a volte attraverso le Sue mani che raffigurano la Grazia che ne esce, attraverso le nostre preghiere per loro."

Mi viene concessa la Saggezza dei Cori degli Angeli assegnati al primo stadio:

"Al terzo livello del primo stadio, il Coro degli Angeli assegnato è il Coro dei Serafini. Sopra di loro, al secondo livello, c'è il Coro dei Cherubini. Sopra al Coro dei Cherubini, al primo livello del primo stadio, c'è il Coro degli Angeli. Essi sono al livello più vicino al Paradiso.

Le anime dei bambini piccoli di solito si trovano in questo livello, il più vicino al Paradiso. Le Anime dei Santi sulla terra vanno in questo livello e ci trascorrono tre giorni, che sono le settantadue ore necessarie per la loro purificazione con tutte le preghiere innalzate per loro prima che entrino nel Paradiso, ed in cambio loro rispondono concedendo i favori richiesti da noi attraverso le nostre preghiere per loro - attraverso la loro intercessione!

È splendido vedere ciò che Dio dona a queste creature[282], mera polvere eppure l'Amore di Dio, che è immisurabile, non può essere scandagliato! Solo la Saggezza Divina, conosciuta

---

[282] "Io vedo sì gran conformità di Dio con l'anima, che quando la vede in quella purità nella quale Sua Maestà le creò, le dà un certo modo attrattivo di affocato amore, sufficiente per annichilarla, benché sia immortale. E la fa stare tanto trasformata in sé suo Dio, che non si vede esser altro che Dio, il quale continuamente la va tirando e affogando, né mai lasciandola, finché l'abbia condotta a quell'essere donde è uscita, cioè in quella pura nettezza in cui fu creata." (Santa Caterina da Genova, Trattato del Purgatorio, Cap. XI,1-2)

solo da Dio Stesso, può rilasciare il tempo e la conoscenza. Ma soprattutto, dobbiamo comprendere, in base a ciò che la Madonna ha fatto conoscere, come pregare quotidianamente per queste Anime, capendo che esse sono: 'Angeli' in Paradiso, che pregano per noi e per il nostro mondo!

È una carenza di preghiera e di comprensione di quanto sia importante pregare per queste Anime che ha portato vari crimini e grandi disturbi e schiavitù sulla terra, nelle famiglie che non comprendono i legami ancestrali. È di massima importanza offrire il Santo Sacrificio per i nostri Antenati. Non preoccupatevi se sono già entrati per l'Eternità con Dio! Tanto più potranno acquistare Grazie per questo: o per essere applicate o ai loro Antenati che stanno ancora servendo in Purgatorio, o le Grazie necessarie per la conversione della loro linea ancestrale che è caduta nel peccato profondo sulla terra, per portare questo momento gioioso sulla terra – quando noi offriamo il Santo Sacrificio per loro. Amen.
(Sabato Santo, 31 Marzo 2018)

144. QUESTE ANIME GIUNGERANNO COME ANGELI CUSTODI PER AIUTARVI, AVVERTIRVI, PROTEGGERVI!

Parla la Madonna:

"Diletti figli Miei, quanto è importante pregare per le Anime in Purgatorio! Molti di voi che una volta avevano questa abitudine, includendo i Miei Sacerdoti e Religiosi, a causa dei propri numerosi doveri, non pregate per loro! Offrite quei doveri! E molti hanno abbracciato il socialismo e non hanno tempo per pregare per queste Anime! È importante per voi liberarvi dal prepuzio del socialismo con il quale vi siete vestiti, come una veste ed un mezzo necessario per raggiungere gli altri. È di maggior importanza raggiungere ora attraverso la preghiera le Anime che proprio voi consigliate.

È su di voi, diletti figli, che poggio questo giogo. È un giogo leggero già portato dal Mio Divin Figlio, ora lo potete portare voi con gioia nei doveri che svolgete; anche i più piccoli atti di Amore possono essere applicati alle Anime in Purgatorio che servono la Giustizia Divina. Non aspettate, c'è pochissimo tempo alla luce del giorno! Ve l'ho fatto conoscere: quando la persecuzione diventerà grave, molti non avranno tempo per pregare per queste Anime. È anche per coloro che saranno il Resto e per coloro che andranno nella Chiesa clandestina.

Dovete innalzare Santi Sacrifici per queste Anime che verranno come 'Angeli Custodi', per aiutarvi, per avvertirvi, per proteggervi! Sì, quanto è importante comprendere l'importanza del pregare per le Anime in Purgatorio!

Tutti voi, che siete fratelli e sorelle, voi che appartenete ad una famiglia di Dio: Gesù, Che offrì la propria Vita come vostro Fratello, vostro Dio, vostro Redentore, Io che sono *Co-Redentrice*. Il vostro Giudice, il Divin Giudice Gesù, è il Mio Divin Figlio che intercede per voi dinanzi al Divin Giudice nelle ultime ore dell'agonia, e pure ora, quando Mi chiamate con questo titolo: come *Madre di Dio, Mediatrice di ogni Grazia, Co- Redentrice* ed *Avvocata*.

Io vi amo teneramente, desidero solo portarvi alla vostra dimora Celeste. Amen." *(Sabato Santo, 31 Marzo 2018)*

145. COSA AVVIENE ALLA RISURREZIONE DI NOSTRO SIGNORE [283]

Ora la Madonna mi concede l'ultima visione per questa sofferenza:

"La comprensione: mi viene concesso di capire che nella prima volta, quando avvenne la Risurrezione del Signore, la prima Risurrezione, tutte le Anime vennero liberate dai morti. Alcune andarono giù all'Inferno; alcune andarono su in Cielo.

Il Cielo era in preparazione, dove Gesù preparò per noi il Purgatorio. E poi, quando salì al Paradiso per essere glorificato dal Padre Suo che Lo ricevette, fu la prima volta che tutte le Anime in Purgatorio - che fu creato dal Signore - ascesero con Lui, come comprendiamo che quel buon ladro fece, quando Gesù disse: "Oggi sarai con Me in Paradiso!". E lì c'era il Banchetto dove si potevano sentire gli Angeli cantare, le trombe ed ogni strumento suonare, perché la Gloria di Dio brillava su di loro. E poi – ciò fa capire come i Santi vengono classificati e come viene concesso loro - come qualcuno potrebbe dire secondo la concezione umana - di aiutare le Anime sulla terra, per la loro conversione! Ed il compito principale per tutti è di Lodare e Glorificare Dio, di Adorarlo giorno e notte!

Ora mi viene data la comprensione di ciò che avverrà alla Risurrezione di Nostro Signore[284]*, nel senso di quella prima Risurrezione, quando il Cero Pasquale sarà acceso per dare a noi Cattolici la comprensione che Cristo è Risorto. Lui è Risorto davvero! Con Lui, le Anime che saliranno in Paradiso quando Lui ascenderà, che ora si sono addormentate, risorgeranno e queste andranno con Lui all'Eterno Banchetto.*

Questo avviene pure quando la Messa della Risurrezione viene offerta per le Anime e per coloro che hanno servito la Giustizia Divina - quell'ora che Dio solo conosce.

---

[283] Ossia durante la celebrazione Eucaristica della Veglia Pasquale, nella notte a venire.
[284] Idem

Mentre continuiamo ad offrire la Messa della Risurrezione per le Anime in Purgatorio e quando esse entrano in Paradiso, la Madonna mi mostra ora come sono vestite con un corpo 'glorificato'[285], come degli Angeli. Non hanno un corpo umano, si vedono solo le loro manine attraverso queste vesti bianche. Il bianco in Purgatorio è bianco come la neve, ma il bianco in Paradiso con il quale sono vestiti – quella Veste è più bianca della neve! Nessuno ha mai visto quel tipo di bianco! È simile alle Vesti con le quali è vestita la Madonna, il Bianco Suo! Amen.

Ora parla la Madonna:

"Ora, diletti figli Miei, comprendete come dovete avere fame e sete per il Cielo? Camminate ogni giorno con l'idea di desiderare il Cielo. Usate le cose sulla terra come se non le usaste[286], tutto per la Gloria di Dio, affinché un giorno possiate godere della Sua Visione Beatifica! Io verrò con Gesù, il Mio Divin Figlio, per chiamarvi alla Presenza del Padre Eterno, vostro Padre attraverso Gesù, vostro *Redentore*. Io che co-redimerò e vi porterò a questo momento quando Mi chiamerete. Ricordatevi solo di pregare il Rosario! Pregate, pregate, pregate, diletti figli, il Santo Rosario - è di massima importanza!"

... C'è silenzio...

"Sono la *Madre di Dio*, la Madre Celeste vostra che vi ama teneramente. Amen."

La Visione si chiude. (31 Marzo 2018, Sabato Santo)

---

[285] Questo non deve essere inteso come il corpo glorificato che sarà dato agli eletti alla Risurrezione finale. Sembra essere una "veste". Può essere interpretato sia come una visibilità dell'Anima (invisibile) che era necessaria perché Iveta vedesse e descrivesse ciò che sta accadendo in Paradiso prima della Risurrezione finale, o come un dono reale di una "veste Celeste" concessa all'Anima in Paradiso nell'attesa della Risurrezione finale e del dono del corpo glorioso.
[286] Cfr. 1Cor 7,29-31

146. IL MODO IN CUI DOVETE PREGARE

Iveta: ... La Madonna è qui. Lei vuole che io dica a te, marito mio:

L'Arcangelo Michele è anche Lui arrivato ed è prostrato, ma getta la Bilancia della Giustizia Divina che era nella Sua mano destra, così come le catene nella Sua mano sinistra. L'Arcangelo Gabriele è dietro di me e l'Arcangelo Raffaele è dietro di te, mio marito, ed il mio piccolo Angelo Custode Daniele è alla mia destra, e si arma.

La Madonna sorride e ci guarda entrambi, mentre San Michele si alza, con la Bilancia nella Sua mano destra e le catene nella Sua mano sinistra. Ed ora tutta la sofferenza che ho sopportato come frecce, se ne va e forma piccoli cristalli, come pietre preziose, e la Bilancia è piena[287] su entrambi i lati, e rimane perfettamente bilanciata. È stupendo, la Bilancia è così piena, ma San Michele non si stanca nel reggerla! Ed ora getta le catene e lega molti spiriti, come diversi serpentelli – delle Anime che ci hanno lasciato oggi - che le tormentarono nell'undicesima ora; ma questa sofferenza ha portato loro la Giustizia Divina attraverso la Misericordia di Dio; ed i meriti saranno usati per farli arrivare in Purgatorio, dove serviranno la Giustizia Divina a seconda di ciò che è necessario per ogni Anima. C'è un numero infinito di Anime.

Non vedo[288] nessuno che conosco. E la Madonna parla mentre tiene le mani come nella Medaglia della *Mediatrice di ogni Grazia*[289], e nel Suo Cuore Immacolato Addolorato ci sono sette frecce. Se ne possono vedere tre sulla destra e quattro sulla sinistra, ed il Suo Cuore Immacolato sanguina. Ha il Rosario Bianco perla nella mano destra e lo Scapolare della Mediatrice nella mano sinistra[290].

---

[287] Piena di Anime
[288] Tra queste Anime
[289] Vedi: https://www.mediatrixofallgrace.com/medal
[290] Idem

Parla:

"Diletti figli Miei, vi ringrazio con un Cuore materno e gioioso, nonostante i molti dolori Miei oggi, per esser stati fedeli al digiuno vostro e per la fedeltà vostra a Me - nel pregare. E tu, piccola, Mia e del Mio Gesù, Cleophas, la tua sofferenza ha portato grande gioia nel Mio Cuore Immacolato, nel vedere così tante Anime che ora saranno elevate alla Veglia, nel Santo Sacrificio, conosciuta come Veglia Pasquale...

Oggi, in questo senso della Giustizia Divina, la tua sofferenza sarà usata per portare le Anime fuori dal Purgatorio: dai diversi livelli si innalzeranno ad un altro livello, secondo la Divina Volontà di Dio per loro e con le preghiere attraverso le quali esse sono giunte a fare ciò.

Sappi e comprendi che è di grande importanza che tu faccia conoscere, in ciò che ti ho fatto conoscere come la *'Tesi sul Purgatorio'*, il modo in cui dovete pregare. È molto importante, diletti figli, e questo giogo lo poggio sulla tua spalla, Mio diletto del Diletto, Felix Xavier, affinché tu lo porti. Perché molti non pregano, e ci sono molti che non credono nel Purgatorio. Questo porterà la chiarezza che esiste e deve essere così, perché in Paradiso non c'è nemmeno un granello di polvere[291]. È limpido come cristallo! Tale è la purezza richiesta per entrare in Paradiso! È pur vero che ci sono anche Anime eccezionali, alle quali Dio concede questa Suprema Grazia come privilegio per i meriti delle loro sofferenze. Amen."

---

[291] "Ma ben vedo quella divina essenza di essere di tanta purità e nettezza, (e molto più che immaginar si possa) che l'anima, la quale in sé abbia tanta imperfezione, quanta sarebbe un minimo bruscolo, si getterebbe più presto in mille Inferni, che trovarsi in presenza della divina maestà con quella macchia. E perciò vedendo il Purgatorio ordinato per levarle esse macchie, vi si getta dentro, e le par trovare una gran misericordia, per potersi levar quell'impedimento." (idem. Cap. IX,2-3)

Poi si ferma e dice: "Desidero fare un'aggiunta alla comprensione della *'Tesi sul Purgatorio'*: in ogni stadio che ti è stato fatto conoscere ed in ogni livello, ogni livello corrisponde a cento anni. Questo è il tipo di preghiera necessario! Quindi, diletti figli, sappiate e comprendete che dovete pregare tutte le indulgenze che la Chiesa, la Santa Madre, la Chiesa Cattolica, ha fatto conoscere, per portare queste Anime fuori dal Purgatorio. E ce ne saranno molte altre che usciranno dal Purgatorio: attraverso le vostre preghiere, avverrà[292] e Noi gioiremo come una Famiglia di Dio in tutta l'Eternità ed al giudizio finale. Amen."

Si ferma e parla di nuovo: "So delle tue debolezze ora; la sofferenza ha gravato su di te ed una debolezza così grande ti ha sbaragliato! È bene per te prendere un po' di nutrimento, piccola, Mia e del Mio Gesù, Cleophas, e tu, Mio diletto del Diletto, Felix Xavier, ringrazio anche te, immensamente! Sono con voi in ogni cosa, rimanete nell'armonia e rimanete nella pace...

Ora andate e gioite nella celebrazione: il Signore risorgerà, e sì, anche voi risorgerete in gioiosa obbedienza. Avete svolto la vostra missione.

Vi amo profondamente, sono la Madre di Dio, la *Mediatrice di ogni Grazia, Co-Redentrice* ed *Avvocata* in Cielo; accadrà sulla terra attraverso le vostre preghiere. Amen."

La Visione si chiude con l'innalzarsi della Madonna, e San Michele con Lei, ed io non vedo più. Amen. San Michele discende, e viene a stare in piedi dietro di noi. (Sabato Santo, 20 Aprile 2019)

---

[292] Il Trattato del Purgatorio di Caterina da Genova menziona l'aiuto della Chiesa Militante una sola volta: "E se alcuna elemosina è fatta loro da quelli che sono nel mondo." (idem. Cap. XV,4)

147. TANTE ANIME NELLA CHIESA LASCIANO LA CHIESA E NON CREDONO PIÙ NEL PURGATORIO!

Parla San Michele:

"Oggi, questa piccola, la nostra diletta sorella Cleophas, piccola della Nostra Beata Madre e del Signore Nostro Gesù, soffrirà per la Chiesa Universale e per la Chiesa Domestica, per le Anime in Purgatorio che sono carenti di preghiere per salire al Paradiso. Queste Sante Anime servono la Giustizia Divina. Pochissima preghiera, pochissima preghiera si innalza per le Anime in Purgatorio perché molti non ci credono. Ed oggi, dato che il fumo di Satana è entrato nella Chiesa Universale, in ciò che è stato conosciuto come il movimento new age, essi non credono nel Purgatorio, dove le Anime vanno per servire la Giustizia Divina - Anime fedeli a Dio, che si convertono persino nell'undicesima ora implorando la Misericordia di Dio per servire la Divina Giustizia. Lei soffrirà anche dalle ore 23 fino a mezzanotte per il Santo Padre.

Sono San Michele che sta nella Presenza di Dio, qui per difendere gli eletti di Dio. Amen."

Il mio corpo è come una fornace che brucia di dolore, come se stessi vicino ad un fuoco, e brucia. Amen. Vado verso l'essere paralizzata. Non riesco a fare nulla se non rimanere sdraiata nell'attesa, ed il mio cuore prova un profondo dolore di ansia. Questa sofferenza che inizia in me non c'è sulla terra; è più intensa di qualsiasi sofferenza fisica. I miei occhi sono chiusi, ma sono come occhi aperti vicino ad una fiamma di fuoco, che brucia di dolore. Il bruciore è l'anelito di vedere qualcuno che amo così tanto ma che non posso vedere. Questo "qualcuno", qui in questo stato in cui mi trovo, è il Mio Dio, il Mio Creatore[293].

---

[293] Santa Caterina da Genova ebbe un'esperienza simile: "Come per comparazione del divino fuoco quale in sé sentiva, comprendeva come era il Purgatorio, e in che modo vi stanno le anime contente e tormentate." (Introduzione al Trattato del Purgatorio).

Ora attraverso i primi stadi del Purgatorio, e questa sofferenza servirà a portare molte Anime avanti, più vicino al primo stadio, e dopo questo nell'Eternità, in Paradiso, con Dio. Amen.

In questo momento rivedo San Michele. Ha la Bilancia della Giustizia Divina nella Sua mano destra, e nella Sua mano sinistra ha la lunga lancia con la Croce sul manico... poi non vedo più. Amen.

"...Tante Anime nella Chiesa, battezzate come Cattoliche, lasciano la Chiesa e non credono più nel Purgatorio! I loro antenati nel Purgatorio sono nell'angoscia per mancanza di preghiera: preghiere, non parole! Le preghiere, come ci insegna la Chiesa Cattolica con le indulgenze che le accompagnano, per applicarle a queste Anime che servono la Giustizia Divina.

Quanto sono numerosi in ogni stadio del Purgatorio, specialmente negli ultimi livelli del terzo stadio. E quanti sono quelli che altrimenti andrebbero all'Inferno, ma attraverso le preghiere dei fedeli per tali Anime, la Misericordia di Dio, l'Amore insondabile di Dio, il Frutto della Divina Misericordia ha concesso loro la Grazia di entrare nel Purgatorio, e loro sono nell'ultimo livello del terzo stadio. Altrimenti, sarebbero all'Inferno, dove le Anime bruciano nel fuoco inestinguibile per sempre, e non possono mai salire in Cielo - né si può scendere all'Inferno per portare loro sollievo[294]. Tale è la distanza, il vuoto..." *(Non riesco a leggere quella parola... lunga pausa... Amen.)*

"Mentre tu[295] hai cosparso Acqua Santa[296] ora, molte Anime che erano chiamate 'legate alla terra', che muoiono, specialmente

---

[294] "Per di più, tra noi e voi è stato fissato un grande abisso: coloro che di qui vogliono passare da voi, non possono, né di lì possono giungere fino a noi." (Lc 16,26)

[295] Iveta parla del marito Felix.

[296] L'efficienza molto speciale qui dell'uso di un Sacramentale (Acqua Santa), va considerata nel contesto della preghiera della sofferenza di Iveta in quel giorno.

chi è stato ucciso e chi commette suicidio, conosciuti come 'legati alla terra', tu le hai liberate! Ed attraverso le preghiere dei fedeli, sono giunte al cospetto del Giudice Divino."... *e poi non ci vedo più. Amen.*

"Mentre bevevo quest'Acqua Santa[297], molte Anime annegate, morte in mare, vengono liberate, che prima erano legate. Ed ora si vede San Michele che le porta al cospetto del Giudice Divino e, attraverso le preghiere dei fedeli, le preghiere per queste Anime e questa piccola sofferenza che sto sopportando adesso, la Misericordia di Dio concederà loro di servire la Giustizia Divina in Purgatorio. Amen."

"Sembra una febbre che brucia – e Dio non voglia che io vada mai all'Inferno, perché l'intensità di questa febbre che brucia dentro me è come l'Inferno." E l'angoscia di queste Anime che stanno servando migliaia e migliaia di anni, centinaia e centinaia di anni, giorno dopo giorno, incapaci di fare qualsiasi cosa per sé stessi, persino di pregare per sé stessi. Esse sono nell'angoscia, nel desiderio: se avessero voluto servire sulla terra, sarebbe stato molto più facile. Tutta la sofferenza che quelle Anime avrebbero sopportato sulla Terra sarebbe stata molta di meno del dolore che sopportano ora in Purgatorio, servendo la Giustizia Divina. Amen.

Dalla testa ai piedi, è come una corrente che mi attraversa, e che può essere descritta come quando sbatti il gomito – quel dolore acuto, è di quella natura, dalla testa ai piedi, ma cento volte peggiore, tuttavia non riesco a piangere. Non ho lacrime in me, posso solo sopportarlo.

Ti amo, Mio Dio, ti ringrazio, Mio Dio... è come un pugile che si prende colpi e colpi e colpi: il corpo ha incassato quel tipo di dolore, ed io desidero solo addormentarmi. Ah... Ah... "Questo stato viene sopportato dallo stato dell'Anima. Non è un dolore fisico; è un

---

[297] Idem.

dolore Spirituale, ma può solo essere descritto solo dal corpo, come lo si proverebbe. Sento tutta la mia pelle secca. Ha il dolore della pelle secca, dove si stanno per formare ferite che potrebbero sanguinare."

... Sollievo... Ora riesco a tenere il mio Rosario, e sono con il mio Angelo Custode Daniele, qui di fianco a me. È alla mia testa ora, e prega il Rosario con me.

... e la Visione si chiude.

Una visione si presenta con San Michele che regge nello stesso modo la Bilancia della Giustizia Divina nella Sua mano destra, e la Spada con la Croce nella Sua mano sinistra. È vestito con il Suo abito intero, come Difensore degli eletti di Dio. Lui parla:

"Diletti figli di Dio, sono San Michele, il Difensore degli eletti di Dio. Nell'ora della Divina Misericordia oggi, la Madre Nostra Beata verrà per ricevere questa sofferenza. Porterò questa sofferenza sulla Bilancia della Giustizia Divina e la affiderò a Lei, per applicarla alle Anime che non hanno più nessuno che preghi per loro. Amen."

... e la Visione si chiude. (Primo Venerdì di Quaresima, 15 Marzo 2019)

148. SOFFERENZA PER LE ANIME DEI RELIGIOSI IN PURGATORIO

Iveta è in una sofferenza terribile dalla testa ai piedi. Le dita intorpidite – i piedi intorpiditi. Dolore alla schiena, dolore all'utero. I dolori dell'aborto – i dolori dell'aborto spontaneo. Il Canada ha legalizzato la marijuana – la droga – ed Iveta era nella sofferenza per salvare quelle Anime...

C'è di più, ma non riesco a riportarlo. Il mio cuore preme ora. È una sofferenza che devo sopportare e l'intensità del dolore che scorre nel mio corpo e nella mia Anima grava pesantemente, perché questo è il dolore da Anima ad Anima, di ognuno dei fratelli qui ora.

Adesso vedo me stessa tra le braccia della Madonna durante questa sofferenza. Amen.

Sto entrando in un grave dolore, il dolore dell'Anima, come una notte oscura dell'Anima. Il corpo è così consumato dal dolore che scivola nel silenzio, fino a quando arriva il sollievo.

Capisco che questo sollievo avviene quando il Santo Sacrificio viene innalzato per le Anime in questo stato, portato dalla Nostra Beata Madre, il Prezioso Sangue per spegnere le fiamme, le fiamme di Giustizia Divina. Amen.

... e Gesù è nel Suo Cuore Immacolato. San Michele e gli altri due Arcangeli sono prostrati con i nostri Angeli Custodi. E ci sono in questa stanza innumerevoli Angeli. Sono gli Angeli Custodi di tutte le Anime che riceveranno i meriti di questa sofferenza, uniti alle numerose, numerose preghiere, Rosari, che vengono – uniti alla mia sofferenza – dai molti fratelli e sorelle che pregano oggi su tutta la terra.

San Michele si solleva e si sposta sulla destra della Madonna. La Madonna si fa avanti. Ha le mani giunte in basso, al livello della vita, che tengono lo Scapolare della *Mediatrice di ogni Grazia* nella mano sinistra ed il Rosario nella mano destra."

Parla la Madonna: "Io desidero con un grande desiderio ringraziare tutti quei figli che pregano frequentemente. E questa loro preghiera sarà applicata ai loro antenati che pagano la Divina Giustizia in Purgatorio. Voi, però, non comprendete questa sofferenza; sembra così piccola o sconosciuta e fraintesa. Eppure la sofferenza porterà molto frutto, molto frutto, nelle ore da adesso fino all'undicesima ora di questo giorno, prima che inizi la sofferenza per il Santo Padre. Non sarà altro che la continuazione di questa sofferenza. Ora, Lei soffrirà per gli ordini religiosi estinti e nessuno prega per la Giustizia Divina che devono pagare; per coloro che sono passati all'Eternità, che hanno fallito nel vivere i voti di obbedienza, castità e povertà e per coloro che non credono. Questa è la pesante croce che il Santo Padre porta!

Loro non credono più nel Purgatorio! Il movimento new age si è infiltrato in molti ordini, ed ecco il loro lassismo nell'accettare le esche dei dispositivi elettronici - riguardo ai quali Io vi ho avvertito - che saranno dati loro gratuitamente, come se fossero lo strumento necessario per portare le Anime a Dio. No, diletti figli Miei, no, questo non è il modo! Vi state solo aprendo a cadere sempre più in profondità nelle fauci di Satana, e rendete ciò più facile. Perché quando la legge marziale sarà dichiarata in tutto il mondo, vi prenderanno e vi imprigioneranno, Miei Sacerdoti e Mie dilette Figlie, i Religiosi, per mettervi facilmente nelle camere della morte. Come provvederete allora?

Molti di voi qui abbandoneranno la propria fede perché non avete pregato. Perché la fede è necessaria ora, ed è nella fede che dovete fare ogni cosa per condurre gli altri attraverso di Me a Gesù, il Mio Divin Figlio, il Signore vostro."

"Io vi amo profondamente. Sono la Madre di Dio, la *Mediatrice di ogni Grazia, Co-Redentrice* ed *Avvocata* in Cielo. Molti di voi si fanno beffe di questo Mio titolo e non pregano per esso. Parlo dei Religiosi e dei Miei Sacerdoti. Voi non comprendete. Come, allora, insegnerete e guiderete gli altri a Me, com'è desiderio del Padre nostro Celeste, 'a Gesù per Me' ed 'in Gesù, con Gesù ed per Gesù', al Padre Celeste perfettamente? Questa via è stata tracciata da Dio nostro Padre, e non sarà in nessun altro modo!

Pregate, pregate, pregate molti Rosari per questa Mia intenzione e per le Anime che servono la Giustizia Divina in Purgatorio, che poi vi aiuteranno quando verrà l'ora vostra."

Iveta: "Ora, mentre ne vengo fuori, vi è un sollievo dalla testa ai piedi. La sofferenza inizia adesso di un'altra natura, per le Anime dei Religiosi in Purgatorio; gli ordini sono stati chiusi. Amen. Questa sofferenza incomincia dal mio cuore, scende verso la vita... Questa riparazione è enorme, ed il mio cuore palpita. Quando si è ansiosi ed impauriti di una cosa malvagia che si sta per compiere, e si sta per commettere consapevolmente questa cosa malvagia, si ha questo il tipo di sensazione. Ma questa è una grave offesa, dato che questi sono peccati contro l'Autore della Vita, che questi Religiosi e Sacerdoti stanno per commettere. È per questa ragione che i loro ordini sono stati chiusi, e molti altri stanno per chiudere. Non c'è vocazione, Dio non sta concedendo vocazioni! Amen.

Con la Grazia di Dio, io ora ripeto la sofferenza che si si è abbattuta su di me poco fa, che ha consumato il mio corpo.

Senti questa supplica. Non è chiaro da dove provenga. È come una preghiera, si direbbe, mentre si cammina e ci si ricorda di queste Anime in Purgatorio, delle Anime che stanno morendo e potrebbero non comprendere mai la Misericordia di Dio.

Gesù, Maria, Giuseppe, pregate per me.

Gesù, Maria, Giuseppe, assistete me e le molte Anime che muoiono e non hanno nessuno che preghi per loro.

Gesù, Maria, Giuseppe, vi offro la mia sofferenza per le Sante Anime in Purgatorio. Amen.

È una preghiera di qualcuno che sta provando la freddezza della Chiesa, la Chiesa Madre, la Santa Chiesa – la Chiesa Cattolica.

Mio Dio, Mio Dio, abbi Pietà delle molte Anime che stanno abbandonando la loro fede e non hanno fede in Te e negli insegnamenti della Chiesa Cattolica. Amen.

Una fredda tempesta ora si abbatte su di me, e sono consumata da brividi con una febbre che mi brucia dentro, ed il mio corpo è consumato dal dolore e dalle afflizioni che verrebbero nell'undicesima ora di una persona, quando l'Anima sta per lasciare il corpo. Amen.

La Visione inizia con una clessidra e sopra di essa c'è lo Spirito Santo. È rimasta poca sabbia ed il fondo è quasi pieno, manca un ottavo per riempirlo.

Ora la Visione si chiude... e ne inizia un'altra, in cui la Madonna è arrivata, con San Giuseppe al Suo fianco e San Michele a fianco di San Giuseppe. Ed ora tende le mani, ha il Rosario nella mano destra – il Rosario Bianco Perla, e lo Scapolare della *Mediatrice di ogni Grazia, Co-Redentrice* ed *Avvocata* nella mano sinistra.

Tende le mani come per ricevere qualcosa e poi le ritira, e le mette incrociate sul Suo Cuore Immacolato, e San Giuseppe sorride, ma non dice una parola. San Michele regge la Bilancia della Giustizia Divina nella mano destra e la Spada con la Croce sul manico nella mano sinistra; è vestito in tenuta da battaglia. E ciò che la Mamma ha ricevuto è come riposto sulla Bilancia della Giustizia Divina retta da San Michele. Non ha nessuna forma, ma ha inclinato la Bilancia dove si metterebbe l'oggetto e dall'altra parte ci sono i meriti della mia sofferenza. C'è scritto: 'Meriti di sofferenza'.

Questi saranno applicati ai diversi stadi in Purgatorio, come comprendo quello che sta scritto. Ed alla Veglia, la

Veglia Pasquale, molte Anime risorgeranno nell'Eternità. Molte Anime si sposteranno da uno stadio all'altro, eccetto l'ultimo stadio del Purgatorio, più vicino all'Inferno, nel terzo livello, quelli che serviranno la Giustizia Divina fino al Giudizio, il Giorno del Giudizio Universale. Amen. *(Primo Venerdì di Quaresima, 15 Marzo 2019)*

149. COME PROTEGGERÒ QUELLI CHE SONO SULLA TERRA ORA, E DARÒ SOLLIEVO ALLE ANIME NEL PURGATORIO

San Michele ora si rivolge a Felix Xavier:

"Diletto fratello Mio, Felix Xavier, tu che sei amato, e scelto dalla Mano di Dio, la tua Missione è stata rivelata attraverso la Nostra Diletta e Benedetta Madre. Suo diletto figlio tu sei, e diletto del Diletto, il Divin Salvatore nostro. Desidero far pressione sul tuo cuore per far conoscere quello che è stato rivelato riguardo alla Coroncina a Me dedicata, e la comprensione del Purgatorio, e le preghiere da recitare, perché c'è poca devozione nei Miei confronti!

In questo modo, molte Anime saranno liberate e la devozione e comprensione nei Miei confronti per questi tempi sarà rivelata: il modo in cui proteggerò quelli sulla Terra ora, e darò sollievo alle Anime del Purgatorio; e proteggerò le Anime dei fedeli defunti, per presentarle al cospetto del Giudice Divino e poi in Purgatorio, dove serviranno la Giustizia Divina.

Devi anche comprendere i tempi di San Giuseppe, l'uomo Santo, Puro e Giusto, da voi conosciuto come Il Messaggero di questi tempi. Amen." *(Venerdì, prima settimana di Quaresima, 15 Marzo 2019)*

150. SARANNO CONTATI TRA I SANTI ED ENTRERANNO NEL PARADISO DURANTE LA VEGLIA PASQUALE

Ora parla la Madonna– si china per salutare:

"Diletti figli Miei, vi ringrazio immensamente per aver risposto alla Mia richiesta, specialmente tu, piccola, Mia e del Mio Gesù, Cleophas, che sopporterai la sofferenza per le Anime in Purgatorio, durante la quale in ogni ora reciterai i nove cori degli Angeli, la Coroncina del Saluto che San Michele ha rivelato[298]. Lui è l'Angelo Custode che li porta al sicuro. Il loro Spirito. Ed in questo momento loro sono stati affidati a Me come *Mediatrice di ogni Grazia, Co-Redentrice* che soffrì e che sta soffrendo per loro unita al *Redentore*, e come *Avvocata*, che supplica ora al cospetto del Giudice Divino, che risorgerà in questo giorno in questo senso: scese negli Inferi[299] per liberare queste Anime che erano legate alla terra, e per concedere loro Misericordia e Giustizia Divina. Così, ci saranno molti che si saranno lavati con il Sangue dell'Agnello[300], ovvero: sapendo di poter contrarre questo Virus, si sono dati al servizio degli altri e sono morti come Martiri durante questa Piaga, offrendo sé stessi! Essi saranno contati tra i Santi ed entreranno nel Paradiso durante la Veglia pasquale.

Diletti figli, sappiate e comprendete: dovete anche pregare invocandomi come '*Madonna dei Sette Dolori*'. Queste preghiere verranno usate per loro, per soddisfare la Giustizia Divina. È la Misericordia di Dio per coloro che l'hanno accolta. Anche per coloro che stanno percorrendo la via della perdizione[301], come il buon ladrone che pregò, e per i numerosi che Mi

---
[298] Vedi Appendice 2
[299] 1Pt 3,19
[300] Ap 7,14
[301] Mt 7,13

hanno chiamato, che Mi conoscevano solo come Madre Maria – e sì, ho risposto!"

Ha un sorriso; è un grande momento per lei. Il sorriso rappresenta la Risurrezione che Lei aspetta, per vedere il Divin Figlio Suo Gesù[302], ora Suo Dio, pienamente consapevole che Lui è Dio nella Seconda Persona, unito alla Prima Persona e nel quale risiede la pienezza della Santa Trinità - questa è la comprensione che Lei mi dà del Suo sorriso. Amen.

Lei si ferma e poi parla:

"Mio diletto del Diletto, Felix Xavier, ti apprezzo molto, anche se so che metto su di te dei gioghi pesanti. Sappi e comprendi che non dovrai portarli senza la Grazia Mia. Desidero con un grande desiderio – con un Cuore addolorato di Mamma, perché molti non hanno nessuno che preghi per loro – che sia diffuso ciò che ho fatto conoscere della comprensione della 'Tesi sul Purgatorio', della 'Coroncina di San Michele ed i nove Cori di Angeli', con i nove livelli nei tre stadi del Purgatorio - ognuno con tre livelli.

Questa piccola, ora, tua sposa, sopporterà la sofferenza. Non essere ansioso, non essere turbato! Sono con lei. Ci saranno momenti in cui sarà paralizzata, e ci saranno momenti in cui si lamenterà per quelli che non hanno nessuno che li pianga nelle loro ultime ore di agonia. Lei implorerà Pietà per loro, come se stesse implorando Pietà per sé stessa. Ti ringrazio immensamente. Fai solo ciò che ho chiesto, e lavora in comunione con i tuoi altri fratelli e sorelle per portare tutto in ordine velocemente. Comprenderai il perché.

Riceverò questa sofferenza a mezzogiorno (ore 12), oggi, dopo l'Angelus – la recita della preghiera dell'Angelus. Amen.

---

[302] La Beata Maria Vergine, il Sabato Santo, desidera tanto vedere il Suo Divin Figlio.

Ti amo teneramente, sono la *Madre di Dio*, la *Mediatrice di ogni Grazia*, *Co-Redentrice* ed *Avvocata* in Cielo, che intercede oggi secondo questi titoli per quelli che non hanno nessuno per cui pregare, che morirono in questa terribile agonia, ma erano uniti al Mio Divin Figlio Gesù ed a Me nel Triduo Pasquale. Amen. Vi amo teneramente. Amen."

La Visione si chiude.

Vedo solo gli Angeli riunirsi, e ne stanno arrivando sempre più. Stanno tutti attorno e sopra di Me. Non vedo gli altri Angeli che sono discesi dal Cielo e che risaliranno alla Veglia pasquale. Amen.

Cough!! Cough (tosse)... ed è come se fossi senza fiato. So di aver preso la mia medicina questa mattina, e questo non potrebbe succedere, eppure succede a me.

Okay, il libro di pietà è qui sotto per pregare la Coroncina di San Michele. Non riuscirò a pregarla tutta, ma mi unirò a te. Amen.

"... con i loro bambini nei loro grembi, e persino i bambini piccoli, bambini innocenti, che sono morti senza lutto e dimenticati. Questi sono tra i poveri in posti remoti come in Africa, India, come in Cina, in Corea, in Giappone, e dovunque c'è povertà. Amen."

... *Ho visto una scena:* "Gesù Crocifisso appeso alla Croce nella Foresta Amazzonica, dove questo Virus si è infiltrato tra la gente. Gli uomini uccidono le donne. Appena realizzano che esse hanno il virus, le uccidono, tagliano le loro gole e le bruciano. È una situazione orribile! E gli uomini uccidono anche gli uomini. È il modo per affrontare la situazione. Ora quelle Anime sono Martiri; hanno pregato un Dio sconosciuto. Qui, ci sono anche donne, incinte, ed il bambino è vivo nel loro grembo. Tuttavia vengono uccise, ed il bambino lotta dentro"... *piangendo...Ah!!!...*

... *Vedo San Michele.*

"E' in piedi sulla testa di Satana, la Sua lancia conficcata a terra nella mano sinistra – (*sono*) *molto, molto debole*. La Sua spada è nella mano destra, in alto. Come l'Inferno si apre, c'è un fuoco indomabile, e le Anime muoiono mentre i corpi vengono gettati nell'Inferno, mentre i loro Angeli Custodi formano un anello attorno alla terra, piangendo per loro. Questi sono coloro che hanno maledetto Dio ed hanno accettato Satana come loro dio nelle loro ultime ore di agonia.

Può essere vero, San Michele? "Sì, questo è Verità."

Lui dice che questo è Verità, ciò di cui sei testimone ora. Nemmeno la preghiera può salvarli, perché hanno scelto il maligno come loro dio... ed ora, infine, San Michele chiude il pozzo dell'abisso, e getta il maligno sulla terra di nuovo!

Satana prova ad entrare nell'ultimo stadio del Purgatorio sotto le spoglie di una creatura che lui possiede, e mentre l'Anima di quella creatura stava per entrare in questo ultimo stadio, lui ha iniziato a pronunciare nomi blasfemi contro Dio, e San Michele lo getta a terra, inchioda Satana a terra finché tutte quelle Anime sono entrate nell'Inferno.

Gesù è crocifisso in questa scena... e queste Anime, anche dopo aver visto Gesù, non hanno voluto andare in Cielo, avendo scelto l'Inferno[303].

---

[303] "Siccome lo spirito netto e purificato non trova luogo, eccetto Dio, per suo riposo, per essere stato a questo fine creato, così l'anima in peccato, altro luogo non ha salvo l'Inferno, avendole ordinato Dio quel luogo per fine suo. Però in quell'istante che lo spirito è separato dal corpo, l'anima va all'ordinato luogo suo senz'altra guida, eccetto quella che ha la natura del peccato; partendosi però l'anima dal corpo in peccato mortale. E se l'anima non trovasse in quel punto quella ordinazione (procedente dalla giustizia di Dio) rimarrebbe in maggior Inferno che non è quello; per ritrovarsi fuori di essa ordinazione, la quale partecipa della divina misericordia, perché non le dà tanta pena quanto merita. Perciò non trovando luogo più conveniente, né di minor male per lei, per l'ordinazione di Dio, vi si getta dentro, come nel suo proprio luogo." (Santa Caterina da Genova, Trattato del Purgatorio, Cap. VIII,1-3)

Ora stanno gridando aiuto, ma nessuno può aiutarle! Questo pozzo dell'abisso si chiude! "La Misericordia di Dio è per tutti, però non tutti possono entrare, perché non tutti scelgono di entrare. San Michele, Difensore degli eletti di Dio. Amen."

La Visione si chiude.

La Madonna è venuta per ricevere questa sofferenza con l'Arcangelo Raffaele, che ha una coppa di incenso. San Michele regge la Bilancia della Giustizia Divina. Tutti gli Angeli hanno le mani giunte, sospesi, mentre recitiamo l'Angelus. (Sabato Santo, 11 Aprile 2020)

Appendice 1: ADDENDUM ALLA TESI SUL PURGATORIO

151. QUESTO MODO DI UCCIDERE PER PIETA

"Sono Gesù di Nazaret, Salvatore vostro Misericordioso, vostro Redentore, diletti figli di Dio.

Diletti figli Miei, siate consapevoli di questo "uccidere per pietà"[304], come viene chiamato. È un'offesa contro di Me, il Creatore, come Dio-Uomo e Uomo-Dio. Ho tracciato la via della sofferenza affinché voi possiate comprendere che questo è il requisito per la riconciliazione con Dio Padre, per pagare il debito della Giustizia Divina che il peccato richiede. Ho pagato la maggior parte del vostro debito, ma da voi è richiesto di fare riparazione per una parte delle offese in una piccola quantità, conosciuta come Giustizia Divina[305].

Coloro, tra voi fedeli Miei, che accettate questo modo di uccidere per pieta, riceverete la sentenza d'essere in Purgatorio, se ricevete per Mia Misericordia il Sacramento dell'unzione degli Infermi prima della morte. Sarete in Purgatorio fino all'ultimo giorno in cui la Giustizia Divina arriverà per il Giudizio Universale.

Per coloro di cui parlo, voi che eseguite questo atto, voi fedeli che offendete direttamente il Creatore, usurpando il ruolo del Creatore, non è il vostro ruolo! Il vostro è quello di offrire costantemente cura amorevole e Misericordia a coloro

---

[304] Eutanasia
[305] Vedi: Lc 23, 41, l'esperienza di San Paolo dopo la sua conversione, la vita penitente di Santa Maria di Magdala secondo la Tradizione, …

che soffrono, nei momenti in cui sono nel dubbio e nell'agonia, come lo ero Io nel giardino del Getsemani.

Io ho detto 'una vita per una vita'; sappiate allora che quando eseguirete un tale atto, morirete senza pietà per mano dei cuori induriti e spietati posseduti da Satana. Io lo permetterò: coloro che uccidono con la spada, moriranno di spada![306]! *(Quinto Venerdì di Quaresima, 7 Aprile 2017)*

152. LE ANIME CHE VIVONO NEL PECCATO, CHE PROFANANO IL TEMPIO DI DIO

Gesù parla alla mia Anima, Anima ad Anima:

"Piccola, Mia e Mia Beata Madre, Cleophas, che co-redimi con Me attraverso la Mia Beata Madre, la *Co-Redentrice*. Ora comprendi la sofferenza che offrirai per le Anime in Purgatorio, che sono in ciò che è chiamato il 'terzo stadio', a te rivelato. Queste sono coloro che hanno commesso l'atto. Ed attraverso la Mia Madre Benedetta come loro Avvocata, porterai conversione a molte Anime che vivono nel peccato, profanando il Tempio di Dio e vivendo nell'abominio. Tu riscatterai le loro Anime per Me.

Il tuo cuore è pesante, però capisci che non morirai. È solo il peso che porti con Me. Quanto ti amo, ti ringrazio. Sono il tuo Gesù che riceve consolazione da te, piccolo vaso Mio. Amen, Amen." *(Giovedì Santo, 13 Aprile 2017)*

---

[306] Mt 26,52

Appendice 2: LA CORONCINA DI SAN MICHELE ARCANGELO

La Coroncina di San Michele[307] è un meraviglioso modo per onorare questo grande Arcangelo assieme agli altri nove Cori di Angeli. Cosa intendiamo per Cori? Sembra che Dio abbia creato vari ordini di Angeli. Le Sacre Scritture distinguono nove di questi, per gruppi: Serafini, Cherubini, Troni, Dominazioni, Potestà, Virtù, Principati, Arcangeli ed Angeli (Is. 6: 2; Gen. 3: 24; Col. 1: 16; Ef. 1: 21; Rom. 8: 38). Ci potrebbero essere altri gruppi, ma questi sono i soli che ci sono stati rivelati. Si crede che i Serafini siano il Coro più alto, il più intimamente unito a Dio, mentre il Coro Angelico è il più basso.

La storia di questa Coroncina rimanda ad una devota Serva di Dio, Antonia d'Astonac, che ebbe una visione di San Michele. Egli disse ad Antonia di onorarlo attraverso nove saluti ai nove Cori di Angeli. San Michele promise che chiunque avesse praticato questa devozione in Suo onore, avrebbe, nell'avvicinarsi alla Santa Comunione, una scorta di nove Angeli scelti da ognuno dei nove Cori. In aggiunta, per coloro che avessero recitato la Coroncina quotidianamente, promise la Sua continua assistenza e quella di tutti i Santi Angeli durante la vita, e dopo la morte la liberazione dal Purgatorio, per sé stessi e per i loro cari.

La Coroncina di San Michele

O Dio, vieni a salvarmi. Signore, vieni presto in mio aiuto. Gloria al Padre, al Figlio, e allo Spirito Santo, ecc.

---

[307] Vedi: https://www.abbaye-montsaintmichel.com/actualites/chapelet_saint_michel

Si recitano un Padre Nostro e tre Ave Maria dopo ognuno dei seguenti nove saluti in onore dei nove Cori di Angeli.

1. Per intercessione di San Michele Arcangelo e del Coro celeste dei Serafini, il Signore ci renda degni di bruciare con il fuoco della perfetta carità. Amen.

2. Per intercessione di San Michele e del Coro celeste dei Cherubini, il Signore ci conceda la grazia di abbandonare le vie del peccato e di correre sui sentieri della perfezione Cristiana. Amen.

3. Per intercessione di San Michele e del Coro celeste dei Troni, il Signore infonda nei nostri cuori un vero e sincero spirito di umiltà. Amen.

4. Per intercessione di San Michele e del Coro celeste delle Dominazioni, il Signore ci conceda la grazia di dominare i nostri sensi e di superare ogni passione indisciplinata. Amen.

5. Per intercessione di San Michele e del Coro celeste delle Virtù, il Signore ci preservi dal male e dal cadere in tentazione. Amen.

6. Per intercessione di San Michele e del Coro celeste delle Potestà, il Signore protegga le nostre Anime contro le insidie e le tentazioni del demonio. Amen.

7. Per intercessione di San Michele e del Coro celeste dei Principati, il Signore riempia le nostre Anime di un vero spirito di obbedienza. Amen.

8. Per intercessione di San Michele e del Coro celeste degli Arcangeli, il Signore ci conceda la perseveranza nella Fede e nelle opere buone, così che possiamo giungere alla gloria del Cielo. Amen.

9. Per intercessione di San Michele e del Coro celeste degli Angeli, il Signore ci conceda di essere da loro custoditi nella vita presente, e da loro guidati verso la vita che viene in Cielo. Amen.

Si recita un Padre Nostro in onore di ognuno dei seguenti Angeli che ci guidano: San Michele, San Gabriele, San Raffaele ed il nostro Angelo Custode.

Preghiere finali:

Gloriosissimo Principe San Michele, capo e guida degli Eserciti Celesti, custode delle Anime, vincitore degli spiriti ribelli, servo nella casa del Re divino, condottiero nostro ammirabile, Tu che risplendi di eccellenza e di virtù sovrumana, libera da ogni male tutti noi che con fiducia a Te ricorriamo, e ottienici con la Tua graziosa protezione di servire sempre più fedelmente nostro Dio ogni giorno.

Prega per noi, O glorioso San Michele Arcangelo, Principe della Chiesa di Gesù Cristo, affinché possiamo essere degni delle Sue Promesse.

Onnipotente ed eterno Dio, che per un prodigio di bontà e per il tuo desiderio misericordioso della salvezza di tutti, eleggesti a Principe della Tua Chiesa il gloriosissimo Arcangelo San Michele, rendici degni, Ti preghiamo, di essere liberati da tutti i nostri nemici, così che, all'ora della nostra morte, nessuno di essi ci molesti, ma che ci sia dato di essere da Lui medesimo introdotti alla Tua presenza. Te lo chiediamo per i meriti di Gesù Cristo nostro Signore. Amen.

Appendice 3: ROSARIO PER LE ANIME SANTE DEL PURGATORIO

È continua supplica della Madonna: 'Pregate per le Anime Sante in Purgatorio', 'Dio ama i generosi di cuore, chiedete generosamente, non dubitate della liberazione delle Anime, e vi sarà concessa. Amen.'

Tenendo in mano il crocifisso del Santissimo Rosario, recita su ognuna delle cinque Sante ferite di Gesù.

"Il Simbolo degli Apostoli" (x 5).

Sulla perla grande si dice il **"Padre Nostro"**

Sulle tre perle piccole si dice l'**"Ave Maria ... Santa Maria ..."**

Sulla perla grande: **"Gloria al Padre"**

Invocazione prima di ogni decina

"L'eterno riposo dona loro O Signore, e splenda ad essi la Tua Luce perpetua. Possano le Anime dei Defunti Fedeli, attraverso la Misericordia di Dio, riposare in pace."

"Gesù mio, perdona le nostre colpe, preservaci dal fuoco dell'Inferno e porta in Cielo tutte le Anime, specialmente le più bisognose della Tua Misericordia."

Medita su: **I cinque Misteri Dolorosi di Nostro Signore**

Primo Mistero Doloroso: **"Padre Nostro"**, dieci **"Ave Maria … Santa Maria …"**, **"Gloria"**

Ripeti le seguenti quattro decine allo stesso modo.

Recita il **"Salve Regina"**

Conclusione:

"Onnipotente ed Eterno Padre, nel nome del Tuo Diletto Figlio Gesù Cristo, in unione col Cuore Immacolato della Beata Vergine Maria, siano pagati i debiti di tutte le Anime Sante che hanno servito la Tua Giustizia Divina, e concedi loro la gioia eterna, per vedere il Tuo Volto glorioso nei secoli dei secoli. Amen."

Appendice 4: UN RIMEDIO SPIRITUALE E NATURALE PER L'ATTUALE PANDEMIA

Modalità di preparazione:

Sale Benedetto: un pizzico, un tocco o qualche granello *(per dosi piccole, medie o grandi)*;

Acqua Santa: un cucchiaio, un goccio o una buona dose *(per dosi piccole, medie o grandi)*.

Il miele va in proporzione alla cipolla.

La cipolla: una porzione piccola è 5 cucchiai; media è 7 cucchiai, e grande è 12 cucchiai.

Questi elementi devono essere messi insieme e fatti riposare una notte.

Nella sua preparazione, deve essere recitato il 'Credo, l'atto di fede, di fede Cattolica'. Alla sua conclusione, deve essere portato a bollire – un'ebollizione – durante la quale si devono recitare il 'Credo', il 'Padre Nostro' ed i 'tre Ave Maria', il 'Gloria' ed il 'Salve Regina', la professione della 'Fede Cattolica' e le preghiere della 'Fede Cattolica'.

Questo rimedio deve essere assunto tre volte al giorno nelle 24 ore. Però, in casi seri di attacco – in quei momenti di forte mancanza di respiro – è bene dare questa dose ed anche di spalmarlo come un balsamo sul petto e sulla schiena. Sappiate e comprendete ora che tutto ciò viene dalla Madre della Natura, della quale Io sono La Regina: sappiatelo!" *(25 Marzo 2020)*

DOSE:

Adulti e bambini sopra i 14 anni:	1 cucchiaio (7.5ml)
Bambini dagli 8 ai 13 anni:	1 cucchiaino (5ml)
Bambini dai 2 ai 7 anni:	Mezzo cucchiaino (2.5 ml)
Bambini piccoli sotto i 2 anni:	Da una goccia ad un quarto di cucchiaino

Questo sciroppo deve essere assunto 3 volte al giorno, un'ora prima dei pasti, e può essere preso quotidianamente. Quando si prende questo sciroppo, una breve invocazione può essere pronunciata come: 'O Maria, concepita senza peccato, prega per noi che ricorriamo a Te.' Oppure: 'Cuore Immacolato di Maria, prega per noi.'

MODALITÀ SUGGERITA DI PREPARAZIONE:

In un recipiente che può essere usato per bollire, aggiungere:	Porzione piccola	Porzione media	Porzione grande
Sale benedetto	1 pizzico	2 pizzichi	3 pizzichi
Acqua benedetta	1 cucchiaio	2 cucchiai	3 cucchiai
Rondelle di cipolla rossa tritata	5 cucchiai	7 cucchiai	12 cucchiai
Miele	5 cucchiai	7 cucchiai	12 cucchiai

www.ingramcontent.com/pod-product-compliance
Lightning Source LLC
Chambersburg PA
CBHW061251230426
43664CB00024B/2912